WALTER SCHMIDT

SOLANGE DU DEINE FÜSSE ...

W0174872

WALTER SCHMIDT

SOLANGE DU DEINE FÜSSE ...

Was Erziehungsfloskeln
über uns verraten

Soweit notwendig, wurden in den Fallbeispielen Namen und Angaben, die Rückschlüsse auf die Identität der in diesem Buch genannten Personen zulassen würden, zum Schutz der Persönlichkeitsrechte geändert.

Papier: holzfrei Schleipen – Werkdruck, der Cordier Spezialpapier GmbH

Eichborn Verlag in der Bastei Lübbe AG

Originalausgabe

Copyright © 2014 by Bastei Lübbe AG, Köln

Lektorat: Dr. Ines Lauffer, Frankfurt
Umschlaggestaltung: Jeannine Schmelzer
Umschlagmotiv: © shutterstock/alexkatkov/Obak/Madlen
Satz: Dörlemann Satz, Lemförde
Gesetzt aus der Adobe Caslon
Druck und Einband: CPI books Ebner & Spiegel, Ulm

Printed in Germany
ISBN 978-3-8479-0563-9

5   4   3   2   1

Sie finden uns im Internet unter www.eichborn.de
Bitte beachten Sie auch www.luebbe.de

Für meine Eltern,
die – solange sie lebten – nur mein Bestes wollten und ihr Bestes gaben.
Und für meine Tochter,
*die **ihr** Bestes hoffentlich einmal selbst finden wird.*

INHALT

INHALT

OMAS HAMMER

Wenn ich selber früher Sprüche von Erwachsenen nicht ausstehen konnte, dann vor allem einige meiner Großmutter. Besuchte ich sie wieder einmal, für ihren Geschmack natürlich viel zu selten, holte sie rasch zu einem ihrer üblichen Donnerschläge aus: »Wie hast du denn überhaupt den Weg noch zu mir gefunden!« Ein Fragezeichen verbietet sich, denn eine Frage war es nicht. Es lief fast immer gleich ab: Ich klingelte, Oma schlurfte zur Haustür und öffnete sie, musterte mich kurz und sagte dann zum Beispiel: »Ja, erkennst du mich denn überhaupt noch?« Oder auch: »Weißt du denn noch, wer ich bin?« Statt sich über mein ersehntes Auftauchen zu freuen, versetzte sie mir schon an der Haustür kunstvoll einen Gewissensbiss, so dauerhaft wie ein Tattoo. Es nervte und führte nur dazu, dass ich mir bis zum nächsten Besuch bei Oma noch mehr Zeit ließ, wodurch ihre Begrüßungssprüche noch kläglicher klangen, was wiederum meine Lust, sie zu besuchen … Aber Sie wissen schon!

Verrückt nur, dass ich über dreißig Jahre später selbst bisweilen versucht bin, meine Tochter so ähnlich zu empfangen. Sie ist jetzt 15 und lebt bei ihrer Mutter, und vor allem ist sie seit Menschengedenken in der Pubertät – was soll ich da noch viele Worte verlieren. Jugendliche stehen nicht morgens auf und beginnen sogleich damit, sich nach ihren Eltern zu verzehren. Sie interessieren sich auch mehr für ihre Mitesser als dafür, mitzuessen, wenn die Mahlzeit auf dem Tisch dampft. Auch einem Vater, der woanders wohnt, rennt man in diesem Alter nicht hinterher, selbst wenn man ihn mag. Die interessanteren Männer sind nun mal deutlich jünger, auch wenn sie mehr Pickel haben, aber dafür auch noch alle Haare.

Immerhin ist mir bisher noch keiner von Omas Sprüchen über die Lippen gekommen. Nur gedacht habe ich den einen oder anderen: klammheimlich, ein wenig gekränkt und vor allem entsetzt über mich selbst. Denn was nachdenkliche Eltern verstören kann und gerne auch darf, ist ihre Neigung, die eigenen Kinder mit denselben Maximen und Ermahnungen zu traktieren, denen sie selbst früher ausgesetzt waren und die mit der Zeit zu eingefleischten Familienregeln geworden sind. Wenn es gut läuft, wehren sich unsere Söhne und Töchter erst einmal dagegen und denken später im Stillen darüber nach. Viele Redensarten sind schließlich auch hilfreich oder haben zumindest einen wahren Kern.

Doch weder sagen Eltern nur vernünftige Dinge, noch tun sie es immer auf faire Weise. So sind wir Menschen halt, und oft ist das auch nicht weiter schlimm. Doch mit manch unbedachter Floskel können auch liebevolle Eltern ein Kind sehr kränken oder nachhaltig verunsichern. Und leider wachsen nicht wenige Jungen und Mädchen in Elternhäusern auf, in denen mit überaus heiklen oder auch hinterhältigen Sprüchen regelrecht manipuliert und zurechtgebogen wird, was nicht passend oder unbotmäßig erscheint. Öfter, als man denkt, müssen Kinder dabei noch für Demütigungen büßen, die ihren Eltern bereits von den Großeltern zugefügt worden sind. Auf diese Weise muss sich so mancher junge Mensch noch heute hinter die Ohren schreiben, was schon dem Opa eingebläut worden ist – oder sogar dem Urgroßvater. Nicht nur Geld und Häuser werden vererbt.

Die meisten Kinder, selbst ältere, nehmen sich sehr zu Herzen, was wichtige Bezugspersonen zu ihnen sagen. Im Guten können wir unserem Nachwuchs auf diese Weise Liebe, Kraft und Rückhalt einpflanzen. Doch leider prägen sich gerade problematische Erziehungsfloskeln den Kindern leicht ein und können zur lebenslangen Bürde werden – wie bei einer Bekannten aus dem Rheinland, deren Vater seinen Kindern immer wieder den düsteren Spruch »Wer nicht arbeitet, bekommt auch nichts zu essen!« vorhielt. Wie auch immer der Mann das gemeint haben mag: Schon als Vorschulkind malte sich das Mädchen aus, dass es wohl verhungern müsse, wenn es zu Hause nicht ausreichend mithalf. Und zu tun gab es auf dem Bauernhof der Eltern unentwegt etwas. Der Spruch ist über die Kinderjahre hinaus zum inneren Antreiber geworden. Noch heute, mit über fünfzig Jahren, macht die Industriekauffrau die Worte ihres Vaters dafür verantwortlich, sich bei der Arbeit oft zu überfordern und manchmal krank vor Stress zu sein. »Wer möchte schon gerne verhungern«, sagt sie im Rückblick auf ihre Kindheit. Hätte ihr Vater das seinerzeit doch nur gewusst! Denn schaden wollte er ihr sicher nicht.

Nur das Beste wird sich auch die Mutter Elvira Weibelmanns für ihre Kinder gewünscht haben. Ihre wiederholte Mahnung »Sein Herz darf man nicht überanstrengen!« hat einen tiefen Eindruck bei ihrer Tochter hinterlassen. Das ist auch kein allzu großes Wunder, denn sowohl die Großmutter als auch die Mutter der ängstlichen Mittsechzigerin aus dem Ruhrgebiet sind tatsächlich einem Infarkt erlegen – wenn auch nicht, weil ihre Herzen schon in Kindertagen durch Rennen oder Herumtollen überfordert worden wären. Weibelmann sucht häufig Ärzte auf, denkt oft an den Tod und sagt von sich, sie selbst habe »noch keinen« Herzinfarkt gehabt, was so klingt, als werde einer sie irgendwann ereilen. Immerhin weiß sie, dass der Spruch der Mutter zu ihrer Krankheitsfurcht ganz wesentlich beigetragen hat. Es gibt schönere Andenken an die Eltern.

WARUM WIR DIE EIGENEN ELTERN NACHBETEN

Gute Eltern und erfolgreiche Erzieher brauchen weniger pädagogisches Wissen als Selbsterkenntnis und ein damit übereinstimmendes Handeln.
Hans-Joachim Maaz, *Die narzisstische Gesellschaft. Ein Psychogramm*[1]

Arbeit habe »noch niemandem geschadet«. Das ist einer der Sprüche, deren Bärte ungefähr so lang sind wie die Liste von Argumenten, die man gegen sie vorbringen könnte. Man denke hier nur an die Folgen von Zwangsarbeit oder die Herzinfarkte übermäßig leistungsorientierter Väter, die Kinder zu Halbwaisen gemacht haben. Und dennoch rutscht einem die Floskel schon mal selbst heraus, wenn man die Faulheitsattacken seiner Kinder rasch parieren möchte und keine eigenen Worte findet. Sogleich erinnert man sich dann daran, den Spruch mehr als einmal gehört zu haben: aus Mutters oder Vaters Mund oder auch vom alten Nachbarn, der ein strenger Schulmeister gewesen war. Nicht nur ewige Wahrheiten, falls es sie denn gibt, sondern auch Fragwürdiges und Schiefes haben halt irgendwo ihre Wurzeln.

Doch welcher Teufel reitet einen da eigentlich, wenn man auf altbackene Sprüche zurückgreift? Zunächst einmal ist es bequem, sich auf das zu stützen, was man eh schon weiß und glaubt verstanden zu haben. Unser Hirn spart gerne Energie, wo es doch so viel davon verbraucht bei seiner Arbeit Tag für Tag. Oft wiederholte Wendungen haben sich mit der Zeit ins Gehirn gefräst, sind eingängig geworden wie Hohlwege, auf denen Fuhrwerke jahrhundertelang durch die Landschaft rumpelten und dabei immer tiefere Rillen im Boden hinterließen. Freilich darf man sich einen verinnerlichten Elternspruch nicht als Furche in unserem Denkorgan vorstellen, sondern eher als Netz von Nervenzellen, die durch häufigen Gebrauch innig miteinander verschaltet sind und immer dann gemeinsam aktiv werden, wenn wir nach einem guten Argument suchen. Sehr treffend nennt der Sprichwort-Forscher Wolfgang Mieder die fix und fertig abgespeicherten Sprüche oder Redensarten »strategisch eingesetztes, vorformuliertes Weisheitsgut«, auf das wir bei passender Gelegenheit oder mangels besserer Einfälle sehr gerne zurückgreifen.[2]

Dieser Rückgriff läuft umso eher automatisch ab, je erregter wir sind. Denn unter Stress fällt es unserem Gehirn sehr schwer, Probleme kreativ zu lösen; es behilft sich stattdessen mit bewährten Strategien wie Flucht oder Kampf, wobei stammesgeschichtlich ältere Hirnteile besonders aktiv sind. Wenn unser Sohnemann uns also gehörig auf die Palme bringt mit einer patzigen Antwort, schwillt uns nicht nur leicht die Zornesader, sondern wir geben Sprüche zum Besten, die uns selbst schon bald darauf ziemlich abgedroschen vorkommen. Dasselbe passiert aus Angst, wenn unser Töchterchen auf dem Gehweg oder im Stadtpark plötzlich losspurtet, weil es auf der dicht befahrenen Straße oder am Wegesrand unglaublich Interessantes entdeckt hat. Dann rutscht uns eben ein schrilles »Bleib schön stehen!«, ein hingezischtes »Lass das liegen!« oder ein überängstliches »Fass die tote Maus nicht an!« heraus. Solange wir unsere Kinder lieben und sie das spüren, ist das auch nicht tragisch. »Solche Sprüche sind von den Eltern erst einmal gut gemeint, denn sie wollen ihre Kinder ja schützen«, sagt die Psychologin Elfriede Billmann-Mahecha von der Universität Hannover. »Außerdem ist es gut für Kinder, wenn sie klare Ansagen bekommen, nur muss man ihnen diese auch immer gut begründen.« Später und vor allem in der Pubertät überprüfen Kinder die von den Eltern übernommenen Haltungen ohnehin, legen manche davon ab und ersetzen sie durch andere.

Für Pubertierende gehört es selbstverständlich zum guten Ton, sich möglichst vielem zu widersetzen, was ihre Eltern daherbeten. Man darf das getrost gelassen sehen, denn wie man von sich selber weiß, wirkt das Vorbild der Eltern immer nach, auch wenn einzelne ihrer Weisheiten abgelehnt werden. Nicht selten brechen sich später ausgerechnet solche Sprüche wieder Bahn, die lange belächelt und mit Macht verdrängt worden sind. Gerade das, wogegen man sich ständig wehrt, bleibt wirksam und liegt griffbereit zur Hand, wenn man die eigenen oder gelegentlich auch fremde Kinder maßregeln möchte. Doch dieses für Söhne und Töchter so nervige Nachbeten abgedroschener Floskeln kann ja auch gute Seiten haben – dann nämlich, wenn die betreffenden Sprüche sinnvoll sind und junge Menschen unterm Strich ganz ordentlich auf das Leben vorbereiten. Dass zum Beispiel »noch kein Meister vom Himmel gefallen« sei, ist als Maxime nicht die schlechteste.

Dennoch schadet es nicht, sich klar darüber zu werden, was wir, im Guten wie im Schlechten, anrichten können mit unseren Sprüchen, genauer: mit der Haltung hinter ihnen, ganz gleich, ob wir unsere Tochter vor den Gefahren beim Erklimmen hoher Mauern warnen wollen oder unserem fünfjährigen Sohn vorhalten, für dieses oder jenes sei er »einfach noch zu klein« – denn vielleicht nimmt er sich unseren Kommentar so sehr zu Herzen, dass ihm für manche Herausforderungen des Lebens immer der Mut fehlen wird. Und vor allem sollte uns das Ziel vor Augen stehen, unseren Kindern zu zeigen, wie sie zu eigenen Werturteilen gelangen können. Denn es geht am Ende eben nicht darum, *unsere* Überzeugungen weiterzugeben, sondern unseren Sprösslingen zu ihren eigenen zu verhelfen. Hilfreich sei deshalb, in der Schule wie im Elternhaus, eine »Erziehung zum Werten«, meint der Bonner Erziehungswissenschaftler Volker Ladenthin. Was sollen unsere Kinder auch anfangen mit Werten und sogenannten Weisheiten, die sie selbst nicht teilen? Und die ihnen dann nicht helfen, wenn sie vor unbekannten Aufgaben stehen? Moderne Pädagogen täten also gut daran, Kinder nicht mit regelhaften Sprüchen für letztlich unvorhersehbare Situationen auszustatten. Vielmehr gelte es, junge Menschen zu befähigen, sich als selbstständig denkende Individuen in unvertrauten Situationen zu bewähren. »Dazu benötigt man keine Sprichwörter, also kein Regelwissen, sondern Urteilskraft«, findet Ladenthin.

Der Freiraum, nervige Vorgaben der Eltern offen hinterfragen zu dürfen, ist für ältere Kinder unverzichtbar, um zu wirklich mündigen Erwachsenen heranzureifen. Nur so können sie eine persönliche, zu ihnen passende Moralität entwickeln. Wer hingegen Merksätze der Eltern wie »Ehrlich währt am längsten« oder »Brave Kinder tun das nicht« zeitlebens artig befolgt, sei »auf der Skala moralischer Urteilsfähigkeit eher niedrig einzustufen«, meint auch der Psychologe Georg Lind von der Universität Konstanz. Solche geistig eher starren, zumindest aber bequemen Menschen gerieten zudem immer wieder in Konflikt mit anderen moralischen Anforderungen, die »kaum vernünftig lösbar sind«. Denn aus ihrer Sicht sollen die übernommenen Gebote der Eltern ja »unbedingt gültig« sein und »keinerlei Ausnahmen erlauben« – nicht gerade ein günstiges Klima für echte Weisheit. Sie zu entwickeln gelingt viel eher Menschen, die sich an den Elternsprüchen zwar orientieren, doch »im Konfliktfall wichtigeren Prinzipien aus guten Gründen den Vorzug geben«, wie Lind es ausdrückt. Solche Zeitgenossen besitzen den Mut und die Urteilskraft, eigene Wertmaßstäbe zu entwickeln«. Die ethisch Souveränen haben ihre Eltern nämlich dort überwunden, wo deren Werte einfach nicht zu ihnen passen.

Das schmeckt manchen Müttern und Vätern natürlich ganz und gar nicht. Gekränkt greifen sie dann zu dem beleidigten Spruch »Aber wir wollen doch nur dein Bestes!«, als ob sie wüssten, was das sein könnte. »Wir meinen viel zu oft, Gutes zu tun, wenn wir ein Gegenüber mit Werturteilen verproviantieren«, findet der Psychoanalytiker Wolfgang Schmidbauer.[3] Dennoch bleibt es schwer auszuhalten, dass unser Nachwuchs unsere Werte nicht einfach dankbar übernimmt. Kinder seien eben »selten so, wie ihre Eltern sie sich gewünscht haben«, was übrigens auch umgekehrt gilt. Dem dürften die meisten Eltern zähneknirschend zustimmen, und dennoch finden viele von ihnen es »schrecklich, die Illusion vollständig aufzugeben, dass etwas von dem, was uns kostbar ist, in unseren Kindern weiterlebt«. Das klingt sehr pessimistisch.

In Wahrheit übernehmen Kinder eine ganze Menge von ihren Erzeugern, auch an Haltungen und Ansichten. Die Saat geht bloß erst später auf – leider auch im Schlechten, indem die Kinder zum Zerrbild ihrer Eltern werden: Dann verjubelt der Sohn des ehrbaren Bankiers all sein Geld, und der Vater, der seinem Jungen seit jeher Sparsamkeit vorgelebt hat, ist dem Verzweifeln nahe. Schmidbauer rät in solchen Fällen davon ab, unserem Sohnemann Lektionen über sinnvolle Notgroschen oder den unterschätzten Zinseszins-Effekt von Spareinlagen zu erteilen. Lieber sollten wir unseren Kindern Geschichten erzählen; darüber nämlich, wie wir selber so sparsam geworden sind, welche Lehren die eigenen Eltern uns erteilt haben und wie das Leben uns dann weiter mitgespielt und dadurch geprägt hat. Auch der entsetzte Bankier sollte bereit zum Zuhören sein; vielleicht würde er so ja erfahren, wie viel Lust es bereiten kann, Geld eben nicht zu horten, sondern sich ab und an etwas spontan zu gönnen – eine schöne Lust, die ein zwanghaft sparsamer Mensch sich zeitlebens mühsam versagt und die er deshalb in seinem Jungen bekämpfen muss: als dunklen »Schatten« der eigenen Seele. So bezeichnete der Schweizer Psychiater Carl Gustav Jung (1875–1961) jene Anteile der eigenen Psyche, die man fürchtet und deshalb verdrängt und regelmäßig in anderen Menschen bekämpft.

Beim Zuhören könnten beide Männer, der junge und der ältere, einander wirklich begegnen, womöglich ja erstmals. Und wer weiß: Am Ende wären beider Blickwinkel geweitet. »Einen Punk im Haus zu haben, der aus seinem Leben erzählt, kann sehr interessant sein«, findet Schmidbauer mit Blick auf Eltern, die sich statt eines grellen Irokesen-Schnitts und diverser Nadel-Piercings lieber einen adretten Jung-Akademiker oder eine Versicherungskauffrau in Nadelstreifen gewünscht haben – Kinder also, aus denen »etwas geworden« ist, wie man so sagt. Dabei kann so vieles aus ihnen werden, das für die Eltern noch unsichtbar ist, und der Schein der frühen Jahre kann am Ende mächtig trügen – bei aufmüpfigen Punks wie bei frisch Promovierten mit angeblich »glänzender Perspektive«.

Was Erziehungsfloskeln über uns verraten ist also nicht nur eine Zeitreise in die eigene Kindheit, in der wir selbst durch typische Elternweisheiten und eingeschliffene Familienregeln geprägt worden sind. Das Buch versteht sich auch als Erkundungstour in den Nebel erzieherischer Ziele, die wir oft sehr unbewusst verfolgen, auch und gerade mit Hilfe altbackener Sprüche. So kann deutlicher werden, was wir als Eltern im Guten wie im Zweifelhaften bezwecken – ein Zugewinn nicht nur an Selbsterkenntnis, sondern auch an Selbstvergewisserung. Denn die Floskeln verraten uns ja nicht nur etwas über unsere verborgenen Sehnsüchte, verdrängten Verletzungen und Ängste, sondern auch über Lebenswerte, an denen wir festhalten möchten, weil sie echte Weisheit in sich tragen.

Du wirst uns noch mal
dankbar sein!

Das weltweite Netz ist eine aberwitzige Wunderkiste. Zwar findet man darin nicht immer, was man gesucht hat, dafür aber häufig Dinge und Menschen, auf die zu stoßen man nicht im Mindesten hoffte. Auf verschlungenen Pfaden dringt man beispielsweise zu »Momoman 12« vor, einem Jugendlichen, der mit 14 Jahren in einem Ratgeber-Forum folgendes Problem beschrieben hat:[1] »Vor zwei Jahren wollte ich mal ausprobieren, Geige zu spielen, und ich habe meinen Eltern auch gesagt, dass ich es nur ausprobieren möchte. Das erste Jahr war in Ordnung.« Man ahnt bereits, wie es weitergehen wird, und tatsächlich: »Im zweiten Jahr hatte ich schon keine Lust mehr.« Dennoch erschien der Junge regelmäßig zu den Geigenstunden in seiner Schule; seine Miene dabei kann man sich ungefähr vorstellen.

Inzwischen schwänzt er die Streich-Einheiten allerdings. »Ich habe wirklich überhaupt keine Lust mehr, dieses Schei…-instrument zu spielen. Meine Eltern zwingen mich aber dazu«, vertraut er dem Internet voller Unmut an. Er selber würde »viel lieber wieder Gitarre spielen«, doch alles, was ihm Spaß mache, werde ihm verboten. »Mein Vater meint, ich soll noch dieses Jahr geigen, dann kann ich aufhören. Meine Mutter sagt, ich soll noch dieses Jahr machen, und im nächsten Jahr schauen wir mal.« Was aber letztlich wohl bedeute, dass er auch im übernächsten Jahr noch wird fiedeln müssen: »Ich kenne meine Mutter!« Dass der Geigenschüler wider Willen »weder Klassik noch Country« mag, sondern eher geigenferne Genres wie »Rock, Hard Rock und jede Art von Metal«, beeindruckt die Eltern offenbar nicht. »Die Argumentation meiner Mutter ist immer: ›Du wirst uns später noch dankbar sein!‹«, und außerdem sei das Ganze auch noch kostenlos. »Bitte helft mir, meine Eltern zu überreden, dass ich Geige aufhören darf.«

Undank ist der Welten Lohn, heißt es. Da könnte also ein 14-Jähriger Violine lernen, und das auch noch unentgeltlich, doch was fällt ihm ein: Er hat nach einem Jahr keine Lust mehr dazu und will wieder Gitarre spielen. Die Eltern aber drängen ihn, bei der Sache zu bleiben, nicht aufzugeben. Ohne den Fall genauer zu kennen, lässt sich über ihre Beweggründe lediglich spekulieren: Soll der Junge etwa ausbaden, dass seine Mutter als Kind selbst gerne ein Streichinstrument erlernt hätte, dies aber nicht durfte oder aus finanziellen Gründen nicht konnte? Ist er also nur ihr zeitversetzter Stellvertreter? Verfahren die Eltern womöglich stets nach der Maxime, dass man einem geschenkten Gaul nicht ins Maul schauen darf und ihn bis zum bittereren Ende totreiten muss? Oder ist der Sohnemann bekannt dafür, dass er laufend etwas Neues beginnen will, ohne es dann zu Ende zu bringen, weshalb die Eltern ihn jetzt nicht so einfach vom Haken lassen wollen?

Tatsächlich neigen nicht wenige Kinder und Jugendliche zur Sprunghaftigkeit, probieren gerne heute dieses aus, um es morgen schon wieder bleiben zu lassen und sich interessanter Erscheinendem zuzuwenden. Eltern geraten hier schnell in ein Dilemma: Der Reitkurs, für den die 13-Jährige gestern noch glühte, ist für ein halbes Jahr im Voraus bezahlt, aber die Tochter verspürt schon nach zwei Kursstunden keine Lust mehr auf die Übungsrunden im Sattel und hat »keinen Bock mehr« auf das Striegeln und Füttern der Pferde. Was auch immer der Grund für den plötzlichen Widerwillen ist: Der erstbesten Unlust des Kindes zu folgen wäre unklug. Hier müssen die Eltern geduldig ermuntern, ihre Bedenken und ihren Rat kindgerecht begründen und bisweilen auch hart verhandeln, natürlich auch mit Verweis auf das womöglich nutzlos eingesetzte Geld, für das der Vater und die Mutter geschuftet haben. Doch beim fairen Verhandeln geht es immer um einen Kompromiss, den das Kind mitgestalten darf. Das kann dann so aussehen, dass noch vier oder sechs Reitstunden ohne großes Nörgeln weitergeübt wird, weil der Appetit wirklich manchmal erst beim Essen kommt oder der Reitspaß mit wachsender Könnerschaft. Doch dann darf auch Schluss sein, wenn die Tochter wirklich nicht mehr möchte!

Entscheidend ist, dass die Eltern sich in ihr Kind einfühlen können und wissen, wann es ihm ernst ist mit seinem Protest – und wann ihr eigenes Beharren nur noch Schaden anrichten würde. Im Fall des jungen Geigenschülers scheint dieser Punkt erreicht oder gar überschritten zu sein. Ein Kind, das Violine letztlich gar nicht aus eigenem Antrieb lernen möchte, zum Geigenspiel zu drängen, ergebe »keinen Sinn«, urteilt die Motivationsforscherin Regina Vollmeyer von der Universität Frankfurt. »Es ist für so ein Kind ja gar nicht einsichtig, warum es Geige spielen soll; es macht es höchstens für die Eltern.« Diese sollten – und dürfen auch getrost – lockerlassen: Auch wer kein Klavier und keine Violine beherrscht, kann es zu etwas bringen und ein glücklicher Mensch werden.

Schwieriger gelagert sind andere Fälle, in denen es um viel mehr geht als um das Erlernen eines Instruments. Etwa dann, wenn eine Gymnasiastin in der 7. Klasse immer deutlicher überfordert erscheint und die Eltern womöglich sogar darum bittet, das Gymnasium verlassen zu dürfen. »Geige spielen zu können braucht man im Leben nicht unbedingt; das Abitur hingegen kann auf lange Sicht sehr sinnvoll sein«, sagt die Psychologin. Seinem Kind hier mit Geduld und Liebe über eine Durststrecke hinwegzuhelfen, es immer wieder zu motivieren, ist womöglich etwas, worüber die Tochter oder der Sohn Jahre später tatsächlich einmal froh sein wird. Wenn aber gar nichts fruchten will, sollte geklärt werden, ob eine andere Schulform besser geeignet ist, sodass dort wieder mit mehr Freude und aus eigenem Antrieb gelernt werden kann. Pädagogische Psychologen oder andere Fachleute können bei solchen Entscheidungen helfen. Davon abgesehen, wurden viele Karrieren keineswegs hübsch stromlinienförmig am Reißbrett entworfen, sondern sind durch Krisen und auf Umwegen gereift: Der promovierte CDU-Politiker und langjährige Bundesarbeitsminister Norbert Blüm lernte erst bei Opel Werkzeugmacher und machte sein Abitur auf dem zweiten Bildungsweg. Und der SPD-Mann Peer Steinbrück musste zweimal eine Klasse wiederholen und ist trotzdem Ministerpräsident, Bundesfinanzminister und Kanzlerkandidat gewesen.

Der Appell aber an die künftige Dankbarkeit ist mehr als heikel, und zwar aus mehreren Gründen. Man kann auf Dankbarkeit zwar hoffen, sie aber nicht einfordern, und schon gar nicht kann man sie sich für spätere Zeiten quasi bestellen. Einem Menschen gleich welchen Alters vorherzusagen, er werde einem später einmal dankbar (womöglich gar zu Dank verpflichtet) sein, ist nicht nur übergriffig, sondern auch überheblich. Denn wer so vorgeht, pocht auf weise Voraussicht, die niemand für sich reklamieren kann. Eltern vermitteln ihrem Kind mit dem fragwürdigen Spruch immer auch die Botschaft: »Du bist jetzt – anders als wir – noch nicht klug und weitsichtig genug, richtig einschätzen zu können, was gut für dich ist. Deshalb lass uns für dich entscheiden; du wirst es nicht bereuen!« Das mag lieb gemeint sein und kann ja auch zu einem guten Ende führen; sicher ist das jedoch nicht.

Der Vorgriff auf eine Dankbarkeit, die sich erst später einstellen wird, bleibt »zunächst einmal reine Spekulation«, sagt der Psychologe Malte Mienert, ein Fachmann für Lernmotivation. Ob der verordnete Chinesisch-Unterricht für Sechsjährige später Früchte tragen wird, kann niemand wissen. Ob die berufliche Laufbahn, zu der ein Vater seine unentschlossene Tochter drängt, für sie von Nutzen sein wird, ist weitgehend ungewiss. Besorgte oder ehrgeizige Eltern können nur schwer trennen

NEUNMALKLUGE ELTERN

zwischen eigenen Befürchtungen, Wünschen und Lebensentwürfen auf der einen und der inneren Berufung ihres Kindes auf der anderen Seite. Tatsächlich sind Bäckermeister mit eigener Backstube, die ihrem einzigen Sohn ein Leben als Schuhmacher oder Fassadenmaler nahelegen, rar gesät. Noch seltener dürften Mediziner sein, die Freudentränen darüber vergießen, dass ihre Tochter trotz Einser-Abitur unbedingt Floristin werden möchte. Wollte ihr Vater die junge Frau nun davon abbringen, ihr Glück mit ausgefeilten Blumengestecken zu versuchen, weil man »doch schließlich eine alteingesessene Arztfamilie« sei, würde er keine Fürsorge betreiben, sondern selbstsüchtige Manipulation. Für den womöglich gelingenden Versuch, sie umzustimmen, dann auch noch Dank zu erwarten, macht die Sache nicht besser.

Euch geht es viel zu gut!

Neulich, auf dem Bonner Münsterplatz, war mal wieder ein Fernsehteam unterwegs, das Passanten für eine politische Diskussionsrunde befragte. Die Reporterin wollte wissen, was die Leute von der heutigen Jugend halten. Die meisten Befragten winkten nur missmutig ab, doch drei Rentner gaben schließlich unmissverständlich Auskunft: »Unsere Jugend ist heruntergekommen und zuchtlos. Die jungen Leute hören nicht mehr auf ihre Eltern.« »Ich habe keine Hoffnung für die Zukunft unseres Volkes, wenn sie von der leichtfertigen Jugend von heute abhängig sein sollte. Denn diese Jugend ist ohne Zweifel unerträglich, rücksichtslos und altklug. Als ich jünger war, lehrte man uns gutes Benehmen und Respekt vor unseren Eltern. Aber die Jugend von heute will alles besser wissen und ist immer mit dem Mund vorweg.« »Unsere Jugend ist unerträglich, unverantwortlich und entsetzlich anzusehen.«

Der Wahrheit zuliebe muss nachgereicht werden, dass es diese Umfrage nie gab, weder in Bonn noch anderswo. Die Antworten stammen auch nicht aus unseren Tagen, sondern tragen den Staub der Jahrtausende. Die erste Aussage ist einem etwa 4000 Jahre alten Keilschrift-Text aus der sumerischen Stadt Ur im heutigen Irak entnommen und endet mit dem Fazit: »Das Ende der Welt ist nahe.« Das zweite Zitat soll etwa 2800 Jahre alt sein und wird dem antiken griechischen Dichter Hesiod (um 700 v. Chr.) zugeschrieben. Der dritte und jüngste Ausspruch geht auf den ebenfalls griechischen Philosophen Aristoteles (384–322 v. Chr.) zurück und ist etwas mehr als 2300 Jahre alt.[2] An Aktualität aber haben diese Klagegesänge nichts eingebüßt, denn so ähnlich dürften die Älteren über die Jüngeren geredet haben, seit alterskrumme Eiszeitmenschen am Höhlenfeuer hockten und über die faulen jungen Männer in der Gruppe herzogen, die »nicht einmal für die Jagd zu gebrauchen« waren. Gut möglich, dass es die Betagten damals schon ärgerte, was für Flausen die Jungen im Kopf hatten – man musste ja nur mal ihre »neumodischen und viel zu komplizierten« Schleudern betrachten und die besserwisserische Art, wie sie neuerdings ihre Pfeilspitzen herstellten. »Denen geht es wohl zu gut«, knurrte wohl schon damals so mancher rheumatische Greis.

Doch kann es dem Nachwuchs überhaupt *zu gut* gehen? Im Grunde ist dieser Vorwurf unzähliger Eltern sehr sonderbar. Denn Kinder sollen ja so gut gedeihen, wie es nur irgend geht – dafür haben sich Väter und Mütter seit Menschengedenken abgestrampelt. Worin liegt dann aber die Gefahr des *zu Guten*? Gemeint sind damit natürlich nicht ein allzu erfreulicher Ernährungszustand, ein viel zu dichtes Dach überm Kopf oder gesundes Trinkwasser. Eltern meinen mit ihrem Vorwurf meist eher die Freiheiten und modernen Annehmlichkeiten, die sich junge Menschen gönnen oder »einfach so herausnehmen«, und das klingt aus Mutters oder Vaters Mund dann gerne ein wenig gekränkt. Was man früher selbst nicht hatte, nicht konnte oder nicht durfte, kann sehr bitter schmecken, zumal dann, wenn die eigenen Kinder nicht einmal ahnen, wie wenig selbstverständlich vor ein paar Jahrzehnten all das war, was sie heute ganz gewöhnlich finden und deshalb nicht immer zu schätzen wissen. Doch sollen die Jungen schon deshalb (und wem auch?) dankbar sein, nur weil sie heute keine zehn Kilometer mehr zum nächsten Tanzboden laufen müssen, um ein wenig flirten zu können? Sollen sie freitagabends schon um 21 Uhr zu Hause sein, nur weil ihre Eltern das mit 18 Jahren auch noch mussten? Wohl kaum. Zudem lebt jede Generation mit ihren ganz eigenen Entbehrungen, und manche davon entpuppen sich als solche erst im Nachhinein, wenn die Kinder an diesen Punkten überraschende Fülle erleben oder sich etwas trauen.

Es kann also nicht darum gehen, den Söhnen und Töchtern etwas zu verbieten, nur »weil wir das früher auch nicht durften«, wie Eltern manchmal meckern. Was früher verlockend, aber unerreichbar war, wird heute oft nur noch müde belächelt. Doch das Prinzip bleibt bestehen: Noch immer ist Verbotenes reizvoll, nur ändert sich mit den Zeiten, was als tabu gilt. Die Grenzen, die junge Menschen austesten wollen, womöglich auch müssen, sind andere. Genau hier können sich Eltern und Kinder auch treffen: im Erzählen darüber, was sie sich damals trauten beziehungsweise heute wagen und warum das so war oder ist. Und die Eltern können dabei getrost deutlich machen, was sie bekümmert und bewegt. Solche Sorgen bleiben Müttern wie Vätern niemals erspart, denn junge Leute verhalten sich nun einmal »erkennbar anders als die mittlere oder ältere Generation«, sagt der Sozial- und Jugendforscher Klaus Hurrelmann.[3] Die Älteren verspürten dann »eine tiefe Sehnsucht, das zu verstehen. Und zugleich die unterschwellige Angst, dass die junge Generation neue Antworten auf wichtige Fragen gibt und die Älteren den Anschluss verlieren.« Die Furcht, aussortiert und abgeschoben zu werden und keine Antworten mehr auf aktuell brennende Fragen zu haben, ist ein wesentlicher Quell für das oft so negative Urteil über die Nachrücker.

Überdies hat sich noch jede Generation herausgefordert fühlen dürfen: Die um 1900 Geborenen mussten zwei Weltkriege erleben und möglichst überstehen; wenigstens aber war der Weg aus den Trümmerhaufen immer klar: Den Schutt galt es wegzuräumen, und dabei wurde jede noch halbwegs gesunde Hand gebraucht. Fünfzig Jahre später kamen Menschen zur Welt, die pausbäckig das Wirtschaftswunder genießen konnten und seit nunmehr fast siebzig Jahren in Frieden auf deutschem Boden leben dürfen, doch der alles vernichtende Atomkrieg war manches Mal bedrohlich nah. Noch einmal fünf Jahrzehnte später wurden Kinder geboren, die sich aalglatt im globalen Netz tummeln und schon mit 13 Jahren mehr Urlaubsflüge absolviert haben als ihre Eltern mit 30. Doch sie leben in einer Welt mit weltweit knapper werdenden Ressourcen und werden gegen die Übermacht der Alten in ihrem Land bald keine demokratischen Wahlen mehr gewinnen können. Jede Generation musste oder muss mit ihren Nöten zurande kommen – bei stets auch vorhandenen Vorteilen.

Und dennoch könnte es sein, dass die Jugend heute in mancher Hinsicht auf dem falschen Dampfer ist und noch einmal sehr deutlich wird umlernen müssen. Sozialforscher zeigen sich besorgt darüber, wie das Anspruchsdenken in westlich geprägten Gesellschaften um sich greift. Der von den Eltern mit fleißiger Hand geschaffene Wohlstand könnte gefährdet sein, wenn er für selbstverständlich gehalten wird. »Verglichen mit früheren Generationen wollen heutige Schulabgänger häufiger einen Haufen Geld und Luxus, aber sind weniger bereit, hart für ihre Lebensziele zu arbeiten«, warnt die US-amerikanische Psychologin Jean Twenge von der San Diego State University. Diese Kluft zwischen Fantasie und Realität werde »von anderen Studien bestätigt, die auf einen zunehmenden Narzissmus sowie Anspruchsdenken hinweisen«.[4]

Twenges Team hat großangelegte Umfragen unter amerikanischen Schulabgängern ausgewertet und sich auf Antworten konzentriert, die den Bereichen Arbeitsmoral und Materialismus galten. Befragt worden waren – jeweils in ähnlichem Alter – drei Generationen von Schulabgängern, insgesamt über 350 000 junge Menschen der zwölften Jahrgangsstufe: Zuerst befragt worden waren die sogenannten Babyboomer (geboren 1946 bis 1964), die zweite Gruppe kam zwischen 1965 und 1981 zur Welt, die dritte 1982 bis 1999. Während 62 Prozent der Befragten aus dieser zuletzt interviewten Gruppe es für sehr wichtig hielt, viel Geld zu verdienen und teure Wohlstandsgüter zu besitzen, hatten nur 48 Prozent der amerikanischen Babyboomer seinerzeit so gedacht. Mehr noch: Dem Anspruch, materiell sehr gut versorgt zu sein, stand bei der zuletzt befragten Generation auffallend oft ein verminderter Leistungswille gegenüber. Denn immerhin räumten 39 Prozent von ihnen ein, für ihre ambitionierten Lebensziele nicht rackern zu wollen; bei den Babyboomern hingegen dachten damals nur 25 Prozent so.[5] Womöglich wird heutigen Jugendlichen auf allen Medienkanälen zu oft vorgegaukelt, für Erfolg brauche man sich nicht anzustrengen; es reiche vollkommen aus, hübsch oder schön operiert zu sein, im Fernsehen Kalauer zu verbreiten oder vor den richtigen Leuten ein paar Lieder zu trällern. Insofern könnten sie wirklich Flausen im Kopf haben, auch wenn das seit jeher ein Recht der Jugend gewesen ist.

Wie der deutsche Nachwuchs tickt, untersuchen zum Beispiel die Sozialforscher des Heidelberger Sinus-Instituts. Für ihre Jugendstudie 2012 haben sie 72 junge Leute im Alter von 14 bis 17 Jahren ausführlich befragt sowie selbstgebastelte Collagen und Fotos der Jugendzimmer ausgewertet.[6] Marc Calmbach zieht aus all dem interessante Schlüsse. Die Jugendlichen »sehen sich in vielfacher Hinsicht unter Druck«, sagt der Sinus-Forscher. »Sie glauben, dass der Wert eines Menschen in der Gesellschaft zunehmend an der Leistungsfähigkeit und der Bildungsbiografie bemessen wird.«[7] Da der Arbeitsmarkt unsicher geworden ist und unbefristete Jobs zur Ausnahme werden, wollten die jungen Leute möglichst »keine Zeit verlieren und haben oft Angst, den falschen Weg einzuschlagen«. Vor allem Mittelschicht-Kinder würden »von großen Statusängsten geplagt, die sie oft von ihren Eltern übernehmen«. Es sei diese Gruppe, die sich am stärksten nach unten abgrenze und sich

»am häufigsten von den sogenannten Leistungsverweigerern und Sozialschmarotzern« distanziere. Und das müsse »uns als Gesellschaft zu denken geben«.

Auffallend auch, dass bürgerliche Tugenden wieder populärer werden, so etwa Sicherheit, Familie, Freundschaft und Tradition. Gleichzeitig schätzten Jugendliche Vergnügungen und Genüsse und zielten darauf, sich selbst zu entfalten. Zwar seien sie bereit, hart zu arbeiten, wollten aber auch »hart feiern«. Es sind solche Gegensätze, die ins Auge stechen. »Sie wollen sparen, aber sich trotzdem mal etwas leisten. Diese Widersprüchlichkeit versuchen sie unter einen Hut zu kriegen.«

Insgesamt zeichnet Calmbach das Bild von jungen Menschen, die ihre Zukunft sehr pragmatisch angehen. »Sie versuchen, ihren Platz in der Gesellschaft zu finden, nicht sie in Frage zu stellen. Sie merken, dass ihnen Ideologien nur im Wege stehen würden.« Es geht nicht mehr um die Weltrevolution wie vor vierzig oder fünfzig Jahren; die junge Generation denkt wesentlich bescheidener: Vielleicht kann ja wenigstens die Straße begrünt oder mit Flüsterasphalt überzogen werden.

Vermutlich ganz wie mancher Alt-Linke oder Anti-Nachrüstungs-Demonstrant aus den 1980er-Jahren hofft Calmbach allerdings, »dass dieser Pragmatismus nicht das Ende der Fahnenstange ist«. Die Jugendlichen verhielten sich wie kleine Erwachsene, »die früh an ihrer Bildungsbiografie basteln«, und unterm Strich bestätigten sie die bestehenden Verhältnisse eher, als dass sie die Gesellschaft durch gedanklichen und politischen Widerstand provozieren. Doch wenn die Jugendarbeitslosigkeit in Deutschland einmal so steigen würde wie in anderen europäischen Ländern, könne es sehr wohl passieren, dass sich die jungen Leute auch vehement für soziale Belange einsetzen. Noch zumindest geht es den jungen Bundesbürgern dafür wohl wirklich zu gut.

NEUNMALKLUGE ELTERN

Von mir hast du das aber nicht!

Wenn Eltern aus dem Staunen, manchmal auch aus dem Entsetzen über ihr Kind nicht mehr herauskommen, schütteln sie gerne den Kopf und sagen: »Von wem hat es das nur?« So etwas nennt man eine *offene* Frage, und zwar deshalb, weil viele Antworten darauf möglich sind – auch solche, die für den Fragesteller unangenehm wären. Nehmen wir einmal an, die Tochter schreibt in der Schule dreimal hintereinander eine Zwei in Englisch, dann neigt die stolze Mutter zum wohlwollenden Kommentar: »Na, da hat wohl mal wieder mein Sprachtalent auf dich abgefärbt, was?« Oder sie sagt nur: »Ganz wie ich früher!« Wird das Mädchen vom Englischlehrer aber wiederholt wegen ungebührlichen Benehmens vor die Tür geschickt oder muss es gar zum Direktor, rücken manche Eltern von ihrem Nachwuchs merklich ab. Dann fragen sie nicht länger nach der Ursache für das missliebige Verhalten, sondern haben gleich die passende Antwort parat: »Von mir hast du das aber nicht!« Während der Erfolg viele Väter und Mütter hat, ist der Misserfolg bekanntlich meist ein Waisenkind.

Woher die Kinder *etwas* haben, gehört zu den liebsten Spekulationen auf Familienfeiern. Auch dort gelangt man gerne zu dem Fazit: Gute Eigenschaften haben mit dem genetischen Familienerbe zu tun und werden beständig weitergegeben, wohingegen an schlechten Merkmalen meist äußere Umstände schuld sind: wahlweise Wirtschaftskrisen, unfähige Lehrer oder die falschen Freunde, notfalls auch eine schwierige Geburt. Ist ein Kind aber besonders schlau, gewitzt oder beschlagen, findet sich in aller Regel ein Elternteil oder ein Ahn, dem diese natürliche Anlage zu verdanken ist.

So schön es wäre, wenn sich das so einfach sagen ließe: Solche Erklärungen greifen viel zu kurz. Während das, was wir unseren Kindern in Sachen Pünktlichkeit, Verlässlichkeit oder Freundlichkeit alltäglich vorleben, sehr wohl deutlich auf sie abfärben kann, verhält es sich mit der Weitergabe unserer Gene und den Konsequenzen hieraus schon ein wenig komplizierter. Weder vererbt sich Oma Giselas Scharfsinn oder Papa Pauls Fingerfertigkeit beim Werkeln einfach so auf die Enkelin oder den Sohn, noch lässt sich anhand der Erbanlagen überhaupt genau vorhersagen, wie schlau oder begabt ein Kind einmal sein wird – was immer damit jeweils gemeint ist. Manche Intelligenzforscher unterscheiden zum Beispiel zwischen allgemeiner und spezieller Intelligenz. Damit meinen sie zum einen, wie flink und effizient ein Gehirn Informationen verarbeitet, wie schnell also jemand von Begriff ist. Zum anderen spielen sie damit auf spezifisches Wissen oder spezielle Fertigkeiten an, die sich jeder von uns im Lauf seines Lebens aneignet. Erworbenes Fachwissen oder erlernte Kunstfertigkeit kann einen Mangel an allgemeiner Intelligenz »in beträchtlichem Maße ausgleichen«, doch kann eine flotte Auffassungsgabe den Erwerb von Wissen oder Können sehr erleichtern, wie der Hirnforscher Gerhard Roth anmerkt.[8] Seiner Ansicht nach ist ein intelligenter Mensch einer, »der schnell sieht, was Sache ist, und dem ebenso schnell einfällt, was jetzt zu tun ist – und dabei meist Erfolg hat«. Dazu muss man fix im Kopf sein *und* Bescheid wissen; beides ist nötig!

Der erbliche Teil der Pfiffigkeit ist durchaus »beträchtlich«, urteilt der Intelligenzforscher Aljoscha Neubauer. Zwillings- und Adoptionsstudien zufolge betrage ihr genetischer Anteil in frühen Kindesjahren 30–40 Prozent und steige »auf bis zu 70 Prozent im höheren Erwachsenenalter«. Denn offenbar kommt der erbliche Teil mit der Zeit immer stärker zum Tragen. Gene und Umwelteinflüsse wirken nämlich keineswegs unabhängig voneinander: Wer genetisch begünstigt ist und von seinen häufig ebenfalls intelligenten Eltern obendrein gut gefördert wird, sucht sich mit großer Wahrscheinlichkeit weitere nützliche Anreize, zum Beispiel ebenfalls überdurchschnittlich pfiffige Freunde und herausfordernde Tätigkeitsfelder – und beides nährt die Intelligenz weiter. Auf diese Weise werden genetisch bedingte Unterschiede im Laufe des Lebens mehr und mehr verstärkt. Dennoch: Obwohl unsere Erbanlagen wichtige Stellgrößen sind, ist ihre Macht begrenzt. Eher lassen sie sich als natürliches Angebot auffassen, das einen Entwicklungsweg zwar nahe legt. Doch kann unser Intelligenz-Proviant auf der Reise durchs Leben sowohl zur Blüte gebracht werden als auch verkümmern.

Aus demselben Grund lässt sich eine von Geburt an weniger stark veranlagte Intelligenz durch günstige Einflüsse von außen noch sehr gut fördern. Der verunglimpfende Spruch »Dumm geboren und nix dazugelernt« ist also weder sachlich richtig noch gibt er eine Entwicklungsrichtung vor: Erstens kommt kein normal entwickeltes Neugeborenes *dumm* zur Welt, noch verurteilt eine erblich bedingte, unterdurchschnittliche Intelligenz zu einem geistig minderbemittelten Leben. Um der Ehrlichkeit willen muss man jedoch hinzufügen, dass sie auch keine günstige Startbedingung ist. Denn nach derzeitigem Wissenstand kann jemand in Sachen Intelligenzquotient »selbst unter optimalen Bedingungen keine Spitzenwerte erreichen«, der »keine entsprechenden Anlagen mitbringt«.[9]

Zwei Einschätzungen Neubauers mögen Eltern – je nach eigenem Temperament – beruhigen oder auch verstören. Erstens: »Zwei sehr schlaue Eltern bekommen nicht zwingend ein sehr schlaues Kind.« Umgekehrt könnten zwei weniger schlaue Eltern durchaus ein sehr gewitztes in die Welt setzen. Statistisch gesehen gebe es nämlich eine Tendenz »zurück in die Mitte«.[10] Wäre dem nicht so, gäbe es am Ende tatsächlich so etwas wie planbare Intelligenzbestien. Zweitens können sich Eltern insofern entspannen, als ihr Einfluss auf die Intelligenz des Kindes mit der Zeit nachlässt. Während er in den ersten zehn Jahren durchaus messbar ist, verliert er sich später mehr und mehr zugunsten anderer Umweltfaktoren.

Fix im Kopf werden die Kinder beispielsweise durch den Kindergarten und »vor allem durch die Schule«, sofern diese die Kinder tatsächlich fördern. Dennoch seien es die Eltern, die den ersten Schritt machen und »die Tür aufstoßen« müssen, damit andere Einflüsse optimal wirken können: Es reicht völlig, sich den Kleinen immer wieder zuzuwenden und sinnvolle, altersgemäße Anreize zu setzen. Gemeint sind damit weder ausgewählte Mozart-Stücke für Zweijährige noch ein Physik-Experimentierkasten fürs Kleinkind, sondern zum Beispiel der Holzlöffel zum Lärmen auf alten Kochtöpfen, der Teddy zum Liebhaben und der äußerst wichtige Kontakt zu anderen Kindern. Der indische Lernpädagoge und promovierte Chemiker Salman Ansari spricht sich in seinem 2013 erschienenen Buch *Rettet die Neugier!* ausdrücklich »gegen die Akademisierung der Kindheit« aus. Kleine Kinder sollten kein Wissen anhäufen, sondern ihre Kreativität entfalten. Ihnen über physikalische oder chemische Experimente Fragen zu beantworten, die sie gar nicht gestellt hätten, sei Unsinn und behindere sie bei ihrer geistigen Reifung.[11] Der Rest ist Liebe, Geduld und wissende Gelassenheit. Denn zum Glück können Eltern mit Herzenswärme vieles richtig, aber eher wenig wirklich falsch machen.

Auf fruchtbaren Boden aber fällt diese Förderung vor allem da, wo das Kind spürbares Interesse entwickelt. Hier kann schon früh Wissen vermittelt werden, das im Verbund mit angeborener Intelligenz einen wachen Verstand heranbildet. Beides hängt insofern miteinander zusammen, als Kinder sich Fakten umso leichter aneignen können, je intelligenter sie bereits sind. Wissen falle »immer in ein Spinnennetz aus Vorwissen. Und je dichter dieses gewoben ist, desto leichter bleibt das Neue hängen«, sagt Aljoscha Neubauer auf herrlich anschauliche Weise. Diesen Umstand sollte man nicht geringschätzen. Denn voneinander abweichende Leistungen in höheren Klassen, etwa in der Oberstufe, hängen Studien zufolge weniger mit Intelligenzunterschieden zusammen als »mit dem Wissen, das acht Jahre vorher erworben wurde«.

Umso wichtiger erscheint es, Kindern schon in jungen Jahren viel zu erzählen und sie auf möglicherweise Interessantes hinzuweisen – seien es Bagger und Kräne an Baustellen oder Tiere und Pflanzen am Wegesrand oder im Zoo. Denn auch wenn es stimmt, dass man heute mit Hilfe des Internets fast alles viel rascher herausfinden kann als früher in Büchern: Eine

NEUNMALKLUGE ELTERN

gute Wissensbasis erleichtert die Suche ungemein. Und nur wer über ausreichend vielfältiges und gut verankertes Vorwissen verfügt, kann die meisten Fragen überhaupt stellen.

Für Sex bist du noch viel zu jung!

Die Frage, wovor Mädchen und Jungen mehr Angst haben, dürfte nicht leicht zu beantworten sein: Fürchten sie eher, beim sagenumwobenen *ersten Mal* von ihrer Mutter im Bett mit Freund oder Freundin erwischt zu werden? Oder ist ihre Sorge größer, sie könnten in ihrer Schulklasse sexuell am wenigsten erfahren sein? Wie megapeinlich wäre das denn! Dann schon lieber ein Satz rote Ohren und dämliches Gestammel beim Ertapptwerden durch Mutti. Dummerweise kursieren unter Jugendlichen wunderliche Vorstellungen darüber, wie viele ihrer Altersgenossen bereits mit dem anderen Geschlecht geschlafen haben. Fragt man sein Kind, wird die Angst offensichtlich, als 15-Jährige ohne »echten Sex« sei man ungefähr so altmodisch wie ein Handy ohne Zugang zum Internet. Leider befördern solche Urteile die Sorge, die eigene Tochter werde im Zweifel eher dem Meinungsdruck ihrer Altersgenossen nachgeben als ihren eigenen Wünschen und gesunden Vorbehalten zu folgen. Gerüchte zählen schließlich oft mehr als Fakten.

Um Letztere bemüht sich die Bundeszentrale für gesundheitliche Aufklärung (BZgA). Seit 1980 hat sie bisher sieben Mal versucht, durch repräsentative Umfragen unter Jugendlichen von 14 bis 17 Jahren sowie anhand von Elterninterviews ein möglichst wahrheitsgetreues Bild von der Sexualität Heranwachsender zu zeichnen. Nach ihrer Studie aus dem Jahr 2010 sieht alles weniger dramatisch aus, als viele Eltern befürchten und Jugendliche argwöhnen, wenn sie ihre Mitschüler oder Mannschaftskameraden prahlen hören. Mit 17 Jahren haben offenbar über 90 Prozent der Befragten Küsse, Petting oder beides erlebt. Während Mädchen aus Migranten-Familien, vor allem aus muslimischen, sich sehr viel stärker zurückhalten als deutsche, sind ausländisch geprägte Jungs sexuell generell aktiver als deutsch sozialisierte. Den ersten Geschlechtsverkehr im engeren Sinne erlebten die Jugendlichen offenbar später als bei der Umfrage aus dem Jahr 2005: Hatten damals noch 12 Prozent der 14-jährigen deutschen Mädchen nach eigenen Angaben bereits mit einem Jungen geschlafen, waren es 2010 nur noch 7 Prozent. Bei den gleichaltrigen Jungs sank der Anteil sogar von 10 auf 4 Prozent. Das dürfte all jene Jungs und Mädels erleichtern, die annehmen, wer mit 14 noch »keinen richtigen Sex« hinter sich gebracht habe, sei verklemmt und zurückgeblieben.

Mit 17 Jahren allerdings hatte auch bei der Umfrage von 2010 die Mehrheit der jungen Frauen bereits *richtigen* Sex erlebt, doch der Anteil dieser Gruppe war auch hier im Vergleich zu 2005 um 7 Prozentpunkte gesunken, nämlich von 73 auf 66 Prozent. Damit lag er ähnlich hoch wie der nahezu unverändert gebliebene Anteil der sexerfahrenen jungen Männer (jeweils um die 65 Prozent).

Noch ein Trost für besorgte Eltern: Während 1980 jedes fünfte *erste Mal* ohne Verhütungsmittel stattfand, verzichteten 2010 lediglich 8 Prozent der befragten Jugendlichen auf Empfängnisschutz; beim zweiten Mal waren es sogar nur noch etwa 3 Prozent. Vor allem die Jungs sind offenbar weitaus vorsichtiger geworden. Die allermeisten Jugendlichen wollen das Risiko einer Schwangerschaft wie vermutlich auch von Aids also nicht eingehen, wobei sie zu Beginn meist auf Kondome vertrauen, bei weiteren sexuellen Erlebnissen vermehrt auf die Pille. In der Regel warten die Jugendlichen übrigens ab, bis sie einen festen Freund oder eine feste Freundin haben, bevor sie mit einem Jungen oder einem Mädchen ins Bett gehen. Das alles sind erfreuliche Tendenzen.[12]

Dennoch meinen Eltern oft genug, ihren Kindern mitteilen zu müssen: »Für Sex bist du noch viel zu jung«, auch wenn sie das selten so direkt sagen. »Du brauchst noch keinen festen

NEUNMALKLUGE ELTERN

Freund!«, heißt es dann. Diese Ermahnung richtet sich deutlich eher an Töchter, als dass Söhnen eine feste Freundin madig gemacht wird. »Bei einem Mädchen haben die Eltern natürlich vor allem Angst davor, dass es schwanger werden könnte«, sagt die Pädagogin Christa Wanzeck-Sielert, Autorin des *Kursbuchs Sexualerziehung*[13] – wobei Eltern selbstredend auch die Vorstellung nicht behagt, ihr minderjähriger Sohn könne zur Unzeit Vater werden.

Allerdings gibt es nach Ansicht von Wanzeck-Sielert noch weitere – und sehr viel spannendere – Gründe, warum Eltern ihre Kinder in ihrem sexuellen Drang zu bremsen versuchen. So sei es für manche von ihnen zum einen »nicht einfach zu akzeptieren, dass ihr Kind auf dem Weg zum Erwachsenwerden ist«, was sich auch in dem Wunsch nach immer deutlicheren erotischen Erfahrungen zeigt, zum anderen, dass ihr Kind für das andere Geschlecht immer attraktiver wird, was »manchmal schwer auszuhalten ist, vor allem wenn die eigene Attraktivität nachlässt, die eigene sexuelle Begierde abflaut oder der selbst erlebte Sex weniger befriedigt als früher«. Das könne sogar neidisch machen, »auch wenn natürlich keine Mutter es offen aussprechen würde, dass sie ihrer Tochter deren aufblühende Reize nicht gönnt« oder auch ihrem Sohn die erste sexuelle Liebe.

Natürlich sind umgekehrt auch Väter nicht gefeit vor zwiespältigen Gefühlen, wenn der halbwüchsige Sohn seine erste Freundin mit aufs Zimmer nimmt – was im Extremfall sogar eigene, verstiegene Begehrlichkeiten wecken kann. Nicht nur in Filmen spannen manche Männer ihrem Jungen die hübsche Flamme aus, und sei es, weil sie nicht verwinden können, dass die eigene Jugend längst Geschichte ist. Zum Glück aber bleibt es meist beim irritierenden Unbehagen, das Männer empfinden, wenn ein junger Mann die eigene, väterlich geliebte Tochter sexuell begehrt. Während ein Vater sein Mädchen aus gutem Grunde immer vorsichtiger und schamhafter berührt, halten sich jugendliche Verehrer verständlicherweise keineswegs zurück. Es ist wichtig, solche Gefühle achtsam wahr- und anzunehmen, um möglichst gelassen damit umzugehen und der verliebten Tochter nicht etwas zu verbieten, was am Ende gar nicht das Mädchen schützen soll, sondern bloß den eigenen Seelenfrieden.

Folgendes bleibt festzuhalten: So verständlich der Wunsch von Eltern ist, der Eintritt ins lockende Reich der Sexualität möge für ihr Kind möglichst schön und schonend verlaufen, so wenig begründet ist die Sorge, schon Zwölfjährige seien drauf und dran, mit dem erstbesten Vertreter des anderen Geschlechts in die Kiste zu steigen. »Die meisten Jugendlichen haben erst mit etwa 16 Jahren ihr erstes Mal«, sagt Christa Wanzeck-Sielert. Doch viele Eltern wollten »solche gut abgesicherten Erkenntnisse nicht wahrhaben«. Auch trauten sie ihren Kindern oft nicht zu, die Frage nach dem *richtigen* Zeitpunkt »gut für sich selbst beantworten zu können«. Einen Gefallen können Mütter ihren Töchtern und Väter ihren Söhnen dadurch tun, dass sie Druck aus der Sache herausnehmen und darauf verweisen, dass auf Schulhöfen, aber auch in den Umkleiden von Sportvereinen eine Menge herumposaunt und angegeben wird – und meist von denen, die es besonders nötig haben, als tolle Hechte zu gelten. Das gilt vor allem für Jungs, die sich unter der Mannschaftsdusche gerne als Sex-Bestien aufspielen, aber augenblicklich gummiweiche Knie bekommen würden, wenn ihnen ein forsches Mädchen mal probehalber in den Schritt fasste.

Statt ihre Kinder direkt auf den ersehnten oder schon vollzogenen ersten Sexualverkehr anzusprechen, was leicht nach Ausfragen klingen kann, können Eltern von ihren eigenen Erfahrungen beim ersten Mal berichten; davon zum Beispiel, dass es – ähnlich wie beim Händchenhalten oder Küssen – auch beim Geschlechtsverkehr oftmals erste Erlebnisse gibt, die »gar nicht so toll verlaufen«, schlägt Wanzeck-Sielert vor. »Dieses von der Mutter oder dem Vater zu hören kann Jugendliche mit unrealistischen Erwartungen sehr entlasten und ermuntert sie vielleicht sogar dazu, weitere Fragen zu stellen.« Und darüber dürften verantwortungsbewusste Eltern sich nicht nur ungemein freuen; darauf dürften sie auch stolz sein.

Damit Jugendliche selbst einschätzen können, wann sie alt genug sind fürs erste Mal, ist es durchaus sinnvoll, ihnen auch in dieser Frage »Leitlinien und Leitsätze« fürs Leben mitzugeben, findet Esther Elisabeth Schütz vom Institut für Sexualpädagogik und Sexualtherapie in Uster. An ihnen könnten sich junge Menschen orientieren, sie geben ihnen Sicherheit – »im Sinne von: So sehen es meine Eltern!« Das helfe ihnen, sich im Zweifel von Vorgaben zu entfernen, daran zu wachsen und ihre ganz persönliche Eigenart herauszuschälen. Auf diese Weise können junge Menschen immer besser eigene Leitsätze aufstellen und als Erwachsene »vielleicht den gesellschaftlichen Kontext verstehen, aus dem heraus die Eltern ihnen damals diese Schutz-Leitlinien mitgegeben haben«. Nichts geht also verloren.

Gerade deshalb sollten wir als Eltern aber den Mut haben, in aller Klarheit ums Wohl unserer Kinder zu ringen und ihnen verdeutlichen, warum wir womöglich in Sorge um sie sind. Unsere Töchter und Söhne werden das wahrscheinlich nicht mögen, doch unsere Meinungsstärke wird ihnen letztlich helfen, ihre *eigenen* Wünsche besser zu erkennen und von denen ihrer möglichen Sexualpartner zu unterscheiden – vor allem aber von klischeehaften Vorgaben aus Filmen oder vom Schulhof, was an erotischen Erlebnissen man mit 15 oder 16 Jahren auf jeden Fall schon abgehakt haben sollte. Man hat schließlich nur *eine* Chance, das erste Mal zu erleben.

Frag mir keine Löcher in den Bauch!

Ein Mann, in Sorgen vergraben und müde, fährt mit seiner Tochter über eine einsame Landstraße im kanadischen Westen. Nachdem die Kleine eben noch einen Weißkopf-Seeadler auf einer knorrigen Fichte betrachtet hat, will sie plötzlich wissen: »Woher kommen die Menschen?« Ihr Vater ist mit seinen Gedanken irgendwo und nirgends und völlig überrumpelt. In seiner Not mimt er den allwissenden Erwachsenen und antwortet: »Sie kommen weither, von Osten.« Was natürlich Unsinn ist, zumindest was die nordamerikanischen Indianer anlangt, die während des Eiszeitalters aus dem Nordwesten kamen, in Kanus oder zu Fuß über eine Landbrücke zwischen Asien und Amerika. Und der Mann weiß sehr wohl, dass seine Antwort eine ist, »wie sie Eltern eigentlich nicht geben sollten«.

Die kleine Anekdote mit dem wissbegierigen Mädchen stammt aus dem wundervollen Buch *Life after God* des kanadischen Schriftstellers Douglas Coupland. Das Kind will natürlich nicht wissen, aus welcher Richtung oder welchem Land die Menschen kommen, sondern versucht bloß, eine gewaltige Frage zu klären: Wo liegen unsere Ursprünge, wie fing alles an? Das ist eine hochphilosophische Frage, »und Philosophie beginnt mit neugierigem Staunen«, sagt Markus Melchers, philosophischer Praktiker in Bonn und Mitverfasser eines Buchs über das Philosophieren mit Kindern.[14] Staunen können Kinder besonders gut, während viele Erwachsene sich das nur noch selten zugestehen oder gar abtrainiert haben. Die Großen denken, sie wüssten, wie die Dinge liegen, haben aber von vielem höchstens eine Ahnung oder verfügen bestenfalls über brüchiges Halbwissen. Das wäre nicht weiter schlimm, wenn sie wenigstens die Fragen der Kinder ernst nähmen, statt sie lustlos zu beantworten oder eilfertig abzuwürgen. Ihre Rettungsversuche sind hinlänglich bekannt: »Das ist nun einmal so«, sagen sie. Oder: »Das hat man schon immer so getan.« Oder auch: »Du willst aber auch *alles* wissen.«

Hinter diesen Ausflüchten kann – neben akuter Überforderung – auch Angst stecken. Nicht viele Erwachsene schaffen es, sich und anderen Menschen Wissenslücken einzugestehen, gerade Kindern gegenüber. Wissen ist Macht auf dieser Welt, und diese droht zu bröckeln, wenn der kleine Sohn aus heiterem Himmel fragt: »Papa, wenn der liebe Gott alles gemacht hat, wer hat denn dann den Gott gemacht?« Es gehört Mut dazu, zuzugeben und auszuhalten, dass man auch als lebenserfahrene

Mutter oder gebildeter Lehrer etwas nicht weiß. Dieser Mutbedarf wächst noch mit dem Alter des Kindes, wenn unter dessen immer skeptischeren und klügeren Fragen alles das plötzlich Risse bekommt, was wir an liebgewonnenen Ansichten und Überzeugungen hegen wie einen mühsam erworbenen Schatz.

In einer Gesellschaft, die noch die letzten scheinbar wertlosen Zeitschnipsel im Produktionsprozess wegrationalisiert, die immer besinnungsloser ihren Effizienz-Zielen entgegenhechelt, halten störende Fragen nur auf, »sie hemmen den Lauf der Welt«, sagt Melchers. Mika vom Planeten Eljo hätte für ein derart übles Ansehen von Fragen kein Verständnis. Der Schriftsteller Jostein Gaarder lässt den Außerirdischen in seinem Buch *Hallo, ist da jemand?* auftreten und berichten, wie man auf seinem Heimatstern mit Fragenden umgeht: Man verbeugt sich nämlich vor ihnen, und zwar umso deutlicher, je tiefer die Frage schürft. Auch die Kindersendung *Sesamstraße* ermutigt zum Nachforschen: »Wer, wie, was? Wieso, weshalb, warum? Wer nicht fragt bleibt dumm«, singen die Kinder im Titellied.

Für den griechischen Philosophen Sokrates (469–399 v. Chr.) war das Hinterfragen sozusagen Programm. Er liebte es, Menschen auf der Straße oder auf Plätzen mit scheinbar harmlosen Fragen in Gespräche zu verwickeln und dabei alles anzuzweifeln, was für selbstverständlich galt. Einer seiner berühmtesten, wenn auch selten korrekt zitierten Aussagen war: »Ich weiß, dass ich nicht weiß.« Sieht ein Mensch sein Nichtwissen ein, ist das der beste Anreiz, nach gründlicher Erkenntnis zu streben und sich nicht mit Stegreif-Antworten nach dem Motto »So ist das halt!« zufriedenzugeben. Nicht umsonst meinte über 2000 Jahre nach Sokrates der französische Philosoph und Gelehrte René Descartes (1596–1650), der Zweifel sei »der Weisheit Anfang«.

Insofern bietet die ganz natürliche und für ihr geistiges Gedeihen so wichtige Fragelust der Kinder gerade für Erwachsene eine ungeheuerliche Chance: nämlich noch einmal vieles von dem, was sie sicher zu wissen glauben und was sie seit Jahren oder gar Jahrzehnten nicht mehr hinterfragt haben, durch die Augen ihrer Töchter und Söhne neu zu betrachten. Wissenslücken werden schnell offenbar, wenn Kinder nachhaken, weil eine Erklärung sie nicht überzeugt. Der Vater aus Couplands *Life after God* wird von seiner Tochter mit Nachfragen verschont; sie scheint zufrieden mit seiner Antwort, weil sie plötzlich abgelenkt wird vom Anblick eines überfahrenen Waschbären am Straßenrand. Ihm ist das recht, auch wenn er weiß, dass seine Antwort eine Ausflucht war. Doch so sind wir Menschen manchmal eben, und das schadet auch niemandem.

Wenn Eltern allerdings auf *alles* scheinbar eine Antwort wissen, dann verlassen sich Kinder irgendwann darauf, »dass sie ja nur zu Papa und Mama gehen müssen«, gibt Markus Melchers zu bedenken. Das ist bequem, trainiert aber nicht jene geistige Eigenständigkeit, ohne die ein Mensch im Leben ziemlich aufgeschmissen wäre. Kinder müssen also lernen, sich alleine zu orientieren und selbst zu denken. Wirklich souverän und fair verhalten sich Eltern, wenn sie vorschlagen, alles Nichtgewusste und Rätselhafte gemeinsam mit ihrem Kind herauszufinden, wenn nicht gleich, dann eben später. Oder wenn sie ihm dabei helfen, das alleine zu schaffen. Melchers erinnert sich noch, wie seine Eltern ihn dazu anstifteten, den Pastor zu fragen, warum die Messe »für Kinder so langweilig« war. Die Antwort des Geistlichen, ein Fußballspiel dauere mit 90 Minuten noch länger als eine Messe und sei ja auch nicht langweilig, hat den damals Zehnjährigen indessen nicht befriedigt; er fand sie »unerhört«. Das stimmt wortwörtlich, denn der Priester hat die eigentliche Frage nicht zur Kenntnis genommen, ist ausgewichen und hat so die große Chance verpasst, sich Kindern verständlicher zu machen.

Sich in deren Denken hineinzuversetzen, ist freilich nicht leicht. Wenn Vierjährige sich nach dem Warum erkundigen, meinen sie oft das Wozu – also den Zweck und nicht etwa den Grund. Fragt zum Beispiel eine Dreijährige: »Warum ist das ein Tiger?«, so will sie wahrscheinlich nicht wissen, weshalb Erwachsene eine orangefarbene, schwarz gestreifte Raubkatze als Tiger bezeichnen und vom Löwen unterscheiden. Viel eher möchte sie erfahren, wozu es den Tiger gibt. Man könnte also antworten: »Er ist so etwas wie ein Polizist im Urwald, der aufpasst, dass es nicht zu viele Tiere gibt, denn diese würden sonst alle Pflanzen wegfressen.« So werden Kinder am Ende noch zu kleinen Ökologen.

Statt aufzustöhnen wegen all der Löcher, die Mädchen und Jungen einem manchmal in den Bauch fragen, könnten Erwachsene sich darüber freuen, wie unbefangen Kinder sich nach dem erkundigen, was sie besser verstehen möchten. Ihre Eltern tun sich dabei sehr viel schwerer, weil sie keine *dummen* Fragen stellen wollen, sei es bei Seminaren, Vorträgen oder Führungen in Museen. Stattdessen warten die ach so Großen oft feige, bis sich ein Fragesteller vorwagt. Was bloß ist so schlimm an Wissenslücken, die jeder Mensch zuhauf aufweist? Solange die Kleinen sich neugierig zeigen, wandern sie auf einem guten Weg ins Leben und zeigen überdies ihr Vertrauen darauf, dass ihnen geantwortet wird – und das ist viel. »Wer nicht mehr fragt, beraubt sich seiner Handlungsmöglichkeiten«, findet Markus Melchers. Innere Unabhängigkeit gegenüber Moden und herrschenden Meinungen erreiche nur, wer eigene Standpunkte und Werte heranbilde. Beides geht nur durch Offenheit für andere Sichtweisen und die Bereitschaft, die eigenen ständig zu überprüfen. Dazu muss man sich selbst und anderen Menschen unbekümmert Fragen nach dem Warum und dem Wieso stellen, ganz wie staunende Kinder es tun, auch wenn das manchmal nervt.

Du bist schön genug!

Sie steht im Bad und wir davor. Und sie kommt nicht mehr raus. Und wir haben es eilig. Sie eigentlich auch, und dennoch lässt sie sich alle Zeit der Welt. Sie ist 15, und wir auf 180. Dass es vielen Eltern mit halbwüchsigen Töchtern und zunehmend auch Söhnen so geht, ist kein rechter Trost. Wer 1965 und obendrein als Mann geboren wurde, versteht schlichtweg nicht, was man (zumindest alleine) länger als fünf Minuten unter der Dusche treiben und womit man vorm Badezimmerspiegel eine halbe Stunde zubringen kann. Schließlich hat eine 15-Jährige keinen Backenbart, den sie sich scheren könnte. Und schon gar nicht wächst so einer jeden Tag neu.

»Es gibt Frauen, die nicht schön sind, sondern nur so aussehen«, hat der österreichische Satiriker Karl Kraus (1874–1936) einmal gefrotzelt.[15] Unsere flügge werdenden Töchter interessiert dieser feinsinnige Unterschied nicht. Außerdem wollen sie ja ausgerechnet das: schön *wirken*. Genau deshalb schlagen sie vorm Spiegel solide Pfahlwurzeln. Sie quetschen Pickel aus, pudern sich und geben ihrem Haar mit Zauber-Gel die ersehnte Fülle. Dann betrachten sie das Ergebnis so akribisch wie ein Preisrichter die Karnickel-Böcke bei der Bundes-Rammlerschau. Woraufhin die ganze Prozedur von Neuem beginnen kann, weil statt des Gels vielleicht doch lieber der neue Schaumfestiger zum Einsatz kommen sollte. Und bei den Jungs läuft es ähnlich ab: Kunstvoll werden die Haare so ins Gesicht gefönt, dass sie alle zehn Sekunden wieder energisch zur Seite geschleudert werden müssen, damit es nicht allzu arg juckt und die Augen das tun können, wofür wir sie im Kopf tragen. Es ist ein Graus, aber ganz normal. Man nennt es Pubertät.

Wir Erwachsenen können uns da noch so sehr den Mund fusselig reden und kluge Sprüche klopfen, zum Beispiel diesen hier: »Wahre Schönheit kommt von innen, die Ware Schönheit hingegen von außen«, womit neuerdings nicht mehr nur Sprays, Tinkturen und Modeartikel gemeint sind, sondern auch Operationen. Eine halbe Million Bundesbürger, so schätzen Schönheitschirurgen, haben sich 2011 aus ästhetischen Gründen unters Messer gelegt, wovon allerdings nur etwa zwei Prozent jünger als 18 Jahre sein sollen.[16] Doch Fachleute befürchten, dass ein grauer Markt von Operateuren zunehmend auch diese Kundschaft bedient, den Busen bläht und Nasen richtet. Schon

Zwölfjährige glauben, ihren knospenden Brüstchen mit gepolsterten Büstenhaltern aufhelfen zu müssen. Doch der von vielen Eltern als Irrsinn empfundene Äußerlichkeitskult setzt schon früher ein. »Bereits im Grundschulalter« begännen Mädchen heutzutage, mit dem eigenen Aussehen zu hadern, sagt Katrin Raabe vom Mädchenhaus Heidelberg. Der Grundschule entwachsen, legen sie dann emsig Hand an sich, um endlich so zu werden wie die perfekt aussehenden Vorbilder im Kino oder im Internet. »Vor allem die Methoden und die Verbissenheit, das gewünschte Ideal zu erreichen, haben sich in den vergangenen Jahren verändert«, meint die Pädagogin. Etliche Zwölf- oder Dreizehnjährige machten bereits Diät, trieben exzessiv Sport oder kauften sich von ihrem Taschengeld vor allem sogenannte Beauty-Produkte.[17] Man könnte fast meinen, sie wissen, was später von ihnen erwartet wird, wenn es darum geht, einen guten Eindruck zu machen, vor allem auf Arbeitgeber.

Menschen mit üppigem Bauch oder solche, die als wenig anziehend gelten, haben nämlich schlechtere Karten beim beruflichen Aufstieg. Nach einer britischen Studie verdienen kleine, dicke oder unansehnliche Männer bis zu 15 Prozent weniger als gutaussehende. Bei den großen, fettleibigen oder für hässlich gehaltenen Frauen beträgt der Abschlag immerhin bis zu 11 Prozent.[18] Kein Wunder, dass attraktive Politiker mehr Wählerstimmen gewinnen als unscheinbar oder gar hässliche wirkende.[19] Generell halten wir hübsch anzuschauende Menschen schon nach kürzester Zeit – in einem Experiment nach 13 Millisekunden – für klug, verträglich, sympathisch und verlässlich. Natürlich ist das ungerecht, aber so will es unsere Natur.[20]

Demnach fügt sich der Nachwuchs bloß in eine Gesellschaft ein, die allenthalben der Schönheit und Schlankheit huldigt. Nach einer Umfrage im Auftrag der Bundeszentrale für gesundheitliche Aufklärung unter 14- bis 17-Jährigen empfand sich im Jahr 2010 ein Viertel der rund 1800 befragten Mädchen als zu dick, aber nur ein Zehntel der mehr als 1700 Jungen. Nur sehr wenige schätzen sich als »zu dünn« ein.[21]

»Die Bedeutung des Aussehens hat sehr zugenommen in den vergangenen dreißig, vierzig Jahren«, sagt Ada Borkenhagen, die sich mit dem Schönheitskult und dem Trend zur »Selbstverbesserung« des Menschen intensiv beschäftigt hat. Eine Debatte um die Frage, ob der frühere Bundeskanzler Gerhard Schröder sich sein ergrauendes Haar tönt, »wäre zu Zeiten Herbert Wehners noch unvorstellbar gewesen«. Individualität werde immer wichtiger und deshalb optisch betont. »Man muss das Besondere der eigenen Person nach außen darstellen, und dazu gehört das Aussehen.« Mehr als früher sei der Einzelne auch verantwortlich für den eigenen Körper; dieser wird nicht mehr einfach hingenommen, so wie er geraten ist; vielmehr darf und soll der »Body« optimiert werden. Der eitle Mensch wird zum Gesamtkunstwerk – oder hält sich dafür.

Von all dem können Teenager sich nicht freimachen, selbst wenn sie es wollten. Für sie spielt das Aussehen schon deshalb »eine enorme Rolle, weil sie dabei sind, ihre Identität zu finden«, sagt die Berliner Medizinpsychologin. Die Medien nutzten diese Unsicherheit nach Kräften aus und präsentierten geschönte Körper in Zeitschriften, Filmen und Musikvideos. Auch sehe man auf Reklamefotos »an jeder Bushaltestelle leicht bekleidete Menschen«. Das Ideal ist der normgerechte Körper ohne jeden Makel, mit der Folge, dass anerkannte Schönheitsfehler umso eher auffallen. Von der heutigen Mode ist hier keine Hilfe zu erwarten, im Gegenteil: Statt Schönheitsmängel gnädig zu verhüllen, legt sie diese schonungslos offen. Während weit geschnittene Kleider oder bauschige Hemden Speckpolster früher großzügig kaschieren konnten, fördert die körperbetonte Stretchmode sie brutal zutage. Das aber bringt nicht nur Waschbrett-Muskeln eindrucksvoll zur Geltung, sondern auch einen molligen Waschbär-Bauch.

Kinder und Jugendliche können sich modischen Trends – wenn überhaupt – nur schwer entziehen. Wenn Eltern sie wegen ihres »Schönheitsfimmels« kritisieren, »verlieren sie bloß den Kontakt zu ihren Töchtern und Söhnen«, befürchtet Borkenhagen. Besser sei der Versuch, über die Hintergründe und Folgen des Äußerlichkeitskults aufzuklären. Mütter und Väter könnten mit den Jugendlichen zum Beispiel die Rolle der Medien diskutieren, etwa die verbreitete Praxis, Fotos von Models oder Schauspielern zu retuschieren. Und sie können ihren Kindern »klarmachen, dass auch eine Claudia Schiffer morgens nach dem Aufstehen nicht so aussieht wie auf den bekannten Fotos von ihr«. Womöglich helfe auch ein Gespräch darüber, »dass Schönheit nicht dasselbe ist wie Glück«. Man muss solche Hinweise ja nicht gerade zur Unzeit morgens durch die verriegelte Badezimmertür brüllen.

Gut zu Gesicht stünde uns Eltern auch ein wenig Selbstkritik. Legen wir nicht selber viel Wert auf unser Äußeres? Geben nicht auch wir viel Geld dafür aus, gut auszusehen, womöglich gar mehr als für Bücher oder Museumsbesuche, mit denen wir unsere inneren Werte nähren? Und bevorzugen wir etwa keine Zeitschriften, die mit schönen Menschen auf dem Titel an Mann oder Frau gebracht werden? Wir dürfen uns getrost erst einmal an die eigene, hoffentlich noch originale Nase fassen, bevor wir unseren Kindern vorwerfen, sie legten zu viel Wert darauf, sich unentwegt herauszuputzen. Für wenig anderes nämlich haben unsere Sprösslinge ein so sicheres Gespür wie für Lügen oder Heuchelei.

Wir wollen ja nur dein Bestes!

Michael Martin ist mit seinen überschaubaren fünfzig Jahren längst so etwas wie der große alte Mann des gehobenen Diavortrags. Der Diplom-Geograph bereist seit über dreißig Jahren die Welt, vor allem ihre Wüsten, und berichtet über seine Abenteuer in Hitze, Sturm und Eiseskälte. Anfang 2013 stand er am Südpol, was seine Reisekasse sehr strapaziert hat, denn schon der Flug dorthin kostet 55 000 Dollar. Die Anbieter solcher Abstecher in die Antarktis haben ein Monopol und lassen sich das teuer vergelten. Wer sich von einer Forschungsstation »mit einem kleinen Flugzeug ins Nichts fliegen und nach zwei Wochen wieder abholen« lässt, ist schnell »weit über 100 000 Euro« los, weiß Martin zu berichten. Viel günstiger sei der Trip mit russischen Forschern an den Nordpol. »Man überweist 10 000 Dollar auf irgendein Moskauer Konto, dann nehmen sie einen mit.« Ein echtes Schnäppchen also.[22]

Man könnte es kurz auch so sagen: Der gebürtige Münchner war nie auf dem Weg zum Pauschaltourist. Bereits im Alter von 15 Jahren unternahm er seine erste Tour und radelte in die Alpen, um Sterne zu beobachten. Schon damals machte er Fotos und führte die Dias nach der Heimkehr vor. »Es kamen acht Zuschauer für jeweils drei Mark Eintritt«, darunter auch die Eltern. Als Nächstes zog es den jungen Mann mit einem Freund nach Marokko. Die Fahrt auf dem Mofa dauerte allerdings so lange, dass den beiden vor Ort nur vier Tage blieben, um alle benötigten Aufnahmen zu machen; dann mussten sie umkehren, um rechtzeitig zum Schulbeginn wieder in Deutschland zu sein. Heute, bei seinen Vorträgen in Mehrzweckhallen und anderen glanzlosen Sälen, bringt Martin sein Publikum nach eigenen Worten »zum Kochen, wie ein Rockmusiker«. Es kommen stets deutlich mehr als die anfänglichen acht Leute, und auch der Erlös liegt mit etwa 2800 Euro pro Abend weitaus höher als bei den ersten Trippelschritten in den Beruf des Lichtbilder zeigenden Abenteurers.

Doch Michael Martin hätte eigentlich etwas ganz anderes werden sollen – und wäre es wohl auch geworden, wenn es nach seinem Vater gegangen wäre. Dieser »hätte mir die Touren und vieles andere niemals erlaubt: meine langen Haare, mein Mofa, die Auszeit nach dem Abitur. (…) Es ist sehr tragisch, aber meine Chance war, dass mein Vater beim Staat auf einen kleinen Posten abgeschoben wurde und schwere Depressionen bekam«. Als Martin 17 Jahre alt war, versuchte der Vater, seinem Leben ein Ende zu setzen, was knapp misslang. »Aber seither blieb er schwerbehindert und entschied nicht mehr über unser Leben. (…) Nur das gab mir die Freiheit zu machen, was ich wollte.« Sonst wäre der Weltreisende wohl Bauingenieur geworden wie sein Vater auch. »Ihm zuliebe fing ich das Studium an, doch nach vier Tagen hielt ich's nicht mehr aus.« So ist der Ungehorsame seinen eigenen Weg gegangen.

Wenn Eltern meinen, sie wüssten, was das Beste für ihre Kinder ist, liegen sie nur selten richtig. Wahrscheinlich könnten sie ebenso gut würfeln. Das Problem ist nur: Wegweiser zu sein ist überhaupt nicht ihre Aufgabe, und viele wollen das nicht wahrhaben. Der dänische Familientherapeut Jesper Juul schildert in einem Buch den sehr typischen Fall einer 15-Jährigen, deren Eltern ihretwegen verzweifeln. Das Mädchen »schwänzt oft die Schule und macht nie ihre Hausaufgaben«, ist abends »meistens unterwegs und kommt selten zur vereinbarten Zeit nach Hause«.[23] Die Noten werden immer schlechter. Den Eltern, die beide das Abitur haben, behagt all das natürlich überhaupt nicht, und so kämpfen sie dagegen an. Mit allen Mitteln haben sie lange versucht, ihrer Tochter einzubläuen, wie wichtig es sei, den »schulischen Pflichten« nachzukommen. Sie haben zu den verschiedensten Sanktionen gegriffen, einschließlich Hausarrest und des ebenso hilflos erscheinenden wie pädagogisch fragwürdigen Streichens des Taschengelds. »Wir schreien und weinen, betteln und drohen, doch es nützt alles nichts«, schreiben sie an Juul.

Immerhin sind die Eltern inzwischen selber an dem Punkt angelangt, wo sie sich fragen, ob es nicht womöglich besser sei, ihre Tochter einfach in Ruhe zu lassen, »um ihr die Möglichkeit zu geben, selbst den richtigen Weg zu finden«. Gleichzeitig aber plagt sie der Gedanke, es könne ihre Elternpflicht sein, »niemals aufzugeben«, also nicht lockerzulassen bei dem Versuch, ihre pubertierende Tochter irgendwann doch noch auf den Pfad der Tugend zu führen – wohin auch immer der führen mag. Jesper Juuls Antwort: »All die Ermahnungen wirken zweifellos kontraproduktiv und tun dies schon seit langer Zeit.«

Doch die Alternative bestehe nicht darin aufzugeben, sondern die Tochter selbst ins Zentrum der Aufmerksamkeit zu rücken und sie zu fragen, welche Hilfe sie braucht, falls sie denn welche wünscht.

Eine der vornehmsten, aber auch schwierigsten Aufgaben von Eltern ist es zu unterscheiden zwischen dem, was man selber erlebt hat, befürchtet und hofft, und dem, was aus Sicht der eigenen Kinder sinnvoll und angemessen ist. Wenn wir feststellen, dass unsere Tochter wiederholt ihre Hausaufgaben nicht macht, verursacht das Angst – aber das ist *unsere*, nicht ihre. Womöglich hören wir beim Anblick des faulenzenden Mädchens die Ermahnungen unserer eigenen Eltern, immer am Ball zu bleiben, nie lockerzulassen, immer schön das Aufgetragene zu erledigen. Solche Handlungsaufträge oder Einschärfungen werden nicht selten über Generationen hinweg vererbt. Wenig verstört uns mehr als jene Freiheiten, die sich unsere Kinder kühn und unverdrossen herausnehmen, vor denen wir selbst aber früher zurückschreckten, weil uns die eigenen Eltern mit ihren Wünschen und Geboten ständig im Genick saßen.

»Moment mal«, könnten wir nun entgegnen, »aus uns ist dank unserer Mühen und kraft unserer eisernen Disziplin doch schließlich etwas geworden!« Das stimmt. Die Frage ist bloß: was? Sind wir wirklich *wir selbst* geworden? Oder vielleicht eher Menschen von unserer Eltern Gnaden? *Etwas* aus sich machen kann jede und jeder, doch nur wenige schaffen es, die eigene Besonderheit zu entfalten. Ein schönes Eigenheim, zwei adrette Kinder und ein angesehener Beruf – das klingt als Lebensleistung ganz manierlich, doch wenn wir ehrlich sind, kommt es auf etwas anderes an: Haben wir Freude an unserem Tun und unserem Leben? Nutzen wir unseren größten Schaffensdrang? Handeln wir aus dem Zentrum unserer Kompetenz, oder wären wir lieber Zuckerbäcker geworden statt Hochschulprofessor, lieber Innenarchitektin als Staatssekretärin mit der Aussicht auf äußerst respektable Todesanzeigen?

Doch zurück zu dem Mädchen, das wie so viele Altersgenossen durch seine Jugendjahre irrlichtert und an dem seine Eltern zerren wie an einem störrischen Maulesel. Jesper Juul macht die Eltern auf drei unangenehme Aspekte aufmerksam, die für die Tochter allerdings erleichternd sein dürften: »Zum einen sagen Sie Dinge zu ihr, die sie schon weiß, und zwar seit vielen Jahren.« Dem Mädchen vermittelt das den Eindruck, für dumm gehalten zu werden. »Zum anderen sind Sie mehr damit beschäftigt, verantwortungsvolle Eltern zu sein, statt herauszufinden, wer Ihre Tochter eigentlich ist und wie es ihr geht.« Und schließlich »haben Sie die Ausbildung Ihrer Tochter und ihre berufliche Zukunft zu Ihrem eigenen Projekt gemacht«. Deshalb sehe sich das Mädchen auch nicht mehr veranlasst, »das Projekt selbst in die Hand zu nehmen«. Und da die Eltern nicht wüssten, wer diese heranreifende Frau in ihrem Hause eigentlich ist und was sie antreibt und ausmacht, wirkten ihre Behauptungen, »was das Beste für sie sei, natürlich unglaubwürdig – auch wenn sie, generell betrachtet, recht vernünftig sein mögen«.

Kinder, die nicht das tun, was ihre Eltern erwarten, brauchen dazu sehr viel Mut. Solange ihr Widerstand keine psychologisch bedenklichen oder selbstschädigenden Ausmaße annimmt, können Väter und Mütter stolz auf diesen widerborstigen Weg sein, den ihre Sprösslinge riskieren. Ein junger Mensch, der sich nicht wunschgemäß verhält, setzt in diesem Moment seine noch wacklige Existenz aufs Spiel, indem er tapfer gegen Normen und Autoritäten aufbegehrt. »Das ist etwas, das viele Menschen erst sehr viel später in ihrem Leben wagen, und oft auch nur, wenn sie durch große Krisen dazu gezwungen werden«, findet Jesper Juul. Folgsamkeit wäre sehr viel einfacher, zunächst jedenfalls und nur so lange, wie sich die Spätfolgen übergroßer Angepasstheit noch nicht zeigen. Diese können schwerwiegend und langwierig sein, denn was in jungen Jahren an innerer Reife und förderlichem Eigensinn nicht entwickelt worden ist, lässt sich später nur noch mühsam erwerben. Dass die Eltern bloß das Beste ihrer Kinder wollen, ist verständlich, doch es ist nun einmal der Job der Jugendlichen, das Äußerste zu versuchen, um das zu erwerben, was man ein eigenes Leben nennt. Und es erfordert, wie Juul schreibt, »dass sie ihrer inneren Stimme folgen (…) und zwangsläufig eine Reihe von Entscheidungen treffen (…), die sich womöglich als wenig klug erweisen werden, sie aber dennoch klüger machen«.

Uns Eltern bleibt die herausfordernde Aufgabe, den Kindern in dieser heiklen Zeit zur Seite zu stehen und ihnen, wenn gewünscht, zu helfen – im Vertrauen darauf, dass sie erfahren haben, was uns wichtig ist und wovon wir im eigenen Leben nicht ablassen werden. Denn nur wer selber eine Leitschnur hat, kann zum Leitbild werden: ohne jedes Gezerre, aber mit sanfter Autorität, die auch deshalb letztlich im Guten wirkt.

Du hast doch etwas Besseres verdient!

Paula ist 14 und verliebt. Ihre Gedanken kreisen um Achmed, einen 16-jährigen Realschüler, dessen Eltern aus Marokko stammen und zu Allah beten. Schon das fordert die Toleranzbereitschaft ihrer im Grunde liberalen Eltern mehr heraus, als diese zuvor gedacht hätten – mehr auch, als vor allem der Vater sich gerne eingestehen möchte. Dass der Junge außerdem hin und wieder kifft, macht es für Paulas Eltern nicht leichter, die noch zarte Liaison gelassen hinzunehmen. Bedenken wühlen sich durch ihre Köpfe: Nichts gegen Ausländer, »natürlich nicht«, wie die Mutter auffallend deutlich betont, aber muss es gerade ein junger Moslem sein, dessen Vater offenbar »ziemlich konservativ« ist und die spätere Frau für seinen Sohn »am liebsten selbst aussuchen« würde, wie Paula erzählt? Wird der Junge die bisher noch nicht rauchende Tochter zum Qualmen verführen, womöglich sogar zum Rauchen von Marihuana, was bei regelmäßigem Konsum nachweislich und dauerhaft das Hirn schädigt und die Intelligenz verringert, und zwar umso stärker, je früher das Kiffen einsetzt?[24] Und könnte sich das Mädchen als

Gymnasiastin, die nicht gerade glänzende Noten auf dem Zeugnis hat, nicht lieber einen strebsamen Oberschüler zum Freund wählen, der sie zum Lernen anspornt und generell ihren Ehrgeiz anstachelt? Hat Paula wirklich »nichts Besseres« verdient?

Wenn Eltern solche Fragen aufwerfen, hat das meist andere Gründe, als wenn die beste Freundin dazu rät, sich »mit diesem Typen bloß nicht abzugeben«, da er »doch unter deinem Niveau« ist. »Natürlich wissen wir – ob Jung oder Alt – Freunde zu schätzen, die in aufrichtiger Sorge auch mal kritisch unser Handeln hinterfragen«, sagt die Psychologin Elke Wild.[25] »Ungebeten erteilte Vorschläge, die unseren Handlungsspielraum einengen, geraten allerdings schnell zu Rat-Schlägen.« Und diese können bekanntlich schaden, indem sie uns manipulieren. Hingegen würde unser Aktionsspielraum erweitert durch Fragen wie: »Was gibt er dir? Wie wichtig ist dir das? Was könnte dir fehlen?« Und genau so können sich auch Eltern an die wahren Wünsche und Bedürfnisse ihrer Tochter oder ihres Sohnes herantasten, wenn sie sich dazu eingeladen fühlen oder deutlichen Anlass zur Sorge haben.

Dass die Partnerwahl nicht selten aus dem Rahmen dessen fällt, was Mütter und Väter für angemessen halten, ist Wild zufolge allerdings völlig normal. Mehr noch: Es sei ein gutes Zeichen für einen erfreulichen Verlauf der Jugend und könnte die Eltern deshalb sogar beruhigen. Denn wenn Heranwachsende damit beginnen, sich vom Elternhaus zu lösen, versuchen sie naturgemäß immer drängender, ihren Handlungs- und Entscheidungsspielraum auszuweiten. Fachleute wie die Bielefelder Professorin bezeichnen das als »Verteidigung der Territorien des Selbst«. Infolgedessen entzünden sich Konflikte »typischerweise an der Frage, wo die elterliche Autorität immer noch gilt und wo sie nunmehr rechtmäßig endet«. Gerade im Jugendalter seien Eltern daher gefordert, ihre eigenen Interessen, Vorgaben und bisherigen Handlungsroutinen selbstkritisch zu hinterfragen. Jetzt geht es darum, das asymmetrische Eltern-Kind-Verhältnis mit klar dominierenden Vätern und Müttern in eine zunehmend gleichberechtigte Beziehung zu verwandeln. Und wer sich nahezu auf Augenhöhe begegnen soll, darf sich nun mal nicht länger über den anderen erheben wollen. »Das bedeutet aber keineswegs einen Verzicht auf kritische Nachfragen«, merkt Elke Wild an, um nicht missverstanden zu werden. »Eltern stehen auch im Jugendalter in der Erziehungsverantwortung, und alle Umfragen zeigen, dass sie von der Mehrzahl der Jugendlichen durchaus als wichtige Ratgeber wertgeschätzt werden.« Ihr wichtigstes Pfand dabei sei allerdings das über Jahre gewonnene Vertrauen und die Bereitschaft, dem Bemühen ihrer Kinder um Abgrenzung »erkennbar Rechnung zu tragen«.

Konkret bedeutet dies bei einer fragwürdig erscheinenden Partnerwahl des Kindes sage und schreibe fünferlei: Erstens ist es ratsam, sich darauf zu beschränken, lediglich Gesprächsbereitschaft zu signalisieren, und zwar solange irgend möglich. Denn wer nicht von sich aus Rat sucht oder einen gewissen Leidensdruck verspürt, werde »ohnehin alle Hinweise in den Wind schlagen«. Drängt es Eltern dennoch zu einem Gespräch, sollte es ihnen zweitens darum gehen, mit ihren Kindern vertrauensvoll zu sprechen – und selbstverständlich ergebnisoffen. Drittens würde es helfen, wenn Mütter und Väter ihre Vorbehalte nüchtern daraufhin abklopften, ob diese wirklich begründet sind. Halten die Einwände einer Prüfung beharrlich stand, sollten die Eltern sich nicht scheuen, ihre Sorgen klar und sachlich als Ich-Botschaften auszudrücken. Also nicht etwa: »Dein Achmed hat etwas Unaufrichtiges an sich«, sondern: »Mir scheint, dein Freund rückt nicht damit heraus, was er wirklich möchte oder denkt.«

Viertens sollten die Eltern trennen können zwischen der »Hinter- und der Vorderbühne«, wie Wild sehr treffend formuliert: Auf der Hinterbühne – also insgeheim – kann durchaus der drängende Wunsch auftreten, die Tochter möge viel im Leben erreichen und nichts dürfe ihrer Entwicklung im Wege stehen. Zu erkennen geben sollten die Eltern jedoch allenfalls ihre

Zweifel, ob der ihnen seltsam erscheinende Freund »zu dir passt und dich glücklich macht«. Der psychologisch erprobte Grundsatz lautet mithin: Bei *sich* bleiben! Schließlich sind es die *eigenen* Bedenken und die *eigenen* Ängste. Und wer weiß, ob man sich in Achmed nicht doch täuscht und der Junge es am Ende sogar schafft, Paulas kulturellen Horizont aufs Fruchtbarste zu erweitern – und womöglich den der Eltern auch!

Kommen die Eltern nach reiflicher Überlegung aber fünftens zu dem Schluss, dass die Liebesbeziehung abgebrochen werden sollte, muss die Beziehung zwischen Eltern und Kind ausreichend belastbar sein, um den drohenden Konflikt zu überstehen. Nun brauchen die Eltern Nehmer-Qualitäten und Zutrauen in die eigene Stress-Resistenz. »Natürlich ist es ihr Recht und nachgerade ihre Pflicht, etwaigen Fehlentwicklungen ihres Kindes frühzeitig entgegenzuwirken«, räumt Wild ein. »Dies verlangt allerdings einmal mehr Feinfühligkeit und Augenmaß – und im Zweifelsfall die Bereitschaft, professionelle Hilfe in Anspruch zu nehmen.« Ob die nächste Liebschaft den Eltern freilich passender erscheint, steht auf einem ganz anderen Blatt. Es wäre schon viel wert, wenn nach dem Zwangseingriff in Paulas Liebesleben die Beziehung zur Tochter nicht auf Dauer geschädigt sein wird. Von Achmeds Blick auf die Deutschen einmal ganz abgesehen.

Schäm dich!

Er schämte sich offenbar kein bisschen, ließ sich jedenfalls nichts anmerken. Betrat einfach vor allen Leuten die Bühne, stellte sich hinters Rednerpult und begrüßte die Gäste des Bundesamtes für Naturschutz – ganz so, wie man das als Präsident einer Behörde und folglich als Hausherr eben macht, wenn man eine kurze Ansprache halten möchte. Bewundernswert! Ich hingegen hatte mich noch Minuten zuvor furchtbar geschämt, und sehr viel besser war es seither nicht geworden. Schließlich war es meine Schuld, dass Hartmut Vogtmann diesen stattlichen Rotweinfleck auf dem Hemd trug, gut sichtbar mitten auf der Brust. Wir waren draußen auf dem Gang im Gespräch gewesen, ich gestikulierte ein wenig zu forsch und hatte nicht gesehen, dass er sein Weinglas angehoben hatte – und schon tränkte der gute Tropfen den weißen Stoff. Was für ein Malheur! Zum Glück winkte der Präsident nur lächelnd ab.[26]

Wenn wir uns schämen, würden wir uns am liebsten unsichtbar machen; unser Handeln ist uns zutiefst peinlich. »Scham ist ein urmenschliches Gefühl, auch wenn wir heute in einer Zeit scheinbarer Schamlosigkeit leben, in der viele meinen, sich frei von Scham öffentlich inszenieren zu müssen«, sagt Wolfram Kölling, der als klinischer Therapeut vielen Menschen beim Bewältigen belastender Schamgefühle geholfen hat.[27] Vor Schamgefühlen ist niemand gefeit, nur hängt das, wovor wir uns schämen, von den Moralvorstellungen und Gepflogenheiten der jeweiligen Kultur ab, in der wir unsere ethischen Maßstäbe entwickelt haben. Zu unterscheiden ist jedoch zwischen einer angemessenen und einer völlig überzogenen Scham: Angemessen ist sie, wenn wir unser Fehlverhalten selbst erkannt haben und reumütig sind; krankhaft hingegen, wenn sie unser Handeln stark einschränkt, Herzrasen und Schweißausbrüche verursacht und unsere Stimme versagen lässt. Menschen, die darunter leiden, sind häufig »schon als Kinder zu sehr beschämt worden«, sagt Kölling. Wer die Ursachen ihrer Störung ausleuchtet, wird bei vielen von ihnen darauf stoßen, dass sie sexuell missbraucht, geschlagen oder von engen Bezugspersonen häufig gedemütigt, kleingehalten oder ständig beschimpft worden sind. »So entsteht allmählich eine schamhafte, traumatisierte oder selbstunsichere Persönlichkeit«, erläutert der Psychologe den seelischen Hintergrund der inneren Not.

Man muss es leider so hart sagen: Wer seinem Kind bei jeder passenden Gelegenheit die Frage stellt, ob es sich denn gar nicht schäme, missbraucht seine Macht und tut einiges dafür, dass psychosomatisch orientierten Fachkliniken die Kundschaft nicht ausgeht. Für Kinder ist die Reaktion wichtiger Bezugspersonen auf ihr Verhalten äußerst wichtig. Wird einem Kind immer wieder vorgehalten, dass es Schuld auf sich geladen oder sich peinlich verhalten hat und sich dafür schämen soll, ist die Gefahr groß, dass es zu einem geduckten Menschen mit hängenden Schultern wird, dessen Selbstwertgefühl sich gar nicht erst aufrichten kann. Entsprechend »schrecklich« findet der Entwicklungspsychologe Hartmut Kasten den demütigenden Elternspruch »Schäm dich!«. Bei kleinen Kindern sei er zudem inhaltlich sinnlos, weil Kinder aus hirnbiologischen Gründen »erst im Alter von fünf oder sechs Jahren« ein so zwiespältiges Gefühl wie Scham entwickeln. »Wenn sie sich aber aus Altersgründen bereits schämen können und zweitens etwas getan haben, was gegen ihren eigenen Moralkodex oder den der Familie verstößt, dann schämen sie sich von selbst – und dann ist es doch nicht Sache der Eltern, sie mit der Nase noch einmal in dieses Schamgefühl hineinzustoßen.«

Das Ziel aller Erzieher sollten selbstständig denkende Menschen mit eigenen, dem Leben abgerungenen Überzeugungen sein – und nicht etwa Duckmäuser, die aus Angst etwas nachplappern. Doch genau zu einer solchen »Anpassung ohne innere Einsicht verleiten Scham- und Schuldgefühle«, sagt die Bielefelder Psychologin Elke Wild. »Wenn wir Kinder zu verantwortlichem Handeln erziehen wollen, müssen wir ihre Ich-Stärke unterstützen und immer wieder Überzeugungsarbeit leisten, auch wenn dies mühsam ist.« Wem der Spruch doch einmal herausrutscht, dem steht offen, den Schaden zu begrenzen und um Nachsicht zu bitten. »Tut mir leid, Sascha, da hab ich gerade etwas ganz Dummes gesagt«, könnte man sagen. Und vielleicht hinzufügen: »Wenn sich hier jetzt einer schämen muss, dann bin ich das. Und ich wollte dir nicht wehtun.« Im Unterschied zur Demütigung kann Demut nämlich etwas Gutes sein, vor allem wenn Erwachsene es schaffen, sie im Bewusstsein eigener Unvollkommenheit vor ihren Kindern zu zeigen. Denn Demut meint so viel wie »Dienstwilligkeit« oder »Gesinnung eines Dienenden«.[28] Und unseren Kindern im Guten dienen, also nützen, ohne freilich willfährig zu sein, das möchten wir doch. In diesem Sinne also: mehr Mut zur Demut![29]

So gehst du mir aber nicht aus dem Haus!

In einem beeindruckenden Lied mit dem Titel »Junge« bringen es Die Ärzte ziemlich gut auf den Punkt, was vielen Eltern durch den Kopf geht, wenn sie ihren flügge werdenden Sohnemann das Haus verlassen sehen. Gekürzt um zwei Zeilen, lautet eine Strophe nämlich so: »Und wie du wieder aussiehst / Löcher in der Hose / … / Und dann noch deine Haare / Da fehlen mir die Worte / Musst du die denn färben?« Muss der Junge natürlich nicht. Will er aber, und genau hierin liegt aus Sicht der Eltern das Problem: Der Schlawiner zieht sich einfach so an, wie er möchte. Womöglich lässt er sich auch noch die Lenden tätowieren und trägt silberne Nasenringe wie ein Tanzbär.

Im Refrain ihres Liedes führen die ärztlichen Punk-Rocker psychologisch treffsicher einen wesentlichen Grund an, warum es für Eltern so schwer ist, ihre Kinder nach eigenem Geschmack in der Gegend herumlaufen zu lassen: »Und du warst so ein süßes Kind / Du warst so süß …« Hier haben wir ihn, den verbreiteten Wunsch, auf die eigenen Kinder stolz zu sein und sie den gleichermaßen entzückten Nachbarn vorzuführen: Es ist nun einmal viel schmeichelhafter, Vater oder Mutter eines niedlichen Wonneproppens mit Pausbacken zu sein, als zu den Erzeugern eines Stinkstiefels zu gehören, der sich weder die Ohren wäscht noch darauf verzichten mag, sich eine Schneise durchs violett gefärbte Haar zu fräsen. »Wie siehst du denn wieder aus!«, entfährt es dann so manchen Eltern − und die meisten denken es.

Wenn wir bereit sind zu hinterfragen, warum uns das Äußere unserer Kinder stört, hilft einmal mehr die antike griechische

NEUNMALKLUGE ELTERN

Maxime: »Erkenne dich selbst!« Dazu ist es sinnvoll, sauber zu trennen zwischen Motiven, die nur mit uns zu tun haben, und solchen, die wirklich unseren Kindern gelten. Wenn wir selbst es früher nicht wagten, uns nach Lust und Laune zu kleiden und zu schmücken, dann wäre es nicht fair, heute den Sohn oder die Tochter dafür büßen zu lassen. Etwas völlig anderes ist das legitime Bemühen, die Hand schützend über unsere Kinder zu halten. Hier kommt es nur noch darauf an, wie wir unsere Sorge vermitteln. Wenn wir zum Beispiel befürchten, eine überaus freizügige Bluse mit tiefem Ausschnitt könne das Urteil der Lehrer über unsere Tochter beeinträchtigen und zu schlechteren Noten führen, dann wäre es eine gute Idee, in aller Offenheit mit ihr darüber zu sprechen, was Mode bewirken kann, im Guten wie im Schlechten – auch im Hinblick auf falsch verstandene Signale an das männliche Geschlecht. Dasselbe gilt auch für unsere Söhne, wenn sie die Hosen mal wieder auf Halbmast tragen, ihre Unterhosen zeigen und mit nacktem Oberkörper über den Schulhof schlurfen. Es gibt nun einmal gewisse Regeln des Anstands in öffentlichen Räumen, die nicht jedem gefallen müssen, ohne die aber keine Gesellschaft auskommt.

Dies oder Ähnliches zur Not auch dreimal vorzubringen ist völlig in Ordnung. Nur sollte man den Kindern und meist eben Töchtern nicht unterstellen, mit ihrer großzügigen Hautfreiheit »vor allem Jungs anmachen« zu wollen. Das jedenfalls meint die Kölner Psychologin Elisabeth Raffauf, die für eine Erziehungsberatungsstelle arbeitet und dort speziell die Eltern Pubertierender berät. Denn so angegangen, »machen alle Teenager dicht«.[30] Dass die Eltern so schnell an die gezielte Anmache von Jungs denken, kann mit eigenen und durchaus berechtigten Ängsten zu tun haben, demnächst womöglich eine schwangere Tochter zu Hause zu haben, denn häufig fällt einem genau das als Erstes ein, was man am meisten fürchtet. Fragt man hingegen Mädchen im Teenie-Alter, scheint es ihnen vor allem um ihr Selbstgefühl zu gehen, auch wenn Jungs dabei natürlich eine Rolle spielen. So sagt zum Beispiel die 14-jährige Maria, dass

»Mädchen mit sexy Klamotten irgendwie versuchen, mit ihren Reizen zu spielen und die Vorzüge einer Frau zu unterstreichen, einfach damit Jungs gucken und denken: ›Oha!‹« Ihre gleichaltrige Freundin Nadine meint, ein Mädchen fühle sich »selbstbewusster« und habe »mehr Selbstvertrauen«, wenn es spüre, dass es attraktiv aussehe. »Außerdem macht es Spaß, wenn man herumexperimentieren kann und dann auf die Reaktion der Außenwelt guckt.« Beide Teenager glauben übrigens, dass »Mädchen, die sich so sexy anziehen, auch ziemlichen Mut haben« und sich wehren könnten, »wenn uns ein Junge dumm kommt«. Angefasst zu werden sei zwar immer ein gewisses Risiko, doch dann müsse man sich eben wehren, schreien oder weglaufen.[31]

Weder wird das alle Eltern beruhigen, noch muss es das. Deshalb können Mütter und Väter nach Ansicht von Elisabeth Raffauf sehr wohl auf ihren Bedenken beharren und sagen: »Ich möchte nicht, dass du so aus dem Haus gehst, weil du so falsche Signale an manche Männer aussendest und ich Angst um deine Sicherheit habe.« Das werde zwar viel wahrscheinlicher auf Widerstand als auf Verständnis treffen. Doch die Pubertät sei halt »eine Zeit voller Zwist und Reibung, und das ist auch wichtig«. Entscheidend sei, zwar offen für die Argumente des Kindes zu bleiben, doch gleichzeitig fest zu eigenen Grundsätzen zu stehen. Denn genau dies vermittele einem jungen Menschen Sicherheit, auch wenn er sich den Werten seiner Eltern zumindest vorerst widersetze. Mütter und Väter müssten es »aushalten, eine Zeit lang für blöde Spielverderber gehalten zu werden«, was keine leichte Aufgabe ist in einer Zeit, da Eltern am liebsten die Freunde ihrer Kinder wären. Davon abgesehen gebe es »natürlich keine Garantie dafür, dass die Mädchen das Bündchen am Rock nicht noch einmal umschlagen, wenn sie aus der Haustür sind«.

Wenn es denn dabei bliebe! Manche ziehen sich nämlich erst auf der Schultoilette jene »scharfen« Klamotten an, mit denen sie das Elternhaus nicht verlassen dürften – wofür gibt es schließlich Beutel oder Taschen für den heimlichen Transport.

Andere streifen die von der Mutter abgesegneten Sachen einfach drüber und ziehen sie später »in der Schule oder woanders auf einem Klo wieder aus«, wie die schon erwähnte Maria verrät. Und wenn diese beiden Maschen nicht mehr taugen, »weil die Eltern sie durchschaut haben«, legen sich die Mädels ihre Wunschkleider halt »einfach irgendwo außerhalb vom Haus oder im Keller bereit« und nehmen sie dann zur Schule oder zur Party mit. Verhindern können Eltern das mit angemessenen Mitteln ohnehin nicht. Doch ihren Standpunkt haben sie hoffentlich klar zum Ausdruck gebracht, und darauf kommt es an. Zum Trost dürfen sie sicher sein, dass ihre Kinder sich damit im Stillen auseinandersetzen. Zugeben würden diese das natürlich höchstens unter Folter.

Pass auf, sonst wächst du noch am Handy fest!

Kein Haus ist von der Haltestelle aus zu sehen, nur eine Laterne lindert schwach die Dunkelheit der Winternacht. Immer wieder fährt eisiger Wind in das Geäst der Eichen, packt und rüttelt ihre Kronen. Anja friert in ihrer viel zu dünnen Jacke und zieht die Schultern noch ein wenig höher. Den Bus um 22:05 Uhr hat sie blöderweise knapp verpasst, und der nächste kommt erst in dreißig Minuten. Die 16-Jährige sieht sich unsicher um: irgendwie ungemütlich hier … So könnte ein Krimi beginnen, aber auch eine kurze Lehrstunde in Sachen Geduld und Angstbewältigung. Bis zur Erfindung des Mobiltelefons blieb Jugendlichen in vergleichbaren Lagen gar keine Wahl: Sie mussten nicht nur die Langeweile beim Warten aushalten, sondern auch den leichten Grusel spätabends an einer verwaisten Haltestelle. Auf Reisen blieben sie zunächst einmal mit ihren Eindrücken allein, mitunter tagelang, bis zur ersten abgeschickten Postkarte oder dem Gang zum teuren Münztelefon. Die Welt war ein einziges Funkloch.

Damit haben Handys gründlich Schluss gemacht. Über die ebenso praktischen wie verführerischen Geräte verfügen inzwischen 96 Prozent der 12- bis 19-Jährigen; gut die Hälfte davon kann mit ihrem mobilen Telefon sogar im weltweiten Netz umhersurfen.[32] Über Handys bleibt man stets mit allen verbunden. Doch ist das gut? Geht nicht auch etwas verloren, wenn wir jederzeit mit vertrauten Menschen sprechen und uns rückversichern können, dass wir nicht alleine auf der Welt sind? Wirken Handys nicht sogar wie elektronische Nabelschnüre zu Eltern und Hilfsleinen zu Freunden, die es Jugendlichen ersparen, unangenehme Gefühle wenigstens eine Weile auszuhalten und so schrittweise heranzureifen? Hemmen sie folglich die persönliche Entwicklung?

Der Psychoanalytiker Thomas Auchter – und beileibe nicht nur er – findet diese Sichtweise »goldrichtig«. Sigmund Freud, der Begründer der Psychoanalyse, habe einmal »vom Menschen als ›Prothesengott‹ gesprochen, der seine Unvollkommenheit nur dank technischer Hilfsmittel aushalten könne«. Das Handy dürfe man »als solche Prothese verstehen, die in einer zunehmend bindungsgeschwächten Gesellschaft Sicherheit vermitteln soll«. Dies gelte gerade für Jugendliche, die einerseits zunehmend nach Unabhängigkeit streben, andererseits aber noch immer mehr oder minder abhängig vom Elternhaus sind – auch dies eine Ursache ihres Wankelmuts und ihrer Zerrissenheit. Das mobile Telefon könne tatsächlich echte Autonomie erschweren. Anders als ein Teddy oder ein Püppchen bei Kleinkindern, sei es nämlich gerade *kein* sogenanntes Übergangsobjekt,[33] wie es kleinen Kindern hilft, die zeitweilige Abwesenheit ihrer Mutter leichter auszuhalten. Während nämlich der Schmusebär oder die geliebte Puppe das Kleinkind ein Stückchen selbstständiger und weniger bedürftig nach Dauerkontakt mit der Mutter macht, tausche ein Jugendlicher die reale Abhängigkeit vom Elternhaus lediglich gegen die neue vom ständig funkenden Handy ein. Wirklich gewonnen sei dadurch nichts.

Wie abhängig ältere Kinder und Jugendliche von Handy-

Kontakten werden können, erfahren Eltern am laufenden Band. Groß ist das Jammern und Wehklagen, wenn Pubertierende mal einen oder – ganz furchtbar – zwei Tage auf ihr Telefon verzichten müssen, etwa dann, wenn es bei einem Verwandtenbesuch liegengelassen wurde oder wenn ein Lehrer das Gerät vorübergehend eingezogen hat, weil es klammheimlich während des Unterrichts benutzt wurde. Wer es nicht selbst einmal erlebt hat, wird kaum glauben, wie vollständig das Leben einer 14-Jährigen plötzlich aus den Fugen gerät, wenn sie keinen Zugriff mehr aufs Internet und ihr elektronisches Adressbuch hat. Das Festnetztelefon ist dafür überhaupt kein Ersatz, auch weil die Handynummern der Freundinnen und Schulkameraden in der Regel nirgendwo sonst abgespeichert oder notiert worden sind. Der Verlust erscheint total. Die Reaktionen eines Teenagers auf den Schock (und es ist wirklich einer!) ähneln sowohl frappierend denen eines Kleinkindes, dem die geliebte Schmusedecke abhandengekommen ist, als auch denen eines Süchtigen, der keinen Zugang mehr zu einem Stoff ganz anderer Art hat: Es ist, als hätte der plötzlich handylose junge Mensch all seine Freunde verloren – offline ist man so gut wie halb tot. Zumindest aber fühlen sich Kinder und Jugendliche ohne den elektronischen Gefährten mutterseelenallein.

Wie ist das zu erklären? Vor allem internetfähige Handys sind weit mehr als ein Kommunikationsmittel; sie sind auch ungemein wichtig für das Gestalten und Verwalten von Beziehungen und für die Pflege des eigenen Selbstwertes. Das Handy zu verlieren heißt deshalb: Von nun an hat man keinen Einfluss mehr darauf, was andere über einen denken und verbreiten – und man erfährt es nicht einmal mehr. Ein solcher Kontrollverlust peinigt und verängstigt, auch wenn das Gefühl, bisher die Kontrolle über den eigenen Ruf und Stellenwert ausgeübt zu haben, trügerisch sein mag.

Einige Aussagen der 13-jährigen Nora aus der Nähe von Köln mögen das verdeutlichen. Das Versenden von SMS-Kurznachrichten an Freunde ist für sie »unheimlich wichtig«. Bei diesem Nachrichtenverkehr komme es aber nicht nur darauf an, was jeweils geschrieben wird, sondern auch, wer einem etwas mitteilt und wie oft. »Es schreibt einem ja nicht jeder«, sagt das Mädchen. »Wenn man viele SMS von jemandem bekommt, der einem wichtig ist oder den man gut findet, dann fühlt man sich als jemand Auserwähltes, man gehört dann zu ihren oder seinen Topleuten, und darauf ist man stolz.« Das sei »wie ein Gewinn«. Auch eine große Zahl von Kurznachrichten zeige einem nämlich, dass man beachtet werde. »Wenn du jemandem wichtig bist, dann schreibt er dir halt oft. Oder du bekommst von ihm immer eine Guten-Morgen-SMS oder eine abends vor dem Schlafengehen.« So macht es jedenfalls ihr Freund. An manchen Tagen schreibt Nora auch schon mal 200 SMS; viele davon sind sehr kurz. Pro Monat kommen bei ihr oft 1800–2000 selbst verfasste Botschaften zusammen. Dass ihr Freund ihr einmal einen ganzen Tag lang keine SMS funken könnte, mag sie sich gar nicht vorstellen. Hier zeigt sich das auch Erwachsenen bekannte Grundproblem elektronischer Online-Kommunikation: Gerade weil jederzeit ein Gruß oder ein Kompliment heranflattern *könnte*, wird dies auch erwartet. Wer schweigt, hat nicht einfach anderes zu tun oder kein Telefon in der Nähe, sondern ist höchstwahrscheinlich sauer auf einen, desinteressiert oder gar nicht mehr verliebt! Immer hat alles mit einem selbst zu tun statt einfach mit den anderen: Insofern fördert das Handy die narzisstische Ich-Sucht.

Die Gier nach beruhigenden Neuigkeiten sowie der Drang, sich anderen ständig mitzuteilen, werden zunehmend auch für Psychotherapeuten sichtbar – so etwa für Jochen Raue, der eine Praxis in Hofheim (Taunus) unterhält. Eine ihm bekannte 13-Jährige brachte es innerhalb von nur drei Wochen auf satte 5500 Botschaften, also 260 pro Tag. Ihre Begründung für die SMS-Flut: »Ohne mein Handy kann ich nicht leben. Erst einmal liebe ich mein Handy, dann kommt lange nichts.« Sie braucht es offenbar wie die Luft zum Atmen, »denn, wenn ihr langweilig ist, dann muss sie sofort eine SMS an irgendjemanden schreiben oder anrufen, sonst hält sie es nicht aus alleine«, berichtet der analytische Therapeut für Kinder und Jugendliche.[34] Raue zufolge hat das Handy »einen nicht zu unterschätzenden Einfluss auf die Psyche und die Verarbeitung von Problemen und Krisensituationen junger Menschen«. Gefühle wie Alleinsein und Langeweile sollen mit Hilfe des Mobiltelefons »schnell weggemacht« werden. Zudem müssten unangenehme Gefühlsregungen wie Anspannung, Verlorensein, Aggression oder Angst »sofort umgesetzt und befriedigt werden, indem Kontakte über das Handy hergestellt werden«. Das nähre die Illusion, auf diese Weise verschwänden diese Affekte, was sie freilich nicht tun. Denn sie tauchten, sobald die Kurznachricht getippt ist, sogleich wieder auf, und der Kreislauf beginne von Neuem. Das Bedenkliche daran: »Fähigkeiten, die eigentlich vorhanden sein sollten, um das Aushalten von Versagung und Frustration zu ermöglichen, gehen damit auf Dauer unter.« Geschult werden sie jedenfalls nicht, wie ja Verzicht und Genügsamkeit in weiten Teilen unserer »Greif zu!«-Gesellschaft ohnehin nicht gut gelitten sind.

Die Funktion des Mobiltelefons als Standleitung zu Mutti, aus der sich jederzeit Aufmerksamkeit absaugen lässt, ist wissenschaftlich bereits nachgewiesen worden. Die rasch verfügbare Stimme Mamas besänftigt aufgewühlte Nerven ähnlich gut wie eine echte mütterliche Umarmung. Im Urin der untersuchten sieben- bis zwölfjährigen Mädchen stieg der Anteil des sogenannten Kuschelhormons Oxytocin, während der Speichel nach dem Telefonat weniger von dem Stresshormon Cortisol enthielt. Oxytocin wird vom Zwischenhirn zum Beispiel ausgeschüttet, wenn uns vertraute Menschen berühren oder nahe sind, wenn wir uns also verbunden und behütet fühlen. So erging es auch den Mädchen im Test: Nachdem das Lösen von Rechenaufgaben und das Halten einer Stegreifrede – beides vor einer Gruppe fremder Menschen – sie mächtig nervös gemacht hatten, beruhigten sie sich rasch wieder, sobald ihre Mutter mit ihnen telefonieren durfte. Der Effekt war ähnlich

stark wie bei anderen Mädchen, die von ihrer persönlich anwe-
senden Mutter zur Beruhigung umarmt wurden.[35]

Schön, wenn die Stimme lieber Menschen solche Effekte
hat, übrigens auch bei Erwachsenen. Doch indem wir immer
wieder zum Hörer oder Handy greifen, wenn uns etwas aufregt
oder ängstigt, lernen wir nicht, den inneren Aufruhr selbst he-
runterzuregeln. Gerade Jugendliche (und Erwachsene ohnehin)
sollten das in weniger schlimmen Fällen bereits können, zum
Beispiel indem sie innehalten und sich vor Augen führen, dass
es in ihrem Leben sehr wohl Menschen gibt, die einen trösten
können, aber eben erst später, nicht jetzt sofort!

Es geht letztlich darum, in der Gewissheit zu handeln, von
dem einen oder anderen Menschen wirklich geliebt zu werden –
hoffentlich auch von den Eltern. Wer dies schon als Kind nicht
ausreichend erfahren hat, wird mit großer Wahrscheinlichkeit
dazu neigen, sich zeitlebens von anderen Menschen trösten zu
lassen, statt sich selbst helfen zu können. Handys und das Internet mit seinen schwatzhaften Online-Foren fördern solche Abhängigkeit leider; sie rauben uns einen wichtigen Sportplatz,
auf dem wir trainieren könnten, etwas in uns und mit uns selber
auszufechten. Begrenzte Auszeiten vom Handy wären also
keine dumme Idee – zum Beispiel die Stunde vor dem Schlafengehen, während der Hausaufgaben oder beim Mittag- und
Abendessen.

Nur müssen natürlich auch Vater und Mutter bereit dazu
sein und »selbst als gutes Beispiel vorangehen«, sagt der Münchner Psychologe Benjamin Martens. »Deshalb sollten auch Erwachsene nicht ständig an ihrem Handy oder Smartphone he-
rumspielen oder während der Mahlzeiten ganz bewusst einmal
nicht erreichbar sein.«[36] Und sie müssten darauf verzichten, ihr
Kind selbst jederzeit erreichen zu können, auf dem Bolzplatz
wie auf dem Schulhof. Mobiltelefone dürfen schließlich weder
zur elektronischen Fußfessel werden, noch haben Kinder etwas
verbrochen, was diese Strafmaßnahme erforderlich machen
würde. Von Vorteil ist es außerdem, wenn Eltern sich mit den

Spielen und Anwenderprogrammen, die ihr Kind auf seinem Handy nutzt, rechtzeitig vertraut machen, also auch Interesse an seinen Interessen zeigen. Neue Programme sollten »nur im Beisein eines Elternteils heruntergeladen werden dürfen«, damit die Erzieher übersehen können, wozu das Handy eingesetzt wird und welche Kosten dafür anfallen. »Außerdem können Eltern ihre Kinder so vor Programmen oder Anwendungen schützen, die nicht kindgerecht sind«, fügt Martens hinzu. Junge Menschen müssen auf verantwortliche Weise an eine höchstwahrscheinlich zukunftsbestimmende Technik herangeführt werden, ohne dass ihr reales Leben mit leibhaftigen Kontakten zu kurz kommt. »Solange Kinder Freunde treffen, sich an der frischen Luft bewegen und sich um ihre Aufgaben kümmern, ist auch nichts dagegen einzuwenden, wenn sie von Zeit zu Zeit mit dem Smartphone spielen.« Freunde aus Fleisch und Blut zu treffen und dabei geistesgegenwärtig zu sein, schafft allerdings nicht, wer zwanzig SMS pro Stunde schreiben will.

Du hängst ja nur noch vorm Computer rum!

Warum das Internet so beliebt ist, kann Mark Zuckerberg wie kaum ein Zweiter erklären. Alle Menschen hätten doch zuhauf schon jene »langweiligen Momente« erlebt, in denen man mit seiner Zeit nicht viel anfangen könne, etwa beim Warten vor der Supermarktkasse. Momente also, in denen es viel interessanter wäre zu erfahren, ob »irgendwo auf der Welt etwas Spannendes vor sich geht«, verkündete der reichste Kapuzenpulli-Träger der Welt im April 2013.[37] Und deshalb habe sein Unternehmen Facebook zwar kein eigenes Handy entwickelt, aber dafür ein neues Zusatzprogramm, mit dem Mobiltelefone schon beim Einschalten Neuigkeiten von Freunden oder Verwandten aufrufen können. So wisse man immer, was persönlich nahestehende Menschen gerade so treiben – und was zumindest sie selber so aufregend finden, dass sie es im Netz herumposaunen müssen. Kein Wunder, dass Zuckerberg dem neuen Handy-Dienst den raffinierten Namen »Home« verpasst hat. Denn ein Heim braucht und sucht der Mensch auch im 21. Jahrhundert. Das neue Programm sorge deshalb dafür, dass dort Zuhause sei, »wo das Handy ist«, schrieb die *Süddeutsche Zeitung* sehr treffend.[38]

Unterm Strich ist das Internet eine großartige Sache. Es macht unglaublich viel Wissen fast kostenlos zugänglich. Es erschwert Diktaturen und verbindet Menschen weltweit. Dennoch beobachten nicht nur viele Eltern, sondern auch Pädagogen, Hirnforscher und Psychologen mit Sorge, dass Kinder und Jugendliche viel Zeit im Netz verbringen, ob am Rechner oder mit Hilfe eines smarten Handys. Für dieses Vergnügen sind vor allem Heranwachsende längst hochgerüstet: Im Jahr 2012 verfügten 82 Prozent der 12- bis 19-Jährigen über einen eigenen Rechner.[39] Außerdem hatten bereits 28 Prozent der Jugendlichen im Alter von 12 bis 13 Jahren ein internetfähiges Mobiltelefon, bei den jungen Volljährigen waren es sogar 64 Prozent – mit weiter steigender Tendenz. Längst sind Computer und Handys zum Surfen im Netz so etwas wie Eintrittskarten in die Welt von morgen.

Insofern gehört das Argument nicht zu den dümmsten, der Nachwuchs von heute bereite sich mit seiner Vernarrtheit in moderne Kommunikationsgeräte zielgenau auf *seine* Zukunft vor, exakt wie alle Generationen junger Menschen zuvor auf ihre. »Gut möglich, dass sich die Jungs und Mädchen von heute zu Profi-Netzwerkern entwickeln und sich genau damit beschäftigen, was sie in der Gesellschaft von morgen brauchen«, findet auch Gerrit Schmelter von der Evangelischen Beratungsstelle in Bonn. Der Psychologe macht keinen Hehl daraus, dass er der Medienkompetenz junger Menschen »vor allem Gutes« abgewinnt. »Manchmal kommen mir die stöhnenden Eltern vor wie Menschen im Mittelalter vor der Erfindung des Buchdrucks«, sagt der Vater zweier Söhne. Doch zu stöhnen und zu zagen sei ja »seit jeher das Privileg der Eltern«.

Schmelters Erfahrungen, persönliche wie auch berufliche, zeigen, dass auch Jugendliche mit eigenem Kopf bereit zu Kompromissen sind, wenn sie insgesamt das Gefühl haben, gemocht und wertgeschätzt zu werden. Sein 16-jähriger Sohn zum Beispiel liebt es, Stunden mit Online-Spielen zu verbringen. Doch er schaltet den Rechner in der Regel aus, wenn sein Vater ihn gegen Mitternacht darum bittet und auf die Schule am nächsten Morgen verweist – oder wenn das dampfende Essen auf dem Tisch steht. So handele der Junge nicht nur, weil er grundsätzlich respektiert werde, sondern »weil ich ihn die Erfahrung habe machen lassen, es mit der Zeit vor Online-Spielen auch mal übertreiben zu dürfen – und weil ich akzeptiere, dass es sein Leben ist«.

Auch für Schmelter »ist natürlich das Alter des Kindes hierbei eine der entscheidenden Variablen, denn meinem elfjährigen Sohn würde ich nicht erlauben, bis Mitternacht oder länger als eine Stunde am Tag am Computer zu spielen«. Viele Jugendliche aber werden von Natur aus kaum vor 23:30 oder 24 Uhr richtig müde.[40] Zudem habe sein älterer Sohn »die entwicklungspsychologische Aufgabe, selbst herauszufinden, wie lange es nicht schädlich für ihn ist, am Rechner zu sitzen«. Die Kompromissbereitschaft des Jungen bestehe darin, »dass er auf meinen Hinweis nach sinnvollen Regenerationszeiten eingeht und den Computer freiwillig ausschaltet«. Ihn hier bevormunden zu wollen würde Schmelter zufolge »nicht funktionieren – oder nur unter hohen Folgekosten« wie beiderseitigem Vertrauensverlust, übertriebener Abgrenzung oder offenen Feindseligkeiten. Jugendliche könne man kaum noch erziehen; entscheidend sei vielmehr, eine gute Beziehung zu ihnen aufgebaut zu haben und weiter zu nähren.

Die Entwicklungsaufgabe der Eltern in dieser kniffligen Zeit bestehe darin, eine sehr menschliche Illusion zu erkennen und dann hoffentlich zu verlieren: die Illusion nämlich, großartige und überaus einflussreiche Erzieher zu sein. Der Familien- und Erziehungsberater räumt allerdings ein, dass es auch ihn gewaltig nerven kann, wenn sein älterer Sohn beim Computerspiel trotz allem an manchen Tagen einfach kein Ende findet. »Dann ziehe ich den Stecker«, sagt Schmelter. Und diese Bereitschaft zu konsequentem Handeln »sollten Kinder von uns Eltern erwarten können«. Dennoch gibt es auch warnende Stimmen, etwa die des Harvard-Professors George Vaillant: »Das Internet verändert unser Gehirn. Den Preis werden wir erst in ein paar Jahren kennen.« Dass seine Tochter regelmäßig »hinter ihrem iPad-Vorhang« verschwinde, bezeichnet der US-Psychiater als »neue Art des Autismus«. Die Foren und Netzwerke im Internet hätten »mit wirklichen sozialen Kontakten nichts zu tun«.[41]

Der Freiburger Mediziner und Neurobiologe Joachim Bauer ist vor allem besorgt, weil Kinder und Jugendliche dazu neigen, sich gleichzeitig mit mehreren attraktiven Medien zu beschäftigen: Sie tauschen miteinander Neuigkeiten am Rechner aus, während Musik läuft und auf dem Handy Kurznachrichten eingehen, die umgehend beantwortet werden. Mitten hinein klingelt auch noch das Telefon, über das die Freundin wärmstens das neueste Lied der gemeinsamen Lieblingsband empfiehlt, zu dem es bei Youtube ein schickes Video gibt, das natürlich auch nicht länger warten darf. Das Gehirn muss sich also auf eine Reihe von Reizen gleichzeitig einstellen und versucht die entsprechenden Aufgaben abzuarbeiten, wird dabei aber immer wieder unterbrochen und gezwungen, sich Neuem zuzuwenden. Dieses sogenannte Multitasking zählt in der modernen Arbeitswelt zu den häufigsten Ursachen schädlichen Stresses. Nur über Termin- und Leistungsdruck, die sich oft hinzugesellen, klagen Arbeitnehmer noch häufiger.[42]

Nun würden sich Jugendliche, die Musikvideos anschauen und gleichzeitig Kurzbotschaften tippen, dadurch in aller Regel nicht als gestresst einschätzen. Auch kommen moderne Arbeitsplätze und Jobprofile den Neigungen junger Elektronik-Nutzer sehr entgegen, weil viele Beschäftigte sich mittlerweile nicht mehr ungestört mit ein und derselben Sache beschäftigen können. Gefragt ist vielmehr eine »breit gestreute, aber flache Aufmerksamkeit« und die Bereitschaft, quasi »immer *auf dem Sprung* zu sein«, wie Bauer einräumt. Für sich genommen wäre eine solche Sprunghaftigkeit auch nicht weiter schlimm, aber Studien belegen, dass oberflächlich aufmerksame Menschen bei Tätigkeiten, die größte Konzentration erfordern, »jede Menge Fehler machen«. Schlimmer noch: Ihnen werde nach und nach »die Fähigkeit abtrainiert, eine konkrete Aufgabe zu lösen«, weil ihre Aufmerksamkeit permanent umherschweife, um ja nichts Interessanteres zu verpassen.[43]

Wie bei vielen potenziell schädlichen Einflüssen kommt es auch hier auf die Dosis an – und darauf, welche seelische und geistige Basis in jüngsten Jahren gelegt wird. Um Kinder medienkompetent zu machen, ist es immer noch unumgänglich, ihnen schon früh Geschichten vorzulesen, die ihre »Vorstellungskraft und Phantasie anregen«, rät der Bochumer Psychiater Bert te Wildt. Vor allem müssten Kinder »erst einmal die konkret-reale Welt mit vollem Körpereinsatz, allen Sinnen und in der unmittelbaren Begegnung mit anderen erkunden. Sie sollten auf Bäume klettern, das Harz riechen, mal vom Ast fallen und den Schmerz spüren.«[44] Und bevor sie Fußball am Computer spielen, wäre es prima, sie könnten über den Bolzplatz fegen, auf echte Tore dreschen und spüren, wie viel Übung es erfordert, auch nur halbwegs einen Ball zu beherrschen.

Es kommt gerade bei kleinen Kindern also entscheidend darauf an, ein Fundament zu legen, das sich später in seelischer und geistiger Hinsicht als tragfähig erweist. Zwei- oder Dreijährige bleiben ganz sicher nicht hinter ihren genetischen Anlagen zurück, wenn ihnen Computerspiele vorenthalten werden, die mit Slogans wie »Frühes Fördern am PC« für sich werben.[45] Zwar richten solche Spiele bei liebevoll aufwachsenden Kindern und maßvollem Konsum kein Unheil an und können Spaß bereiten, doch nötig und sinnvoll sind sie nicht. Im Vorschulalter sollten die Kleinen sich lieber ausgiebig als *Hand*-Werker betätigen, also mit Bauklötzen, Puppen, Teddys und Gegenständen aus der Natur hantieren. Es geht darum, die Welt anzufassen und zu *begreifen*. Dinge zu berühren und gleichzeitig die Welt der Sprache zu erobern ist in diesem Lebensalter entscheidend für das Heranreifen des kindlichen Gehirns. Der Bildschirm kann die äußerst wichtige Zusammenarbeit von Händen, Gehirn und Augen keinesfalls ersetzen.[46]

Wenn ältere Kinder und Jugendliche vom Computer nicht mehr lassen können und reale Kontakte meiden, ist dies ein ernstes Warnsignal; dafür nämlich, dass sie im wahren Leben, wo sie auf echte Menschen treffen könnten, kaum Gelegenheiten finden, sich zu bewähren und Selbstvertrauen aufzubauen. Wenn Eltern den Verdacht haben, ihr Kind versinke immer mehr in virtuellen Welten, sollten sie es allerdings nicht fragen: »Alex, bist du vielleicht computersüchtig?« Das wäre dann doch zu plump. »Die geschickteste Frage wäre die, worauf das Kind oder der Jugendliche eigentlich stolz ist«, sagt der Göttinger Hirnforscher Gerald Hüther. »Wenn die Eltern dann eine Antwort erhalten, die nur noch mit Computerspielen zu tun hat, wäre dies ein deutliches Zeichen, dass ihr Sprössling sich auf der falschen Ebene ins Leben hineinorientiert – nämlich auf der virtuellen.« Das hört sich dann vielleicht so an: »Ich bin stolz darauf, dass ich in meiner Computergemeinde einen so hohen Rang erreicht habe.« Oder darauf, »dass ich diese Spiele so gut kann«. Wer so antwortet und *außerdem* echten Bewährungsproben aus dem Weg geht, dessen Denken kreist am Ende nur noch um »World of Warcraft« oder andere einschlägige Spiele. Und dann braucht der Junge (deutlich seltener trifft es Mädchen) sehr wahrscheinlich mehr Zuwendung und zur Not auch professionelle Hilfe. Deshalb ist es ungeheuer wichtig, dass Eltern spüren und sich im Zweifel danach erkundigen, *warum* ihr Kind in den Weiten des globalen Netzes unterwegs ist: Erschließt sich ihm dort eine faszinierende Welt, mit der wir früher Geborenen bloß fremdeln, oder ist das virtuelle Netz längst zu einem Gespinst geworden, in dem sich das Kind unheilvoll verheddert hat.

Von Fremden nimmt
man nichts an!

Ob damals die Sonne schien über dem Bodensee, weiß ich nicht mehr; auch nicht mein genaues Alter, doch sagen wir einmal: Ich war sechs Jahre alt in jenem September oder Oktober, als ich mit meinen Eltern ein paar Tage in Bregenz verbrachte. Von dieser Unschärfe abgesehen, gehört das, was sich damals zutrug, zu meinen eindrücklichsten Erinnerungen an die Kindheit: Ich war mit Mutter in einer Grünanlage am See unterwegs, ungefähr dort, wo heute die Freilichtbühne am Bregenzer Festspielhaus halb über das Bodenseeufer ragt. Ich sammelte Rosskastanien, um Streichholztiere zu basteln, und machte reiche Beute; die glänzenden Früchte klackerten in meiner Plastiktüte. Plötzlich näherte sich uns ein hochgewachsener Mann; ich sehe ihn bis heute vor mir: lockiges, mittelblondes Haar, ein grobes Gesicht mit hoher Stirn, ein Lächeln darin, wenn auch ein etwas rätselhaftes, unbeholfenes. Der Mann hielt mir eine Tafel Schokolade entgegen, eine freundliche Geste, meinte ich zu spüren, und ich war Kind genug, danach zu greifen, als er mir ein Stück davon abbrach.

Der Mann freute sich, als ich die Schokolade dankbar in der Hand hielt und sie wie einen kleinen Schatz zu meiner Mutter trug. Sie hatte den Vorgang beobachtet, nicht eingegriffen, doch als wir uns zum Gehen wandten und von dem Mann entfernten, deutlich eiliger als zuvor, da sagte sie zu mir: »Wirf die Schokolade weg, man nimmt von Fremden nichts an! Und schon gar kein Essen!« Ich wollte wissen, warum denn nicht, doch es half nichts, ich musste die kleine Freude in den nächsten Abfallkorb werfen – so kannte ich meine Mutter gar nicht; sie schien noch besorgter als sonst zu sein, und dennoch bestand ich auf einer Erklärung: »Die Schokolade könnte vergiftet sein«, sagte sie leise, und vielleicht tue ich ihr Unrecht mit der verschwommenen Erinnerung, dass sie dem noch hinterherschickte: »Es gibt so böse Männer.« Möglicherweise hat sie es auch nur gedacht. Der Nachmittag war jedenfalls nicht mehr derselbe, ein Schatten war über meiner Kindheit aufgezogen wie ein Unwetter. Fragen wummerten in meinem Kopf: Können Geschenke böse sein? Gibt es Männer, die Kinder umbringen wollen – mit fiesem Schokoladengift? Darf man wirklich von Fremden nichts nehmen, und zweimal nicht, wenn man es essen kann? Lächeln selbst böse Menschen?

Hirnforscher wissen inzwischen, dass unser Wesen nur zum Teil auf unseren Erbanlagen gründet, ein sehr wesentlicher Anteil aber auf unseren Erfahrungen, die wir im Laufe unseres Lebens sammeln, einige sogar schon im Mutterleib. Ohne dass es uns bewusst wird, bestimmen diese Erfahrungen unsere Erwartungen und lenken unsere Aufmerksamkeit – ja, sie entscheiden dabei mit, wie wir die Welt sehen und das Verhalten unserer Mitmenschen bewerten, vor allem wenn es uns selbst gilt.[1] Zu diesem prägenden Schatz an Erlebnissen zählen gerade auch solche, die uns Angst einjagen. Besonders wenn sie sich in gleicher Weise wiederholen, können uns solche Begebenheiten auf Dauer entmutigen und hemmen. Dummerweise versuchen wir dann nämlich, ähnlich wirkende Situationen zu vermeiden, engen so aber nur unseren Handlungsspielraum ein.

Völlig ersparen können wir Ängste unseren Kindern allerdings nicht. Sie gehören zum Menschsein dazu, haben unser Fortdauern als biologische Art überhaupt erst ermöglicht. Die Furchtlosen und Tollkühnen unter unseren Vorfahren wollten

GEFAHREN

den Säbelzahntiger streicheln oder auf dem Mammut reiten und wurden folgerichtig zerfleischt oder zermalmt, bevor sie sich fortpflanzen und ihre Anlagen weiterreichen konnten. Wir sind mithin aus gutem Grund die Abkömmlinge maßvoller Angsthasen, und Ängste zu leugnen wäre absurd. Was wir aber tun können, ist unseren Kindern die Furcht vor unbegründeten Ängsten zu nehmen und ihnen den Rücken zu stärken, während sie versuchen, sich ihrem Unbehagen tapfer zu stellen. Vor allem können wir darauf verzichten, unsere *eigenen* Ängste etwa vor überall lauernden Bazillen, knorrigen Kletterbäumen oder unbekannten Mitmenschen auf sie zu übertragen. Denn im Grunde wissen wir ja, dass die allermeisten Fremden weder Schokolade vergiften noch Äpfel oder Limonade. Und sie stechen einen auch nicht hinterrücks ab.

Gerade der aufblühenden Phantasie von Kindern im Vorschulalter sollten erwachsene Bezugspersonen deshalb nicht unnötig Nahrung geben und darauf achten, sie »nicht mit kleinen, unbedachten Äußerungen oder Randbemerkungen zu verunsichern«, rät der Entwicklungspsychologe und Familienforscher Hartmut Kasten, der sich mit Ängsten eingehend befasst hat.[2] Auch können wir aufmerksam beobachten, in welchen Situationen oder auf welche Anlässe hin die uns anvertrauten Kinder furchtsam reagieren. Klärende, einfühlsame Gespräche können dann verhindern, dass Ängste sich im Hirn erst einmal festsetzen, auch wenn spätere Erlebnisse und Erfahrungen sie nach und nach gewissermaßen überschreiben und so zumindest abmildern können.

Vielleicht also hätte mir meine Mutter damals am Bodensee verständlicher machen können, warum sie in Sorge wegen der Schokolade war. Sie hätte mir Antworten auf naheliegende Fragen liefern können, meint die Saarbrücker Entwicklungspsychologin Gisa Aschersleben, etwa diese: »Warum soll man nichts von Fremden annehmen? Wer sind überhaupt Fremde? In welchen Situationen ist es vielleicht doch sinnvoll, etwas von Unbekannten anzunehmen, zum Beispiel wenn die Eltern oder

andere gute Bekannte dabei sind oder auch in Notsituationen.«
So vorzugehen erlaube den Kindern auch später als Erwachsenen, flexibel mit einem Verbot umzugehen.

Doch wer weiß, womöglich machte meine Mutter seinerzeit auch alles richtig, und ausgiebige Erklärungen wären fehl am Platze gewesen. »Sie war klug genug, ihrem sechsjährigen Jungen keine lange Vorlesung über pädophile Männer und kindlichen Missbrauch zu halten, das hätte ihm noch viel mehr Angst gemacht«, meint der Psychiater und Neurobiologe Joachim Bauer. Dabei müsse der Schokoladen-Mann gar nicht in unsittlicher Absicht gehandelt haben. Einer Mutter gehe es aber »in einer solchen Situation darum vorzusorgen, dass sich das Kind nicht in einer ähnlichen, aber unbewachten Situation von einem Fremden einfangen lässt«. So immerhin hatte ich die Sache noch nie gesehen. Doch ob mir das Kindheitserlebnis eher geschadet als genützt hat, vermag ich bis heute nicht zu sagen.

Sei bloss vorsichtig!

Mit so einem Vater hat man es nicht leicht. »Paul, setz dich bitte, der Zug wackelt, sonst fällst du noch hin!« Paul verzieht das Gesicht und hockt sich missmutig wieder auf den Sitz neben seinem Papa. Dabei ist dem augenscheinlich Vierjährigen doch nur langweilig. Wenigstens darf er heute mit dem ICE fahren, und nicht nur das: Ohne es zu beabsichtigen, hat sein merkwürdig besorgter Vater für sich und ihn zwei Plätze direkt hinter der Kabine des Lokführers reserviert. Oder vielmehr: des Zugführers, weil ein ICE doch gar keine Lok hat, sondern ein Triebzug ist. Aber selbst in dem schneeweißen Flitzer kann eine Reise ganz schön lange dauern. Womit bloß soll Paul sich die Zeit vertreiben? Sein Papa ist mit den Gedanken ganz woanders, und nirgends in dem spärlich besetzen Personenabteil findet sich ein anderes Kind. Gerade fährt der ICE ziemlich langsam, weil er sich zwischen Stuttgart und Ulm die Geislinger

GEFAHREN

Steige hochwinden muss. Dabei wackelt er halt ein bisschen, und was einem Kind dabei allerhöchstens droht, ist ein sanfter Sturz auf den Veloursteppich und, wenn es ganz blöd kommt, eine harmlose Beule am Kopf. Glasknochen wird Paul schon nicht haben. Er ist bereits wieder von seinem Platz aufgestanden und läuft erneut von freiem Sitz zu freiem Sitz, klettert hinauf und rutscht wieder hinunter und versucht, unter einem der Sitze durchzuklettern. Kaum zwei Schritte kann er tun, ohne dass sein Vater ihn zurückpfeift, obwohl der Junge in keiner Weise herumtobt, sondern sich völlig ruhig verhält und erkennbar niemanden stört. »Paul, bleib hier bei mir!« Himmel, das kann nerven. Ganz bestimmt auch den Jungen. Hoffen wir für ihn, dass sein Papa nicht immer so ist.

Es gibt einen sehr schönen Spruch: Für einen Hammer sieht alles aus wie ein Nagel. So geht es auch übervorsichtigen Eltern; sie sehen überall Gefahren. Pfützen müssen ihre Kinder umgehen, sonst werden die Füße nass. Über Zäune mit spitzen Latten dürfen sie nicht klettern, sonst spießen sie sich am Ende noch auf. Selbst Mäuerchen, von denen man schreckliche vierzig Zentimeter tief herabstürzen könnte, lösen ihren Beschützerinstinkt aus. Auf einen Baum klettern darf ihr Kind erst recht nicht. Man muss nur einen Nachmittag auf einem dieser mit Rindenmulch gepolsterten Spielplätze verbringen, schon hört man all die Rufe: »Renn nicht so, sonst fällst du hin! Klettre nicht so hoch! Pass auf, sonst schubst dich jemand herunter!« Wir überfluten unsere Kinder mit unseren eigenen Ängsten, die oft zum Familienerbe gehören. Hinzugekommen sind neue Sorgen, von denen man als Kind vor vierzig Jahren nicht einmal etwas wusste, so etwa die Furcht vor einem Schädel-Hirn-Trauma durch Stürze mit dem Rad. Ohne Helm in die Pedale treten? Gott behüte!

Zur Mäßigung rät ausgerechnet einer, der kein Vater ist (andererseits, vielleicht ja deshalb): »Eltern können nicht alle Wege des Kindes überwachen. Je mehr sie das Tun und Lassen ihrer Kinder kontrollieren wollen, desto mehr Angst und Aggression erzeugen sie in ihnen«, warnt Anselm Grün, Benediktiner-Pater und Vielschreiber vor dem Herrn. »Gerade Eltern, die alles kontrollieren wollen, müssen oft erleben, dass genau das eintrifft, was sie befürchtet haben.« Ihnen könne der Glaube daran helfen, »dass ein Schutzengel das Kind vor Gefahren bewahrt«, wobei dieser »nicht für alles zuständig« sei und nicht überfordert werden dürfe. »Das Vertrauen in den Schutzengel und die nötigen Vorsichtsmaßnahmen müssen zusammengehen.«[3]

Wer nicht oder nicht mehr an hilfreiche Engel glauben mag, kann es ganz profan mit Demut probieren: Unsere Kräfte sind so begrenzt wie unsere Aufmerksamkeit; wir können nicht alles beeinflussen und nach unserem Willen lenken. Ab einem bestimmten Punkt können wir uns dem Lauf der Welt nur noch anheimgeben. Oder wenn man das große Wort bemühen mag: uns dem Schicksal anvertrauen – wenn auch nicht in dem Sinne, dass unsere Geschicke vorbestimmt wären, sondern dass wir von diesem Punkt an machtlos sind und nur noch hoffen können, dass es höchstwahrscheinlich gut gehen wird. Das kann sehr entlasten, gerade Eltern, die von ihren Kindern jede Gefahr fernhalten möchten und so doch nur erreichen, dass ihre Kleinen das Leben verpassen. Dieses Risiko nämlich ist real: »Wer aus Angst, dass etwas passieren könnte, das Kind vor allen Gefahren zu schützen versucht, der macht das Kind blind für die wirklichen Gefahren«, befürchtet Anselm Grün. »Ein Kind muss ausprobieren, wozu es fähig ist«[4] – wenn auch natürlich in gesunden Grenzen. Darf das Kind seine eigenen Fähigkeiten und die Belastbarkeit seines Körpers nicht selbst erfahren, wird es ein gehemmtes Leben führen und andauernd fragen: »Soll ich?« oder »Darf ich?« Andere werden dann für es entscheiden, möglicherweise ein Leben lang. Keinem Kind ist ein Knochenbruch oder eine ausgekugelte Schulter zu wünschen, aber verglichen mit einem Dasein als Hasenfuß sind beide Verletzungen eindeutig kleinere Übel. Sie tun zwar weh, vergällen einem aber nicht das Leben.

GEFAHREN

Bleib weg von der Spinne!

Wer dreijährige Jungs im Kinderwagen durch die Straßen schiebt, kann erleben, dass sie plötzlich mit ausgestrecktem Finger auf einen geparkten Wagen zeigen und begeistert »Audi!« rufen.[5] Die Konkurrenten des Ingolstädter Automobilbauers wird es beruhigen, dass auch ihre Fabrikate schon von so manchem Dreikäsehoch erkannt werden. Gäbe es doch nur ebenso viele kleine Buben oder auch Mädchen, die beim Anblick eines Hundes wie aus der Pistole geschossen »Dackel«, »Collie« oder »Schnauzer« rufen könnten statt einfach nur »Wauwau«!

Experten wie Rainer Brämer, der das Verhältnis unserer Gesellschaft zur Natur erforscht, beobachten den Trend einer wachsenden Naturferne junger Menschen schon seit etlichen Jahren und haben ihn durch Umfragen belegen können.[6] Als der Natursoziologe 2010 für seinen sechsten *Jugendreport Natur* wissen wollte, wie das Jungtier eines Hirschs wohl heiße, antworteten nur 6 Prozent der befragten Schüler richtig mit Kalb beziehungsweise Hirschkalb.[7] 26 Prozent entschieden sich für Kitz, Kid oder Kits, 13 Prozent für Rehkitz, 9 Prozent für Reh und 8 Prozent für Rehkid. Auf Bambi als Hirschbaby entfielen 2 Prozent der Antworten, was immerhin insofern korrekt ist, als das bekannte Film-Tierkind tatsächlich ein kleiner Weißwedelhirsch ist – und eben kein Reh wie im Buch Felix Saltens aus dem Jahr 1923, das den Bambi-Filmen historisch zugrunde liegt!

Jeder hundertste Schüler meinte übrigens, Hirsche könnten gar keine Jungtiere in die Welt setzen, eine Folge der irrigen Ansicht, Hirsche seien durch die Bank Tiermänner. Für diese Erklärung sprechen auch die vielen Reh-Varianten unter dem Hirschnachwuchs. Noch 2006 hat die Deutsche Wildtierstiftung Meinungsforscher ermitteln lassen, wie viele 7- bis 14-Jährige wohl den Satz »Das Reh ist die Frau vom Hirsch« unterschreiben würden. Das taten stolze 62 Prozent der befragten Kinder.[8] Doch wie sollten die Kinder auch Bescheid wissen, wenn nicht einmal ihre Eltern es tun, denn selbst viele Erwachsene meinen, Hirsche paarten sich zur Brunftzeit ausschließlich mit Rehen – was beiden auch niemand verdenken könnte, stünden stattdessen weder Hirschkühe noch Rehböcke zur Verfügung. Das Bemühen freilich wäre fruchtlos.

Das Wissen junger Menschen über heimische Tiere und Pflanzen ist jedenfalls bescheiden, wahrscheinlich auch dadurch, dass Kinder und Jugendliche zunehmend mehr Zeit in geschlossenen Räumen verbringen als noch in den 1960er- und 1970er-Jahren.[9] Damals waren Wald- und Geländespiele selbst bei Stadtkindern noch recht populär, und es gab auch in Städten noch mehr Trümmergrundstücke und andere ungepflegte Ecken, wo es wild wucherte, kreuchte und fleuchte. Was man aber an Pflanzen und Tieren beim Spielen, in Omas Gemüsegarten oder beim Sonntagsspaziergang am Waldsee nicht mehr zu sehen bekommt, lernt man sehr wahrscheinlich gar nicht erst kennen. »In der jungen Generation weiß (…) nur noch ein Drittel fünf Kräuter und ein Siebtel fünf Zugvogelarten zu benennen«, bedauert Brämer. Und lediglich jeder achte junge Mensch könne »das Bild eines Lindenblattes der Linde zuordnen«.[10] Zudem sei Kindern und Jugendlichen der Kontakt zu Lebewesen aus dem Freiland oft unheimlich. So räumten fast zwei Drittel der für eine Studie befragten Schüler aus den Klassenstufen 5–12 ein, sie fühlten sich »unwohl, wenn ihnen ein Käfer über die Hand krabbelt«.[11] Es mangelt ganz offensichtlich an stimulierenden oder gar aufregenden Erlebnissen im Wald, im Stadtpark oder im heimischen Garten. Fast könnte man es bedauern, dass das Aufblasen von Fröschen mit einem Strohhalm nicht länger zu jenen Untaten gehört, mit denen man seine Spielkameraden früher noch beeindrucken konnte – weitaus eher jedenfalls als durch das Schmoren von Ameisen unter einer Taschenlupe. Wenn Sie oder der Deutsche Tierschutzbund jetzt empört über die Kinder von damals sind, dann natürlich völlig zu Recht! Doch über Frösche und Ameisen wussten die kleinen Grobiane hinterher ein wenig mehr als zuvor.

Von wem sollen die Kinder auch etwas erfahren über Tiere

und Pflanzen? Stadtmenschen verbringen heute im statistischen Mittel »pro Tag nur noch fünf Minuten in der freien Natur«[12], und auch die Artenkenntnis der Erwachsenen erscheint dürftig. Allzu viele Mütter und Väter gibt es jedenfalls nicht, denen die drei Ahornarten geläufig sind, die von Natur aus in unseren Wäldern und Feldhainen gedeihen, oder die beiden häufigsten Eichenarten.[13]

Für sich genommen wären solche Wissenslücken auch nicht weiter schlimm. Doch leider neigt der Mensch dazu, im Zweifel das, was er nicht kennt, für unheilvoll zu halten und auch seine Mitmenschen davor zu warnen: Dann wird auf einmal jedes Pflänzlein am Wegesrand giftig, jede Walderdbeere trägt Verderben bringende Eier des Fuchsbandwurms, und harmlose kleine Insekten erscheinen als eklig, wenn nicht gar gefährlich. Sicher hat der Emotionspsychologe Joseph LeDoux recht, wenn er aus evolutionsbiologischer Sicht anmerkt: Lieber ein Fehlalarm im Angstzentrum unseres Gehirns zu viel als einer zu wenig, denn es sei »besser, einen Stock versehentlich für eine Schlange zu halten, als auf eine mögliche Schlange nicht reagiert zu haben«. Auch die Fähigkeit zur Angst hat unsere Vorfahren überleben lassen.[14] Doch sich in deutschen Wäldern vor kleinen Tieren zu fürchten ist nur selten begründet.

Das gilt auch für die erstaunlich weitverbreitete Furcht vor Spinnen. Nicht nur kommt sie unter Frauen deutlich häufiger vor als unter Männern; sie lässt sich in Experimenten auch leichter auf kleine Mädchen übertragen als auf kleine Jungs, was einen aber nicht sonderlich wundern muss, da Frauen und Mädchen generell öfter Ängste und Phobien entwickeln als das männliche Geschlecht.[15] Das mag im Einzelfall evolutionsbiologische Gründe haben, kann aber auch anerzogen sein, indem Eltern ihren ohnehin tendenziell forscheren Söhnen zusätzlich riskantere Erfahrungen zugestehen, sodass Jungs ihre anfängliche Angst vor diesem oder jenem besser überwinden können. Umso wichtiger aber ist es deshalb, dass Eltern – und speziell Mütter, die mit Kleinkindern in der Regel mehr Kontakt haben als Väter – eigene Ängste nicht an ihre Kleinen weiterreichen, zum Beispiel dadurch, dass sie schon beim Anblick einer Spinne hektisch werden oder sogar ausrufen: »Pfui, bleib da weg!«

Nur wenige der weltweit über 40000 Spinnenarten können bei einem Biss für Menschen hochgefährliches Gift ins Gewebe spritzen, was schlimmstenfalls tödlich enden kann, vor allem für Kinder. Das gilt zum Beispiel für die acht Brasilianischen Wanderspinnen-Arten oder die Sydney-Trichternetzspinne. In Mitteleuropa kommt jedoch keine Spinnenart vor, deren Gift für Menschen tödlich wäre. Der Biss der Gartenkreuzspinne zum Beispiel durchdringt meist nicht einmal die menschliche Haut und juckt uns nur wie ein Mückenstich. Nur wenig schmerzt auch der Biss der Großen Winkel- oder Hausspinne, die aber stets zu fliehen versucht, statt ihr aufwändig produziertes Gift an einen übermächtigen Gegner zu verschwenden.

Selbst der Ammen-Dornfinger, der ein durchaus schmerzhaftes Gift zu injizieren vermag, weil seine Giftklauen unsere Haut durchdringen, ist bei Weitem nicht lebensbedrohlich, es sei denn, jemand reagiert allergisch auf das Toxin – ähnlich wie bei Bienen und Wespen, durch die aber weit mehr Menschen zu Schaden kommen als durch Spinnen. Auch die anderen rund tausend Arten der Achtfüßler hierzulande bergen für Menschen kein oder kaum ein Risiko. »Die Angst vor Spinnen ist also weitgehend unbegründet, in unseren Breiten sogar völlig«, sagt der Biologe und Spinnen-Fachmann Theo Blick.[16]

Zu einem Gutteil kann die verbreitete Abneigung gegen Spinnen ohnehin schlicht damit zu tun haben, dass wir nicht häufig genug Kontakt mit Spinnen haben. Deshalb werden wir auch, wenn überhaupt je, zu selten von ihnen gebissen, um glauben zu können, dass davon fast immer keine Gefahr ausgeht. Stiche von Bienen und Wespen hingegen sind uns deutlich vertrauter; wir haben sie schon oft überlebt.[17]

Der Psychologe Hartmut Kasten rät Eltern jedenfalls zu einem kritischen Blick auf die eigene Angst vor Spinnen. Wer sich selbst als Erwachsener vor ihnen ekelt oder gar Züge einer

Phobie aufweist, sollte seine Abscheu gegen die Krabbeltiere tunlichst nicht auf seine Kinder übertragen. Das gilt auch für andere Tiere, die nicht zu den putzigen mit Kulleraugen und flauschigem Fell gehören. »Kindern muss man vielmehr Flügel geben, und dazu gehört, sie möglichst frei von eigenen Ängsten oder Ekelgefühlen zu erziehen«, sagt der Fachmann für alterstypische Ängste. Entdeckungsfreude und Unbefangenheit der Kinder könnte den Eltern vielmehr selber helfen, ein Stück weniger ängstlich und freier für neue Erfahrungen zu werden.

Statt das Gesicht zu verziehen, wenn die kleine Tochter mit einer schleimigen Schnecke auf der Hand in die Küche gelaufen kommt, könnte der Vater zum Beispiel fragen: »Sag mal, Ella, wie fühlt sich das eigentlich an?« Oder auch nur: »Was hast du denn jetzt vor mit ihr?« Möglichst hinunterschlucken sollte er den drängenden Ausruf: »Tu das scheußliche Viech da weg!« Wer kleine Naturforscher fördern möchte, darf ihnen nun mal die Studienobjekte nicht madig machen – und seien es fette Maden. Dies umso mehr, als auch ein Land wie unseres ein paar mehr junge Menschen mit solider Naturkenntnis gut brauchen könnte. Dass viele Deutsche die Landlust gepackt hat, ist schön, hat aber wenig mit Naturerfahrung zu tun. Brokkoli und Möhren sind keine Wildkräuter.

Was aber könnten Eltern tun, um ihren Kindern ein wenig Natur-Dünger in die Schuhe zu schütten? Sie könnten sie vertrauensvoll los- und mehr sich selbst überlassen. Sie könnten sie also öfter mal aus den Augen verlieren, statt sie übermäßig zu behüten und vor allen möglichen Gefahren da draußen im Wald oder im zugewucherten Steinbruch zu bewahren. Auf diese Weise würden die Eltern den Rahmen dafür schaffen, »dass die Kinder im Kreise Gleichaltriger ihr natürliches Umfeld auf eigene Faust erkunden können.« Denn ein Kind, das »viel Zeit in freier Natur verbringt, fragt mehr, weiß am Ende mehr und hat ein realistischeres, weniger pädagogisch verklärtes Verhältnis zu seiner natürlichen Umwelt«, findet Rainer Brämer. Nur Mut also, liebe Eltern, wenn das Kind sich lässig mit den Worten verabschiedet: »Ich bin dann mal weg.« Gut möglich, dass es als forscher Natur-Entdecker zurückkehrt.

Wo hast du dich wieder herumgetrieben?

Es fällt schwer, die Kinder loszulassen, und noch schwerer, das einzige Kind, um das sich so vieles gedreht hat – vor allem die Eltern selbst. Aber irgendwann beginnen auch die meisten Einzelkinder die Flügel zu spreizen und sich bereit für den Abflug zu machen. Nun geht es darum, sich auszuprobieren, etwas zu wagen, vertrauend darauf, dass die eigenen Schwingen einen durchs Leben und dabei durch manches Unwetter tragen können. Wem indes nur schwache Flügel gewachsen sind, der wagt nicht loszufliegen oder schlingert allenfalls bis zum nächstgelegenen Ast. Solche Kinder zögern und zaudern oder klammern sich gar an das Vertraute. Kommt dann noch hinzu, dass die Eltern es ihnen im heimischen Nest verlockend schön gemacht haben, treiben sich vor allem die männlichen Endzwanziger nicht einmal mehr herum, um nach dem Absprung zu suchen. Ist ja auch so schön bequem und billig zu Hause.

Im Jahr 2011 gehörte im früheren Westdeutschland immerhin noch fast jeder siebte 30-Jährige (ein Anteil von 14 Prozent) als lediger Mann dem Haushalt der Eltern an, aber nicht einmal halb so viele gleichaltrige Frauen (6 Prozent). Wie sich die Zeiten geändert haben: Hatten 1972 noch lediglich 20 Prozent der 25-Jährigen beiderlei Geschlechts bei Vater und Mutter oder einem von beiden gewohnt, waren es 2011 bereits 30 Prozent – ein satter Zuwachs um die Hälfte.[18]

Eine »Bindungs- und Harmoniegemeinschaft« hat der Erziehungswissenschaftler Wolfgang Bergmann die moderne Kleinfamilie einmal genannt.[19] Diese lebt heute meist isoliert von älteren Verwandten, an denen man sich als junger Mensch zwar sicher reiben würde, von denen man sich aber auch Etliches ab-

GEFAHREN

schauen könnte. Nur noch in jedem hundertsten deutschen Haushalt wohnen mehr als zwei Generationen unter demselben Dach.[20] Die mittlerweile übliche Familie aus Mutter, Vater und ein bis zwei Kindern zerfällt, wenn das letzte von ihnen auszieht. Für viele Paare ist das ein gewaltiger Schritt, ein bedrohlicher obendrein: Plötzlich fehlt ein wesentlicher Halt ihrer Beziehung, manche sagen auch: der Kitt. Was beide Partner zusammenhält, über das Dasein als Elternpaar hinaus, hat sich häufig verflüchtigt. Es sind also nicht nur die Kinder, die gerne zu Hause bleiben, es sind auch die Eltern, die Angst vor dem Zurückfallen auf die schiere Zweisamkeit haben und lieber an ihren Kindern festhalten, auch wenn sie längst alt genug wären, auf eigenen Füßen zu stehen oder ihrerseits eine Familie zu gründen. Das aber leistet der Verwöhnung Vorschub, die vor allem überzogenes Behüten ist.

Gut ist das nicht, für niemanden. »Verwöhnte Kinder sind in aller Regel unglücklich, im Übrigen zeigen sie seltsamerweise dieselben Verhaltensprobleme wie vernachlässigte Kinder.«[21] Ihnen fehlt etwas Entscheidendes: richtige Eltern, an denen man sich orientieren könnte, auch ein Streit. Solche hätten ein eigenes Leben jenseits der Kinder, auch ein Leben als Paar, das sich nicht nur als Elternpaar versteht. Söhne und Töchter brauchen nämlich taugliche Rollenvorbilder, also Mütter und Väter, die ihnen etwas Eigenes vorleben, das sie übernehmen oder zurückweisen können, das ihnen manchmal imponiert und bisweilen mächtig stinkt. Überbeschützten Kindern fehlt genau dieses Gegenüber. Stattdessen spüren sie laut Bergmann bloß, »dass sich die ganze Welt im Wesentlichen um sie dreht«. Das nervt so sehr, wie es lähmen kann.

Dummerweise ist es vom Behüten zum Kontrollieren nicht sehr weit. Wenn Eltern wie zwei Peilsender ständig nur auf ihre Kinder ausgerichtet sind, dann kann dahinter eine Leere im eigenen Leben stecken, die schmerzlich zutage tritt, wenn das eigene Fleisch und Blut sich rar macht und schließlich das Elternhaus verlassen möchte. Ängstlich wird jeder Schritt des

Nachwuchses überwacht, womöglich auch, weil man es früher bei den eigenen Eltern ganz ähnlich erlebt hat. Freiheiten, die man selber nicht hatte, die man sich auch nie zu ertrotzen wagte, verstören uns an anderen Menschen, an unseren Kindern zumal. Was nehmen die sich da heraus? Wieso trauen die sich das? Was haben *sie*, was man selbst nie hatte? »Wo hast du dich wieder herumgetrieben«, mault man ihnen dann entgegen, wenn sie abends von ihren Streifzügen in die Welt nach Hause kommen.

Dies muss allerdings nicht einzig die Folge des Wunsches sein, sich an die Kinder zu klammern. Es kann auch sein, dass die Eltern ihre Sprösslinge nicht gut kennen oder den Kontakt zu ihnen verloren haben. Vertrauensfördernd wirkt der Spruch jedenfalls nicht, eher wie ein Beleg für Hilflosigkeit. Besser wäre es dann, auf sein Kind zuzugehen und sich wie ihm einzugestehen, dass man leider gar nicht mehr weiß, wie es seine Zeit verbringt und mit wem es sich trifft. Daraus könnte sich vielleicht ein Gespräch ergeben, durch das beide Seiten einander wieder näher rücken können. Immerhin die Chance dazu besteht.

Allerdings kann der Spruch, vor allem bei jüngeren Kindern, auch kameradschaftlich gemeint sein. »Wenn man sein Kind damit freundlich lächelnd begrüßt, weil es abgekämpft vom Spielen zurückkommt und zum Abendbrot mit schmutzigen Klamotten und leichten Blessuren erscheint, dann kann das ein wunderbarer, wohlwollend klingender Kommentar zur Begrüßung sein«, sagt der Psychologe Hartmut Kasten. Es könne darin »sogar Elternstolz mitschwingen«; über ein Kind nämlich, das sich draußen beim Kicken oder Toben verausgabt und neue wichtige Erfahrungen gesammelt hat, statt bloß hinterm warmen Ofen zu hocken – oder auch vorm Computer.

Schwupps, schon liegt der Apfel, der feuchtgelutschte Keks oder – Himmel hilf – der Schnuller auf dem Boden, sei es im Sandkasten oder auf dem Gehweg. Schmutzkrümel haften daran, und das wollen Eltern nun mal nicht; am Ende infizieren unsere Kinder sich noch mit bösen Keimen. Die Kleinen selber finden die Krümelchen oft lustig, betrachten sie versonnen einen Moment und scheinen sich dann zu sagen: Mal sehen, ob das Dreckding jetzt sogar noch besser schmeckt. Doch halt: »Pfui, das ist schmutzig, lass das liegen«, kreischt die besorgte Mutter, reißt ihrem Kind den Keks aus der Patschehand und entsorgt ihn im nächsten Müllkorb. Und Väter machen es längst ganz ähnlich.

Als Eltern wollen wir nur das Beste für unsere Kinder. Es reicht aber hier tatsächlich, Apfelschnitz und Butterkeks einfach an der Hose abzustreifen, wie es manche Eltern ja auch machen. Denn wenn nicht gerade Giftmüll im Erdreich von Kinderspielplätzen schlummert oder jemand im Haushalt gefährliche Krankheitserreger verbreitet, schadet üblicher Schmutz nicht, im Gegenteil: Etwas davon darf durchaus in den Mund gelangen. Schließlich hat sich unsere Körperabwehr über Jahrmillionen hinweg eigens entwickelt, um Gefahren wie Krankheitserreger, Pilzkeime oder Schadstoffe auszuschalten. »Und wenn das Immunsystem nicht regelmäßig trainiert wird, kann es nicht mehr angemessen reagieren«, warnt der Leipziger Umweltmediziner Olf Herbarth vor übertriebener Reinlichkeit. Der Berliner Mikrobiologe Hans-Jürgen Tietz ermutigt Eltern sogar ausdrücklich dazu, ihre Kinder »draußen im Schmutz« spielen zu lassen. Wegen der vielen Kontakte mit Keimen sei dies »nichts anderes als ein Bodybuilding für die Abwehrkräfte«. Nicht umsonst fördern übertriebene Sauberkeit und allzu große Vorsicht im Umgang mit Schmutz seit Jahrzehnten den Vormarsch der Allergien.

Das sind gute Nachrichten für die Dreckspatzen dieser Welt. Ins selbe Horn stoßen immer wieder Studien, wonach Kinder, die auf Bauernhöfen aufwachsen, vor allem auf solchen mit Nutztieren, deutlich seltener an Allergien und allergischem Asthma erkranken als Stadtkinder.[22] Häufiger Urlaub auf dem Bauern- oder Reiterhof – und dies schon in der Schwangerschaft – kann also ein Scherflein dazu beitragen, unsere Kinder robuster zu machen.

Zudem brauchen wir in unseren Wohnungen keinen Chemie-Krieg mit Desinfektionsmitteln gegen vermeintlich bedrohliche Keime zu führen. Nicht nur sauber, sondern rein? Bloß nicht, sauber reicht vollkommen! Sonst müssen wir am Ende selber noch – wie in einem schönen Sketch von Blödel-Otto Waalkes – unsere Küchen verlassen, damit sie nicht nur blitzen und blinken, sondern auch absolut frei von Bakterien sind. Denn diese wuseln jederzeit zu Abermilliarden auf und in uns herum. Wollen wir sie aus dem Haus verbannen, dann am besten auch uns selbst!

Täusche ich mich, oder ging es früher in Sachen Schmutz ohnehin entspannter zu? Jedenfalls habe ich selber damals oft von Erwachsenen ein belustigt-wohlwollendes »Dreck macht Speck!« zu hören bekommen, wann immer ich einen Kuchenbrocken vom Boden unseres Hinterhofes aufklaubte und nach eher symbolischer Reinigung durch Wegschnippen grober Schmutzpartikel verschlang. Aber das war um 1970, als Kinder und Dreck noch zusammengehörten und die Reinigungsmittel-Industrie ihren Feldzug mitten hinein ins schlechte mütterliche Gewissen erst so richtig anzutreten begann. Sie ist weit gekommen, und wir mit ihr. Doch wir haben ja zum Glück die Wahl.

GEFAHREN

Dafür bist du noch zu klein!

Der Abenteuerspielplatz auf dem Eschberg, einer von zweien in Saarbrücken, liegt im Wald am Rande einer Hochhaussiedlung. Kinder können dort Bretterbuden bauen, im Backhaus Brot backen, im Sommer eine Wasserrutsche hinabgleiten und ein Lagerfeuer machen, aber auch Kaninchen und Hühner versorgen. Im Winter wird in zwei festen Spielhäusern gebastelt, gekocht oder getöpfert. Deutschlandweit gibt es inzwischen mehrere hundert solcher pädagogisch betreuten Aktivspielplätze oder Jugendfarmen, deren Vorbilder unter anderem die dänischen Krempel- oder Gerümpelspielplätze (*Skrammellegepladsen*) waren. In solchen eher unordentlichen Spielrevieren können Kinder selber Hand anlegen und ihre Umwelt mitgestalten, statt wie sonst mit fertigen Spielgeräten vorliebnehmen zu müssen.

Den städtischen Saarbrücker Spielplatz erwähne ich hier nicht, weil er einer der spannendsten wäre, sondern weil ich ihn einmal sehr gut kannte. Immerhin 22 Monate habe ich darauf verbracht, vor allem meinen Zivildienst. Wenn ich in jener Zeit eines gelernt habe, dann dieses: Man kann Kindern mehr zumuten und mehr zutrauen, als Erwachsene gemeinhin denken. Im Baubereich zum Beispiel entstanden und verfielen damals Baumhäuser und Hütten, deren Bohlen und Bretter auf wahrhaft abenteuerliche Weise zusammengenagelt waren. Die Nägel ragten derart bedrohlich aus dem Holz hervor, dass zartbesaitete Pädagogen wie auch überfürsorgliche Eltern bei ihrem Anblick vermutlich Atemnot und Schweißausbrüche bekommen hätten. Doch nennenswert verletzt hat sich damals niemand. Die Kinder hatten die Gefahrenherde selber geschaffen und kannten sie.

Obwohl die Spielplatzbesucher wenigstens sechs Jahre alt sein sollten, kamen auch Jüngere auf den Platz, meist an der Hand ihrer älteren Geschwister. So auch Sven, noch keine drei Jahre alt, und natürlich wollte auch er hämmern. Nun könnte man einwenden, dass in der Hand derart kleiner Kinder ein echter Hammer nichts zu suchen hat und dass es für diese Altersgruppe im Spielzeugladen doch diese Plastikhämmerchen zu kaufen gibt. Man könnte einem Steppke wie Sven aber auch einen echten 100-Gramm-Hammer in die Hand drücken und winzige Nagelstifte. So geschah es damals auch. Und Sven hämmerte, was das Zeug hielt, und schaffte es sogar, ein paar Metallstifte in das dünne Brettchen zu treiben, das er ebenfalls bekommen und vor sich auf die Erde gelegt hatte. Natürlich hieb er sich auch ein paar Mal auf den Finger, woraufhin ein paar Tränen flossen, aber er machte weiter. Etwa zehn Minuten später, nach vollbrachter Arbeit, hatte der Kleine ein paar Dinge gelernt, zum Beispiel, dass Hämmer wehtun können und Nägel ganz schön spitz sind. Aber er war auch stolz, dass ein paar der Nägelchen tatsächlich im Holz stecken blieben. Er hatte etwas ausprobieren dürfen, das sonst nur den großen Jungs im Baubereich oder im Werkraum erlaubt war. Oder anders gesagt: Er hatte sich erprobt.

Wenn wir zu einem Kind sagen: »Dafür bist du noch zu klein«, dann sollte man ehrlich zu sich sein: Geht es wirklich darum, Gefahren von dem kleinen Jungen oder Mädchen abzuwenden? Oder doch eher darum, uns die lästige Mühe zu ersparen, einem unerfahrenen kleinen Menschen etwas zu zeigen oder zu erklären, ihm Zeit zu widmen und bei einer Sache zu helfen, die irgendwann viel Geschick erfordern wird. Doch wie soll dieses sich entwickeln, wenn nicht durch Übung? Das mehrmalige Ausprobieren und Scheitern kann nervig sein, man kann die Lust daran verlieren oder sich beim Hämmern einen blauen Daumen holen, doch wenn das Kind beharrlich ist und weiter übt und im besten Falle von einem geduldigen Erwachsenen darin auch noch bestärkt wird, dann entwickelt sich mit der Zeit das, was Pädagogen gerne Kompetenz nennen. »Und das mag jeder Mensch, dass er schließlich etwas kann, was anfangs schwer war«, sagt die in Zürich lehrende Lernforscherin Elsbeth Stern.[23]

Zum Glück gibt es Orte in Deutschland, wo Kinder ihren Forschergeist und ihre Lust am Experimentieren ausleben dürfen – und wo beides ernst genommen wird. Einer dieser Plätze ist das Integrative Kinderzentrum der heilpädagogischen Hilfe Bersenbrück in Niedersachsen. Seit 2011 ist das Zentrum für drei Jahre eine von zehn »Konsultationskindertagesstätten«, die im Auftrag des Kultusministeriums neue Wege in der Frühpädagogik ausprobieren und andere Einrichtungen an ihren Erfahrungen teilhaben lassen sollen. In der Forscherwerkstatt probieren die Bersenbrücker Kinder zum Beispiel, ob und wie verschiedene Materialien wie Holz- oder Stahlwolle brennen. Mit einer handbetriebenen Bohrmaschine werden Rosskastanien aufgebohrt, daneben schneidern sich Kinder mit einer Nähmaschine unter Aufsicht eine Stofftasche. Andere versuchen, Reißzwecken und Büroklammern auf die Wasseroberfläche einer Schüssel zu legen, ohne dass sie untergehen. »Es geht um verschiedene Phänomene des Alltages, die die Kinder sehr bewusst wahrnehmen und wonach sie auch fragen«, sagt Simone Krauel-Rohe, die Leiterin des Kinderzentrums. Niemand dort hält die Kleinen für zu klein, wenn sie sägen, hämmern oder mit dem Streichholz ein Teelicht anzünden. »Die Kinder müssen auch ausprobieren, und wenn sie sich dann mal mit der Nadel in den Finger pieken, sind sie das nächste Mal auch vorsichtiger und passen besser auf«, sagt die Mutter eines kleinen Nachwuchsforschers.[24] Probieren geht halt über Studieren.

Wenn wir einem Kind hingegen immer wieder vor Augen führen, wie klein es noch ist, droht es auch so zu bleiben – nicht körperlich natürlich, sondern mit Blick auf seinen Mut, sein Selbstwertgefühl, seine Entdeckerfreude. Urteilssprüche wie »Das kannst du noch nicht!« oder »Das ist noch nichts für kleine Kinder!« schaffen nämlich keine Grundlage für weiteres Wachstum, sondern halten nieder, was gerne größer würde. Das betrifft auch das Wissen, das jedes Kind dank seiner Neugier mehren möchte – zumindest wenn es nicht immer wieder hat erfahren müssen, dass seine völlig altersgemäßen Wünsche nach

Auskunft mit einem schnöden »Das musst du noch gar nicht wissen« abgetan werden.

Zu den heikelsten Kinderfragen für Erwachsene gehören solche zur Sexualität oder zum Kinderkriegen. »Eltern fühlen sich davon oft überrumpelt, kommen in Kontakt mit ihren eigenen Schamgefühlen oder wissen einfach nicht, wie sie es ihrem Kind am besten erklären könnten«, sagt die Pädagogin Christa Wanzeck-Sielert.[25] Wenn Kindergartenkinder fragen, wie ein Baby in den Bauch kommt, wollen sie allerdings oft gar nicht genau erklärt bekommen, wie die Zeugung abläuft, sondern verstehen, ob sie selber einmal in Mamas Bauch waren und wie sie von dort zur Welt gekommen sind. Reicht ihr Erkenntnisinteresse tiefer, sollten Eltern auch das aufgreifen und es ihren Kindern erklären, ohne zu lügen und vom Storch zu erzählen. »Kinder haben ohnehin meist eine Ahnung und kichern darüber, können es aber noch nicht so gut in Worte fassen.« Man kann ihnen durchaus erzählen, dass Mama schwanger wird, wenn sie und der Papa ganz innig und nackt miteinander schmusen. Und wenn sie es genauer wissen wollen, dürfen natürlich auch die Scheide und das Glied mitsamt ihren Aufgaben benannt werden – und sehr wohl auch der Umstand, dass Sex lustvolle Gefühle bereiten kann. Oft fällt es Eltern leichter, solche Themen anzupacken, wenn sie es anhand eines guten, unverkrampften Bilderbuchs tun können – und sie müssen selbstverständlich auch die Schamgrenzen der Kinder beachten. »Bis zum neunten oder zehnten Lebensjahr finden diese es ohnehin komisch, was Erwachsene im Bett so treiben«, sagt Wanzeck-Sielert.

Auch für das Thema Selbstbefriedigung sind sie nicht per se zu klein, »denn sie kommt bei fast allen Kindern vor«. Nicht die Kleinen haben mit ihr ein Problem, sondern die Eltern oder andere Erwachsene. Zum Beispiel wenn sie Zeuge davon werden, wenn eine Zweijährige sich im Kindersitz bei Tisch oder im Auto Lust verschafft, indem sie ihren Schoß an einem Haltegurt reibt, oder die Jungs, endlich von der Windel befreit, mit ihrem Penis zu spielen beginnen. Mit erwachsener Sexualität ist

GEFAHREN

das nicht gleichzusetzen. Deshalb sollten wir auch nicht peinlich berührt sein und erst recht nicht »Pfui, lass das!« rufen – das wäre sehr unglücklich, weil es eine natürliche Regung verurteilt. Dadurch wird Sexualität als etwas Schmutziges erlebt und droht künftig schamhaft verdrängt zu werden. »Wenn ein kleiner Junge sich am Kaffeetisch im Beisein von Oma und Opa in die Hose fasst und an seinem Pimmel spielt, sollten ihm die Eltern das nicht verbieten«, rät Wanzeck-Sielert. Stattdessen könnten sie ihn freundlich bitten, hier jetzt damit aufzuhören und lieber nach dem Essen auf seinem Zimmer damit fortzufahren. So lernt das Kind nicht nur, auf das Schamgefühl anderer Menschen Rücksicht zu nehmen. Es versteht auch, dass sexuelles Lusterleben sein darf, dass es dafür aber angemessene und eher unpassende Orte gibt.

Die Floskel »Dafür bist du noch zu klein« gibt es in etlichen Varianten. Auf eine machte die mittlerweile verstorbene Kindheitsforscherin Alice Miller aufmerksam. Bei einem Spaziergang beobachtete sie ein groß gewachsenes Paar und dessen etwa zweijährigen Sohn, der neben seinen Eltern herlief und quengelte. »Die beiden hatten sich am Kiosk ein Eis am Stiel gekauft und schleckten genüßlich daran. Der Kleine wollte auch ein solches Eis haben. Die Mutter sagte liebevoll: ›Komm, du darfst von meinem einmal abbeißen, das Ganze ist *zu kalt für dich*.‹«[26] Doch das Kind war nicht zufrieden damit. »Es streckte die Hand nach dem Stiel aus, den die Mutter ihm entzog. Es weinte verzweifelt, und nun wiederholte sich die gleiche Situation mit dem Vater.« Dieser wollte sein »Mäuschen« ebenfalls abbeißen lassen, doch sein kleiner Sohn rief nur »Nein, nein«, versuchte sich zunächst abzulenken, kam dann aber doch wieder zu seinen Eltern zurück und »schaute neidisch und traurig hinauf, wo die beiden Großen zufrieden und solidarisch ihr Eis genossen. Immer wieder bot ihm eines der Eltern einen Biß an, immer wieder streckte das Kind sein Händchen nach dem Eis aus, und dann zog sich die erwachsene Hand mit dem Reichtum zurück.«

Dann geschah das Entscheidende: »Je mehr das Kind weinte, um so mehr amüsierten sich die Eltern. Sie mußten sehr lachen und hofften, mit diesem Lachen auch das Kind erheitern zu können.« Sie meinten außerdem, der Kleine müsse doch gar nicht so ein »Theater« machen, das alles sei doch »gar nicht so wichtig«. Am Ende reichte der Vater seinem Sohn auch noch den gründlich abgeschleckten Holzstiel, an dem das Kind voller Erwartung zu lecken begann, doch vergebens: Das Hölzchen schmeckte nicht mehr nach Eis. Und wie reagierte der Junge? Er schmiss den Stiel weg, »und ein tiefes, einsames Aufschluchzen erschütterte sein Körperchen. Dann trottete er brav hinter seinen Eltern her.« Millers Fazit aus dem Verhalten des Zweijährigen: Die Eltern hätten »nicht verstanden, daß er den Stiel wie die anderen in der Hand haben wollte, ja noch mehr – es wurde darüber gelacht, man hat sich über sein Bedürfnis lustig gemacht. Er stand zwei Riesen gegenüber, die sich, stolz auf ihre Konsequenz, gegenseitig noch unterstützten, während er mit seinem Schmerz ganz allein war.« Dabei seien weder Vater noch Mutter erkennbar böse oder kaltherzig gewesen.

Woher aber dieser Mangel an Einfühlung in die Seele des Kindes? Man könne das rätselhafte Verhalten der Eltern »nur erklären, wenn man die Sensibilität dafür aufbringen will, auch sie als unsichere Kinder zu sehen, die nun endlich ein schwächeres Wesen haben, bei dem sie sich stärker fühlen können«. Denn so, indem man das Demütigende oder Angsteinflößende nach außen verlagert, ist beides viel leichter erträglich, als wenn man den alten Schmerz selbst fühlen muss. Und so wagte Alice Miller nach ihrem Erlebnis auch die Prognose, »daß unser kleiner Junge in zwanzig Jahren – oder früher schon mit Geschwistern – seine Geschichte mit dem Eis nochmals spielen wird, aber sicher wird er der Besitzer sein und der andere das hilflose, neidische, ohnmächtige Geschöpf«. Nur ein starker Mensch, der seine Ohnmacht gefühlt hat und also um sie weiß, brauche »nicht mit Verachtung Stärke zu demonstrieren«.

Die Eltern im Beispiel aber haben nach Ansicht der Psychologin genau das getan, indem sie ihrem Söhnchen zeigten: »Siehst du, wir sind groß, wir dürfen, für dich ist es ›zu kalt‹, erst wenn du groß genug bist, darfst du so ungestört genießen wie wir.« Auch wenn der kleine Junge gar keinen Schaden aus dieser sowie ähnlichen Szenen davongetragen haben mag: Für Miller stand die Szene exemplarisch für ganz alltägliche kleine Demütigungen, welche manche Kinder durch ihre Eltern erfahren und als schwere Bürde durchs ganze Leben schleppen müssen.

Jetzt reiss dich mal zusammen!

Dass die Deutschen weltmeisterlich reisen, weiß man ja; aber auch das Reißen mögen sie sehr. Sie reißen sich um Autogramme, sie reißen sich Kostenloses unter den Nagel, sie reißen überhaupt gerne etwas, weil sie den Erfolg lieben. Zögerliche sind eher hin- und hergerissen, während genervte oder verzweifelte Jugendliche auch schon mal Reißaus nehmen. Es soll sogar Chefs geben, für die sich ihre Mitarbeiter notfalls zerreißen würden. Bei all diesem Gerissensein wundert es einen auch nicht, dass Menschen, die sich gerne gehen lassen oder zur Unzeit herumalbern, den Rat erhalten, sich endlich am Riemen zu reißen wie Soldaten, die ihrem Uniformrock mit einem eng gezurrten Gürtel den richtigen Sitz verleihen können.[1] Ersatzweise dürfen sich die Angesprochenen *zusammenreißen* – ein Tipp, den auch Depressive zur Genüge kennen und der ihr Befinden eher verschlimmert. Denn wenn krankhaft deprimierte Menschen imstande wären, sich zusammenzureißen, wären sie ja gerade *kein* Fall für den Psychiater.

Jugendliche hören den stets genervt klingenden Spruch häufig dann, wenn ihre Eltern ratlos sind. Anlässe dafür gibt es so viele wie Muscheln am Strand: Entweder der noch mit 13 Jahren so fleißige und mustergültige Sohn hat mit 15 erstmals zwei Fünfen und drei Vierer auf dem Zeugnis, oder die Tochter schwänzt nicht nur die teuren Ballettstunden, sondern überhaupt die Schule, um sich stattdessen mit dubiosen Freunden herumzutreiben und neuerdings wie ein Schlot zu qualmen. Eltern behagt so etwas nicht; sie machen sich Sorgen und bekommen es manchmal sogar mit der Angst zu tun – umso mehr, wenn sie ein Einzelkind haben, auf dessen Schultern ihr gesamter Erwartungsdruck lastet.

Schmerzlich wird Müttern und Vätern bewusst, dass ihre pubertierenden Töchter und Söhne ihnen zunehmend entgleiten. Der Einfluss der Eltern schwindet, wenigstens hat es den Anschein, da die gar nicht mehr niedlichen Kinder häufig Widerworte zurückblaffen und die Werte der Älteren immer heftiger in Frage stellen. Den aufwallenden Zielkonflikten versuchen die Eltern Herr zu werden, indem sie handeln wie wachstumsversessene Industriestaaten: Wenn das Öl knapp wird, muss man eben tiefer bohren. Auch Mütter und Väter wollen oder können nicht einsehen, dass andere Zeiten herangebrochen sind, die neuer Antworten bedürfen. »Wenn die Kinder etwa zwölf Jahre alt geworden sind, ist es für Erziehung zu spät«, urteilt der dänische Familientherapeut Jesper Juul. »Das sagen die Kinder uns auch, aber wir hören es meist nicht.« Anfangs drückten die Pubertierenden es noch »sehr diplomatisch aus, doch wenn wir es nicht verstehen, müssen sie lauter werden, manchmal viel lauter.«[2]

Immerhin wehren sich solche Jugendlichen noch, sie treten für sich ein, und das ist ein gutes Zeichen. Anders reagieren jene, die nicht mehr darauf vertrauen, noch gehört zu werden, oder denen seit früher Kindheit immer wieder eingeschärft worden ist, Indianer kennten keine Schmerzen und richtige Männer bissen die Zähne zusammen. Solche jungen Menschen kommen häufig aus Familien, in denen man Schwäche nicht zeigt, weil böse Zeitgenossen das »ja doch nur ausnutzen«. Und am besten spricht man auch nicht über Seelisches, weil dadurch »alles bloß noch schlimmer wird«. Doch der innere Druck der Betroffenen ist groß, weil ihnen ganz natürliche Entlastungswege verboten sind: Sie dürfen Bedrängendes nicht erzählen, Überforderung nicht zugeben und auch keine Angst haben; auch dürfen sie sich nicht beklagen oder weinen, und natürlich ist jedes Jammern verpönt.[3] Wer aber selbst nicht reden darf, der kann ja den Körper sprechen lassen. Dann juckt die Haut, der Magen revoltiert, oder es schmerzt auf rätselhafte Weise der Rücken oder Kopf. Nach Ansicht des Salzburger Psychosomatikers Manfred Stelzig neigen derart Geplagte schon in jungen Jahren dazu, mit denselben »Durchhalteparolen und Härtebefehlen«[4] gegen sich selbst vorzugehen, die sie von ihren Eltern übernommen haben – oft natürlich eine Folge davon, dass diese selber eher gefühlskalt erzogen worden sind und mit dieser Hypothek durchs Leben gehen. Dann will das »blöde Knie« einfach immer weiter wehtun, und begehen sie einen Fehler, werfen sie sich vor, ein »gottverdammter Idiot« zu sein. Auf ein entspanntes Leben bereitet das nicht gerade vor, und man darf nur hoffen, dass die mit sich selber Gnadenlosen später wenigstens Trost für ihre Kinder finden werden.

Zum Glück sind die meisten Mütter und Väter weder herzlos noch gefühlsblind und schaffen das sehr wohl. Und dennoch rutscht ihnen manchmal der Spruch über das Zusammenreißen heraus. Wieso eigentlich? Im Grunde, weil sie wollen, dass ihre Kinder die Werte der Eltern gutheißen und Ziele verfolgen, die oft genug vor allem die Ziele von Papa und Mama sind. Sie erwarten, dass die Jugendlichen »vernünftig« handeln, ohne sich mit ihnen darüber ausgetauscht zu haben, was mit Vernunft gemeint sein könnte und wozu sie taugt. Sie fragen ihre Kinder auch nicht, was aus deren Sicht womöglich dafür sprechen könnte, sich eben nicht mehr zusammenzureißen – oder warum dem Sohn oder der Tochter schlicht die Kraft dazu fehlt. Eine Elfjährige, die keinen Ballett-Tanz mehr üben möchte, wird ihre Gründe dafür haben, auch wenn die Eltern diese nicht akzeptieren können. Sie weiterhin auf die Zehenspitzen zu zwingen, nur weil sie vor Jahresfrist noch eine gefeierte Primaballerina werden wollte, bringt die Motivation todsicher nicht zurück, genauer: nicht die Tatkraft, also den Willen zum Handeln und Durchhalten. Denn motiviert ist sie womöglich noch immer; sie würde nach wie vor gerne perfekte Pirouetten drehen können, nur fehlt ihr die Entschlossenheit zu üben, da ihr anderes wichtiger geworden ist: der erste Freund, das Ausspannen mit Freunden oder was auch immer. Sie bevorzugt die Freuden im Hier und Jetzt und scheut die Mühen für die Zukunft.

Die Eltern können diesen Wandel bedauern und sollten dem auch ohne Gejammer Ausdruck verleihen. Am besten aber würden sie, wenn irgend möglich und ohne erhobenen Zeigefinger, eine Geschichte erzählen: davon zum Beispiel, wie sie selber seinerzeit beim Erlernen einer Fertigkeit zu früh die Flinte ins Korn geschmissen und dies nachträglich sehr bedauert haben. Oder davon, wie mühsam es für die Mutter war, ihre Umschulung durchzustehen, und wie stolz sie am Ende war und bis heute ist, es dennoch geschafft zu haben, trotz der vielen mühsamen Stunden in der Abendschule oder in Wochenendseminaren.

Die Alternative zum Erziehen, wenn die Kinder zu alt dafür geworden sind, besteht also darin, in die Rolle des Sparringspartners zu schlüpfen. Der aus dem Boxsport bekannte Sparringspartner bietet nach Ansicht des Familientherapeuten Jesper Juul »maximalen Widerstand und richtet minimalen Schaden an«.[5] Es geht darum, den Jugendlichen mit eigenen Meinungen und Werten die Stirn zu bieten, ohne zu erwarten oder gar zu verlangen, dass sie sich diesem Widerstand beugen. Dies erfordert eine Mischung aus Festigkeit und Nachsicht, jedoch kein Megaphon, durch das Eltern lauthals Selbstdisziplin einfordern, die sie ihren Kindern jetzt allenfalls noch vorleben könnten.

Auf eines dürfen Mütter und Väter dabei vertrauen, und das ist kein geringer Trost: Ihr Einfluss schwindet nur scheinbar dramatisch, auch wenn er tatsächlich kleiner wird. Es sei für Jugendliche nämlich sehr bedeutsam zu wissen, was ihre Eltern denken und was den beiden wichtig ist, meint Jesper Juul: Fast alle nähmen die Meinung von Vater oder Mutter »sehr ernst, wenn sich die Eltern die ersten Jahre in der Familie auch nur ein bisschen qualifiziert haben«. Doch Teenager räumten dies nur selten ein, denn »sie müssen ihr Gesicht wahren«. Zwischen jugendlichen Boxern und elterlichen Sparringspartnern kommt es stattdessen zu einer besonderen Art des Kräftemessens, einem mehr oder minder freundlichen Gerangel ohne Sieger und Besiegte. Schläge unter die Gürtellinie werden sich vielleicht nicht vermeiden lassen, da die Gefühle beider Seiten verletzbar sind. Solche Ausfälle erfordern dann ernste und möglichst ehrliche Gespräche, bei denen manchmal Tränen fließen werden. Doch wenn das zuvor gelegte Fundament der Eltern-Kind-Beziehung trägt, dann übersteht die Familie auch die wirre Phase der Pubertät ohne nennenswerte Blessuren.

Einmal mehr ist in diesen Jahren das Vorbild der Eltern wegweisend. 15-Jährige haben nicht nur ein feines Gespür dafür, inwiefern Worte und Taten bei Mutter oder Vater übereinstimmen; sie bringen, wenn sie gute Eltern haben, auch den Mut dazu auf, solche Widersprüche anzusprechen. Das Familienleben sei »unsere erste Schule für das emotionale Lernen«, schreibt der US-Psychologe und Wissenschaftsautor Daniel Goleman. »In diesem engen Kessel lernen wir, wie wir uns selbst empfinden sollen und wie andere auf unsere Empfindungen reagieren, was wir von diesen Empfindungen denken sollen und welche Reaktionen uns offenstehen, wie wir unsere Hoffnungen und Befürchtungen deuten und ausdrücken sollen.« Emotional intelligente Eltern zu haben sei für das Kind ein ungeheures Glück. Denn aus Hunderten von Untersuchungen sei bekannt, »dass die Art, wie Eltern ihre Kinder behandeln – mit strenger Disziplin oder empathischem Verständnis, mit Gleichgültigkeit oder Wärme usw. – für das Gefühlsleben des Kindes tiefreichende Folgen hat.«[6]

Was junge Menschen in der aufwühlenden Zeit der Pubertät vor allem brauchen, sei »eigentlich nur das«, findet Jesper Juul, »zu wissen, auf dieser Welt gibt es einen oder zwei Menschen, die wirklich glauben, dass ich okay bin«. Mit *einem* solchen

Menschen könne man »gut überleben«, mit *zweien* lebe es sich »wunderbar«. Doch die Haltung »Mein Kind ist in Ordnung« sei in den leistungsorientierten Ländern Europas nicht üblich. »Wir verhalten uns eher wie Lehrer, sitzen mit einem Rotstift da und schauen, was noch nicht richtig ist.«[7] Und wenn uns etwas besonders gegen den Strich geht, rufen wir: »Reiß dich zusammen!« Doch Kinder sind nun mal keine Soldaten, deren Uniform nicht ordentlich sitzt. Es gibt beim Erziehen der nur noch schwer Erziehbaren auch kein Richtig und Falsch wie beim Militär mit seinen expliziten Dienstvorschriften. Es geht vielmehr ums Verhandeln zwischen mehr und mehr gleichberechtigten Partnern, so mühsam das auch ist und so sehr es die Nerven reißt – pardon: reizt.

Solange du deine Füsse unter meinen Tisch stellst ...!

Wer weiß, vielleicht erscheinen viele Jugendliche schon deshalb nicht gerne zum Essen bei Tisch, um bloß nicht die Füße unter ein Möbel stellen zu müssen, an dem sie ihr Vater regelmäßig zusammenstauchen will. Statt miteinander Meinungen auszutauschen und darüber jeweils nachzudenken, soll in solchen Familien die größere Macht der Eltern den Disput entscheiden, obwohl sie schon immer das übelste aller Argumente gewesen ist. Doch wer ansonsten hilflos erscheint, pocht eben gerne auf seine gehobene Position, gerne noch versehen mit dem Hinweis, wer jeden Tag die Kohlen anschleppe, dürfe auch bestimmen. Die Folgen solcher Drohgebärden sind gravierend, nicht nur für die zum Einlenken Genötigten selbst, sondern auch für deren Nachkommen. So könnte ein polternder Großvater sich noch in seinen Enkeln wiederfinden, wenn diese ihrerseits von ihren Kindern Folgsamkeit erwarten, wo eigentlich Diskurs gefragt wäre, vielleicht auch Streit. Wie das angeht und wie es sich verhindern ließe, lohnt einen genaueren Blick.

Neugeborene und Kleinstkinder sind ihren Eltern völlig ausgeliefert. Für sie ist es überlebenswichtig, sich Mamas und Papas Wohlwollen unter allen Umständen zu sichern. Mütter, die ihren Säugling wenig berühren und ausdruckslos anschauen, statt liebevoll auf sein Mienenspiel einzugehen oder sein Gurren zu erwidern, können ihr Baby in tiefste Verzweiflung stürzen. Ähnliches erreichen Väter, die ihren kleinen Sohn oder ihr Töchterchen immer wieder anschreien oder ruppig behandeln, statt es in ihren Armen zu wiegen oder zu streicheln. Ein kleines Kind ist seinen Eltern auf Gedeih und Verderb ausgeliefert.

Dasselbe Kind muss sich später, vor allem in der Pubertät, mehr und mehr lösen und in seinen Ansichten und seinem Streben von den Eltern absetzen, ihnen offen widersprechen und bisweilen Regeln missachten. Nur so kann das Kind Rückgrat gewinnen und zu einem seelisch gesunden Erwachsenen heranreifen, der nicht starr, aber doch sicher in seinen Überzeugungen wurzelt und bei Konflikten nicht von jedem lauen Lüftchen umgeblasen wird. Wenn alles gut läuft, wird schon das ältere Kind im Konflikt mit seinen Eltern immer wieder etwas riskieren und Dinge tun, von denen klar ist, dass Mutter oder Vater sie missbilligen, nicht selten auch beide. »In der Pubertät und im Jugendalter wird die Bindung an die Eltern weiter gelockert und von einer Art gehorsamer Fügsamkeit auf kritische Wahrnehmungen verlagert«, erklärt der Psychologe Hans-Werner Rückert die hoffentlich gelingende Loslösung. »Man lernt, sich mit den eigenen Standpunkten und Meinungen auch gegenüber wichtigen Menschen durchzusetzen und sich wohlzufühlen, auch wenn man mit ihnen nicht übereinstimmt.« Ob man im Streit völlig aus der Fassung gerät, bestimmt ganz wesentlich, wie man sich bei Meinungsverschiedenheiten verhält. »Es ist sehr wichtig, die Spannung ertragen zu lernen, die sich aus Konflikten ergibt«, findet der Berliner Psychoanalytiker. »Wer zu schnell klein beigibt, wer gar das Gefühl hat, zu Kreuze zu kriechen, dessen Selbstbehauptungsstreben bekommt einen empfindlichen Knacks.« Und häufig sei es eben die »Übermacht der Erwachsenen, mit der die Kapitulation des eigenen Wollens erzwungen wird, brachial durch Liebesentzug, Schweigen oder andere Formen der Bestrafung«.[8]

Die Konsequenzen können einen Konfliktscheuen ein Leben lang plagen. In einem Ratgeber schildert Rückert den Fall eines Geschäftsmannes, der im Job »Killercharme« und ein »Selbstvertrauen aus Stahl« ausstrahlt, im Privatleben jedoch oft wie ausgewechselt erscheint. Seine Frau und er haben eine »etwas angestaubte Vorstellung« von der Ehe, was sich auch daran zeigt, dass er ihr zu Beginn jedes Monats das Haushaltsgeld in bar auszahlt, wie es vor Jahrzehnten noch viel üblicher war. Die Geschäfte ihres Gatten interessieren die Frau laut Rückert kaum. »Was sie will, ist Geld« – und zwar möglichst deutlich über das hinaus, was für die täglichen Einkäufe nötig ist. Ist das Konto aber schon zu Beginn des Monats durch regelmäßige Abbuchungen leergefegt, sodass ihr Mann kein Geld herausrückt, wird die Frau rabiat und droht mit Scheidung.

Geld dient in dieser Ehe ganz offensichtlich als Ersatz für echte Verbundenheit: Der Mann gewährt, und die Frau nimmt statt Liebe bloß Banknoten, und fehlt es daran, mangelt es zwischen beiden gleich an allem. Schon die Mutter der Frau hatte Probleme mit ihren vier Ehemännern nicht offen und konstruktiv ausgetragen, sondern sich mehrfach getrennt. Darunter hatte das Mädchen seinerzeit früh zu leiden, weshalb die inzwischen erwachsene Frau mit Trennung stets bloß droht, die Ehe aber nicht aufkündigt. Der Mann wiederum hält die Ehe für heilig und hat eine Heidenangst vor ihrem Scheitern, vorm drohenden Alleinsein und dem befürchteten Verlust seiner Kinder. Deshalb setzt er bei einem Streit alles daran, den Konflikt zu glätten: durch Blumen oder ein teures Parfum.

Offenbar hat der Mann als Kind nicht lernen dürfen, dass er eine andere Ansicht vertreten kann als seine Eltern und *trotzdem* geliebt und nicht etwa verlassen wird. Sein »beklagenswerter Mangel an Selbstbehauptung« versetzt ihn stets in Panik, wenn seine Frau mit ihm schimpft, woraufhin er alles tut, »um sich selbst wieder ruhig zu stellen, indem er (sie) beschwichtigt«. Solange seine Partnerin friedlich ist, fühlt er sich wohl, doch »tobt sie, hat er Angst«.[9] Auch wenn diese zum Teil verständlich ist bei einem Mann, der ein überaus erfahrenes Scheidungskind geheiratet hat: Sicher verhindern kann er eine Trennung durch sein konfliktscheues und bisweilen unterwürfiges Verhalten letztlich nicht. Allerdings bleiben solche unheilvoll verklammerten und wechselseitig bedürftigen Paare oft sehr viel länger beieinander, als es gut für beide ist.

Tief ins Hirn gegrabene Stressreaktionen wie die des geschilderten Mannes zu mildern erfordert großen seelischen Aufwand und gelingt oft nur mit therapeutischer Hilfe und einer Wagenladung Geduld. Wer vor dieser mühsamen Kur zurückschreckt, muss weiter kuschen oder Konflikten aus dem Weg gehen, schlimmstenfalls dadurch, dass er keine eigenen Wünsche mehr formuliert und verfolgt – eine ideale Basis für Depressionen. Eltern sollten es sich lieber dreimal überlegen, ob sie ihren Sprösslingen ein solches Schicksal zumuten wollen. Längst nicht alle Kinder überstehen es unbeschadet, wenn ihr Vater immer wieder von ihnen verlangt, den Schwanz einzuziehen und nach seiner Pfeife zu tanzen. Manche können sich innerlich davon distanzieren und sagen sich im Stillen: »Soll der Alte doch einen Aufstand machen, was geht mich das an!« Andere ziehen angewidert die Füße unterm Tisch zurück und schließlich aus, sobald sie selbst genug Geld verdienen und sich irgendwo ein Zimmer leisten können. Doch ihr Verhältnis zum Vater oder einer ähnlich dominanten Mutter bleibt beschädigt oder ist auf Dauer ruiniert.

Wer im Streit mit seinen Kindern noch rechtzeitig spürt, wie der Impuls aufwallt, ihre Widerworte oder Meinungen niederwalzen zu wollen, schafft es vielleicht, sich wenigstens ab und an zu bremsen. Die Ursachen für das Machtgehabe gründen oftmals in der eigenen Kindheit und sind mächtig, weshalb Langmut braucht, wer sich ändern möchte. »Selbst zwanghaft und eingeengt erzogen«, falle es manchen Eltern leider schwer,

»den Kindern eine Freiheit zuzugestehen, die sie selbst nicht gehabt haben, und so geben sie die Tradition, in der sie aufgewachsen sind, unverändert weiter, obwohl sie selbst darunter gelitten haben«, befand der noch immer sehr zeitgemäße Psychotherapeut Fritz Riemann (1902–1979).[10] Gut möglich also, dass der aufbrausende Vater, der nur seine eigene Meinung duldet, selbst früher den Mund zu halten hatte, als Opa noch alleine herrschte. Man muss kein Psychologe sein, um zu erkennen, dass es meist weniger schmerzhaft ist, den Stab des Duckmäusertums an die Kinder weiterzureichen, als zu betrauern, wie sehr man damals unter dem eigenen Vater litt. Indem nun das eigene Kind kuschen muss, braucht man sich nicht mit eigenen Altlasten herumzuplagen. Edel ist das nicht, auch nicht hilfreich und gut, aber leider allzumenschlich.

Eine Ohrfeige hat noch niemandem geschadet!

Daniel Brühl verstand als Schüler irgendwann keinen Spaß mehr. »Mein Mathelehrer hatte die Angewohnheit, mir immer scherzhalber einen leichten Klaps auf den Hinterkopf zu geben, wenn er hinter mir stand«, erzählt der deutsch-spanische Schauspieler in einem Zeitungsinterview.[11] »Er meinte: Leichte Schläge auf den Hinterkopf erhöhen das Denkvermögen.« Eines Tages reichte es dem heute 35-Jährigen. Während die Klasse sich still beschäftigen sollte, stand er von seinem Platz auf und ging nach vorne. »Der Lehrer dachte, ich wolle ihn etwas fragen. Dann habe ich ihm eine gelangt – leider etwas zu fest auf seinen fleischigen Nacken.« Zur Strafe musste Brühl »nicht nur vor die Tür, sondern auch noch eine ganze Stunde lang die dämliche Türklinke von außen herunterdrücken« – zum Beweis, dass er noch immer brav vor dem Klassenraum verharrte. Doch Brühl und ähnlich bestrafte Mitschüler wussten sich in solchen Fällen zu helfen. »Manchmal haben wir etwas an die Klinke gehängt und sind eine rauchen gegangen.« Damit aber kam der irregeleitete Lehrer eigentlich zu billig weg.

Hiebe mag unser Kopf mit dem darin schwimmend gelagerten Hirn ganz und gar nicht. Das wusste offenbar schon Berthold von Regensburg, der im 13. Jahrhundert lebte und einer der bekanntesten Prediger des Mittelalters war. In einer Predigt erteilte er Eltern den Rat: »Von der Zeit an, wenn das Kind die ersten bösen Worte spricht, sollt ihr ein kleines Rütlein bereithalten« und ihm damit »einen Streich auf die bloße Haut« versetzen. »Ihr sollt es aber nicht mit der Hand an den bloßen Kopf schlagen, sonst könntet ihr es zu einem Toren machen.«[12] Am wenigsten verträgt unser Gehirn unerwartete Schläge von hinten oder von der Seite. Auf solche nämlich können sich die Nacken- und Rückenmuskeln nicht einstellen, indem sie sich anspannen, um die Wucht des Schlages abzufedern. Leichte Schläge auf den Hinterkopf richten zwar meist keinen körperlichen Schaden an, doch sie demütigen den, dem sie gelten. Das Denkvermögen erhöhen sie natürlich nicht. Denkanstöße hätte Daniel Brühls Lehrer deshalb besser mit geistreichen Sätzen verabreicht, doch das muss man können. Wer stattdessen die flache Hand benutzt, hat an einer Schule nichts verloren.

Einer der düstersten Sätze aus der Geschichte der Pädagogik ist jener, wonach fühlen muss, »wer nicht hören will«. Gewalt gegen Kinder, auch und gerade gegen Kinderköpfe, war Eltern hierzulande noch bis vor anderthalb Jahrzehnten nicht verboten. Ausdrücklich erlaubt war sie, zumindest Vätern, ab der vorletzten Jahrhundertwende. Im ersten Bürgerlichen Gesetzbuch (BGB) von 1896 hatte es zum Recht auf körperliche Züchtigung nämlich geheißen: »Kraft Erziehungsrechts darf der Vater angemessene Zuchtmittel gegen das Kind anwenden.« Welche seelischen Folgen diese offizielle Erlaubnis zum Prügeln hatte, hat der Österreicher Michael Haneke so meisterhaft wie beklemmend in seinem Film *Das weiße Band* geschildert. Über sechzig Jahre lang galt die sonderbar klingende Regelung. Geändert wurde sie 1958, doch nicht etwa aus Sorge um das leibliche und seelische Wohl der Kinder, sondern weil sie als »Verstoß gegen die Gleichberechtigung von Mann und Frau« nach Artikel 3 des Grundgesetzes gesehen wurde.[13] Auch Mütter durften von da an ihre Kinder hauen und ihnen die Ohren lang ziehen. Immerhin haben Minderjährige in Deutschland heutzutage ein Recht darauf, gewaltfrei erzogen zu werden. »Körperliche Bestrafungen, seelische Verletzungen und andere entwürdigende Maßnahmen sind unzulässig«, so will es das im Jahr 2000 neugefasste BGB.[14]

Auch Lehrer durften ihre Schüler in manchen Bundesländern noch bis 1973 körperlich züchtigen, was oft durch Kopfnüsse, Ziehen am Ohr oder Schläge mit Lineal oder Rohrstock auf die Fingerkuppen geschah. Allerdings hielten es manche überforderten oder seelisch gestörten Pauker weiterhin für statthaft, Schüler körperlich zu maßregeln, zumindest noch einige Jahre lang. Mindestens einer von ihnen wurde von Richtern darin sogar bestätigt. So gestand das Bayerische Oberste Landesgericht vor gut dreißig Jahren letztinstanzlich einem Erdkundelehrer aus dem Allgäu das Recht zu, einen Schüler zu ohrfeigen. Genau das hatte der Pädagoge 1979 mindestens zwei Mal auf heftige Weise getan, wofür ihn das Amtsgericht Memmingen auch zu einer Geldstrafe verurteilte. Doch das höherrangige Gericht hat dieses Urteil Anfang der 1980er-Jahre mit folgender Begründung aufgehoben: »Im Gebiet des Freistaats Bayern besteht ein gewohnheitsrechtliches Züchtigungsrecht insoweit, als der Lehrer an Volksschulen die von ihm unterrichteten Knaben körperlich züchtigen darf.«[15] Seit 1983 ist solches Unwesen allerdings auch in Bayern verboten. Man mag das spät finden. Doch noch heute darf ein Lehrer in 19 von 50 Bundesstaaten der sonst so fortschrittsgläubigen USA seine Schüler ungestraft schlagen, sofern die Eltern dem nicht widersprochen haben. Zum Glück wird das Recht auf Züchtigung auch dort immer seltener tatsächlich genutzt.[16]

Nicht nur im blau-weißen Freistaat haben manche Lehrer nach 1973 gegen das Verbot verstoßen, Schüler körperlich zu bestrafen. An einem Saarbrücker Gymnasium zum Beispiel meinte ein Musiklehrer um das Jahr 1977 herum, das harmlose Klimpern zweier Schüler auf dem Klavier in einer kurzen Pause mit je einer schallenden Ohrfeige quittieren zu müssen.[17] Solche Backpfeifen können bei ungünstigem Auftreffen der Hand und großer Schlagwucht das Trommelfell ernsthaft schädigen – woran gerade Musikerzieher eigentlich kein Interesse haben dürften, zumindest, wenn sie bei ihren Schülern künftig nicht auf taube Ohren stoßen wollen. »Bemerkenswert ist, dass sich die meisten Trommelfellverletzungen auf der linken Seite abspielen, was leicht zu erklären ist, da die meisten Menschen Rechtshänder sind, also mit der rechten Hand auf das linke Ohr schlagen«, sagt der leitende HNO-Mediziner Roland Laszig von der Uniklinik Freiburg. In Fällen von häuslicher Gewalt gebe es dann »die abenteuerlichsten Ausreden, die selbst so weit gehen, dass man beim Fahrradfahren durch den Wald einen Ast ins Ohr bekommen hat«. Folge eines Knalltraumas nach einer kräftigen Watsche kann auch Tinnitus sein, das berüchtigte Ohrensausen oder -klingeln.[18]

Selbst sterben können Kinder, wenn eine brutale Ohrfeige ihren Kopf rasch und heftig verdreht und so das Hirn verletzt wie bei der dreijährigen Karolina 2004 im bayerischen Weißenhorn. Das von seinem Peiniger furchtbar gequälte Kind erlag letztlich einer Hirnblutung.[19] Nicht umsonst hält Heinz Hilgers, der Präsident des Deutschen Kinderschutzbundes, auch die Ohrfeige für eine Form der Kindesmisshandlung. Zwar würden in Deutschland weniger Kinder körperlich bestraft, seit das BGB ihnen ein gewaltfreies Aufwachsen gewähren soll. Doch dies gelte »vornehmlich für Familien in guten finanziellen Verhältnissen«. Armut bringe Stress durch andauernde Überforderung mit sich und erhöhe so das Risiko, dass Eltern ausrasten. Anfangs werde der Nachwuchs vielleicht nur mit einem Klaps bestraft, weil er Anweisungen nicht Folge leisten will. Doch kusche das Kind dann noch immer nicht, könne sich die Gewalt »bis zur Eskalation steigern«.[20]

Einer Forsa-Erhebung zufolge berichteten 2007 noch 46 Prozent der gut tausend befragten Eltern, ihren Kindern in den vergangenen zwölf Monaten mindestens ein- oder zweimal einen Klaps auf den Po gegeben zu haben. Ohrfeigen verabreichten maximal 11 Prozent, und den Hintern ihrer Kinder versohlten höchsten 6 Prozent – wohlgemerkt eigenen Auskünften nach. Vier Jahre später, also 2011, lagen alle Werte etwas niedriger. Mit einem Stock, Gürtel oder Ähnlichem züchtigte angeblich niemand sein Kind, weder 2007 noch 2011, doch würde das wohl auch kaum einer freiwillig zugeben.[21] Eltern schlagen heutzutage offenbar vor allem aus Hilflosigkeit und Überforderung, »aber kaum noch, weil sie glauben, ihrem Kind damit etwas Gutes zu tun«.[22] Viele haben danach auch Gewissensbisse und bitten ihr Kind um Verzeihung.

Fachleute schätzen indes, dass trotz aller Fortschritte in den vergangenen Jahren noch immer 10 bis 15 Prozent aller Eltern ihre Kinder »häufig und schwerwiegend körperlich bestrafen«. Darunter hätten mehr Jungen als Mädchen zu leiden.[23] Vom Vater oder der Mutter geprügelt oder auf andere Weise körperlich misshandelt worden zu sein kann weitreichende Folgen für die Seele haben. Solche Kinder werden nämlich später sechsmal so häufig zu Mehrfach-Gewalttätern wie gewaltfrei und liebevoll erzogene, schreibt der Kriminologe Christian Pfeiffer. Zudem geraten übel behandelte Kinder »dreimal so oft in kriminelle oder rechtsextreme Jugendcliquen«, konsumieren fünfmal so häufig regelmäßig Cannabis und schwänzen viermal so oft für mindestens zehn Tage im Jahr die Schule. Besonders alarmierend: Wer als Kind die »Ohnmacht des Geschlagenen erlitten« hat, zeigt später ein deutlich größeres Interesse am Besitz einer Schusswaffe, um sich damit »endlich mächtig« zu fühlen.[24] Dieser Drang ist leicht erklärt: Menschen, die ihre Kinder schlagen, wollen nicht spüren, wie sehr sie ihren Eltern früher ausgeliefert waren. Statt ihr eigenes Erleiden zu betrauern, rächen sich die Geprügelten von damals an ihren Kindern. Doch sie treffen mit ihren Schlägen bloß machtlose Sündenböckchen, die den Stab der Gewalt an ihre eigenen Töchter und Söhne wahrscheinlich weiterreichen werden.[25]

Zum Glück wachsen Untersuchungen zufolge immer mehr Menschen in der Bundesrepublik gewaltfrei auf. Zumindest unter den nicht zugewanderten Deutschen hat sich der Anteil dieser Glücklichen in den zehn Jahren nach 1992 »von 26,4 auf 52,1 Prozent fast verdoppelt«. Deutsche Eltern schlagen jedoch nicht nur seltener zu als früher; sie sind auch zärtlicher geworden: Drei Viertel von ihnen schmusen mit ihren Kindern. Allerdings sind Männer noch etwas zögerlich, wenn es darum geht, ihre Söhne in den Arm zu nehmen. »Früher hat das nur jeder vierte getan, heute immerhin jeder dritte, während aber inzwischen jeder zweite mit seinen Töchtern entsprechend liebevoll umgeht«, schreibt Christian Pfeiffer. Den Söhnen ist zu wünschen, dass ihre Väter hier noch lockerer werden und sich nicht durch überkommene Rollen-Klischees vom Kuscheln mit ihren Jungen abhalten lassen. In jedes Familienstammbuch schreiben sollte man das Fazit des Hannoveraner Kriminologen: »Wer als Kind nach oben buckeln muss, wird später nach unten treten. Gewaltfreie Erziehung aber fördert den aufrechten Gang.« Ihn sollten alle Kinder erlernen dürfen.

Was sollen denn die Nachbarn denken!

Wenn eine stets sehr adrette Frau, die auf ihr Äußeres großen Wert legt, sich für ihren pubertären Sohn schämt, klingt das zum Beispiel so: »Jeden Abend, wenn ich nach Hause komme, hockt er auf der Küchentheke, in dem grässlichen verwaschenen T-Shirt, das ihm eine seiner Freundinnen geschenkt hat. Ich fürchte immer, dass die Nachbarn denken, wir können unsere Kinder nicht anständig kleiden, wenn sie ihn in dem Zeug sehen.«[26] Ja, so ist das. Wir können uns nicht nur für unseren Lebenspartner schämen, wenn *er* zur Unzeit eine noch dazu alberne Zote verzapft oder wenn *sie* lauthals über einen Witz lacht, der gar keiner war; selbst unsere Kinder können uns peinlich sein: Unsere Tochter, die im Bus mit größtem Vergnügen »Du Arsch-Pups, Arsch-Pups« plärrt, oder unser Sohn, der öffentlich sehr anschaulich popelt, erweist sich dann als erweitertes Ich, dessentwegen wir ähnlich gerne im Erdboden versänken wie für eine eigene Tat, die gründlich danebengegangen ist.

Aus psychologischer Sicht hat unser Schamgefühl die Aufgabe, anderen Menschen unserer sozialen Gruppe zu signalisieren, dass wir sehr wohl wissen, wie falsch wir gehandelt haben oder wie sehr uns etwas misslungen ist. Indem wir uns in eine tiefe Erdspalte wünschen oder mit den Händen unser Gesicht verbergen, möchten wir die Tat zudem ungeschehen machen, zumindest aber ihren Urheber unsichtbar. Das Gegenteil der Scham ist der Stolz, und auch ihn können wir als Eltern nicht nur selber, sondern auch für unsere Kinder empfinden, als Fremdstolz sozusagen: »Seht nur alle her, das ist meine Tochter! Ist sie nicht großartig, und ich selber natürlich mit ihr auch!«

Doch wenn diese Tochter mit ihren zarten 14 Jahren und einem »viel zu tiefen« Ausschnitt samt halb entblößten Brüsten morgens zur Schule stapft, dann fürchten die Eltern, das könne ihnen von den Lehrern oder den Nachbarn persönlich zur Last gelegt werden. Jeder tatsächliche oder vermeintliche Fehltritt des Kindes wird dem Gefühl nach auf das Erziehungskonto seiner Ernährer gebucht. Immerhin: Damit es beim Fremdschämen halbwegs gerecht zugeht, bekommen auch Eltern von ihren Kindern immer wieder einmal zu hören, ihr Verhalten sei »echt peinlich«.

Als außergewöhnlich soziale, also im Verbund lebende und voneinander abhängige Wesen sind wir Menschen darauf angewiesen, von unserer Gruppe akzeptiert zu werden. Wer als Steinzeitmensch von seinen Gefährten vertrieben oder alleine zurückgelassen wurde, war so gut wie tot. Bis heute scheuen die allermeisten von uns Weniges so sehr, wie sichtbar ausgestoßen oder von allen anderen belächelt oder verunglimpft zu werden.

Genau deshalb entfaltet das seelisch sehr schmerzhafte Mobbing eine so große Sprengkraft für unser Selbstwertgefühl. Der österreichische Verhaltensforscher Konrad Lorenz prägte den Begriff des Mobbings vor fünfzig Jahren mit Blick auf Gänse, die sich beim Angriff eines Fuchses zum Mob zusammenschließen und zeternd auf den Störenfried losgehen. Vogelkundler bezeichnen dieses Verhalten als *Hassen*.

Auch der mobbende Mensch pöbelt feige im Pulk, während das Opfer alleine steht. So verständlich unser banges Schielen auf die Nachbarn ist, die bitteschön nicht schlecht von unseren Kindern (eigentlich ja aber von uns) denken sollen, so wenig ratsam ist es, andere Menschen als Erfüllungsgehilfen für unsere Erziehungsideale zu missbrauchen. Denn was lehren wir unsere Kinder dadurch? Vor allem doch zweierlei: Erstens machen wir uns als Eltern unnötig klein, wenn uns als Grundlage für unseren Standpunkt das eigene Urteil nicht ausreicht. Zweitens – und schlimmer – bringen wir den Kindern so bei, dass sie ihr Fähnchen nach dem Winde drehen sollen und das Urteil der anderen über ihrem eigenen steht, noch bevor sie selbst überhaupt Wertmaßstäbe oder einen persönlichen Geschmack entwickeln konnten. Wir schärfen ihnen auf diese Weise bloß ein, dass es im Leben ganz wesentlich darum geht, hübsch im Glied zu bleiben, statt sich auch mal beherzt vorzuwagen mit schrillem Singen, quietschbunten Hosen oder einem zünftigen Irokesen-Schnitt, dem übrigens der Internet-Blogger und Publizist Sascha Lobo einen Gutteil seiner Popularität und damit auch seines Einkommens verdanken dürfte. Da können die Nachbarn getrost denken, was sie wollen!

Statt unseren Sprösslingen zischend vorzuhalten, was denn um Himmels willen die Leute denken sollen von ihrem Lauthalsgeschrei, könnten wir viel sinnvoller auf die Tugend der Rücksichtnahme pochen, zum Beispiel so: »Kinder, die Müllers oben halten gerade ihren Mittagsschlaf, lasst euer Indianergeheul bitte später los!« Das verstehen viele Kinder, und für den Fall, dass sie wegen des Verzichts, den sie leisten sollen, untröstlich sind, kann man ja ein zahnfreundliches Zückerchen bereithalten und ihnen anbieten: »Bis dahin dürft ihr die *Sendung mit der Maus* anschauen!« Auf diese Weise erfahren die Kleinen nicht nur etwas darüber, dass man hin und wieder Rücksicht üben muss, sondern lernen auch noch etwas über Geben und Nehmen.

Das hätte ich mal zu meinem Vater sagen sollen!

Meine 15-jährige Tochter ist nicht gerade auf den Mund gefallen. Ihr Wortschatz funkelt, ihre Phantasie treibt Blüten, und ihr Mundwerk mahlt wie geschmiert. Das ist zu einem Teil auch mein Verdienst, und je nach Situation lobe oder verfluche ich mich dafür. Aber was soll schon anderes dabei herauskommen als ein wortgewandtes Kind, wenn man ihm nach Kräften die Welt erklärt oder regelmäßig abends vorgelesen hat: vom Grüffelo, von Prinzessin Henriette-Rosalinde-Audora und dem zum Untier verwandelten »Pronzen« mit Sprachfehler oder auch von Robbi, Tobbi und dem überaus praktischen Fliewatüüt, das statt Kerosin Himbeersaft säuft und von dem bis heute unklar ist, wieso es eigentlich keiner in Serie baut. Solche Geschichten bleiben nicht nur hängen, sondern beflügeln auch die Vorstellungskraft. Dumm nur, dass Sprachvermögen auch seine Schattenseiten hat und in turbulenteren Jahren, die unweigerlich kommen, mit Inbrunst gegen einen verwandt wird. Was dann etwa so klingt: »Papa, darüber kannst du denken, was du willst; ich halte davon gar nichts und Mama übrigens auch nicht.« Oder auch: »Wenn du das machst, wirst du sehen, was du davon hast, dann komme ich dich nämlich ein paar Wochen lang nicht mehr besuchen!« Was war sie doch für ein liebes Baby! Und so angenehm sprachlos.

Jedenfalls hat meine Tochter mich mehr als einmal dermaßen mit ihren verbalen Lenkraketen beschossen, dass ich mir nur noch mit einem dieser Stegreif-Sprüche behelfen konnte, immerhin ohne Schaum vor dem Mund: »Das hätte *ich* früher mal zu meinem Vater sagen sollen!« Die Botschaft soll unmissverständlich folgende sein: Du kannst froh sein, dass ich nicht wie dein Opa bin; der hätte dir womöglich die Ohren langgezogen, jedenfalls aber gezeigt, wo der Hammer hängt. Klingt imposant, ist aber jämmerlich. Dasselbe gilt für einige Varianten des Spruchs: »Zu unserer Zeit hätte es das nicht gegeben!«, oder: »Ich hätte mir das früher nie erlauben dürfen!«

Denn was verraten diese Aussagen über uns? Zunächst einmal Hilflosigkeit, und die ist menschlich. Doch das ist nur die Oberfläche. Für Psychologen ist es nicht schwer, die tieferen Motive zu erkennen: »Hier geht es um Neid auf unsere Kinder, auf ihre Freiheit, die im Vergleich zu unserer eigenen damals in der Regel deutlich größer ist«, sagt Hanni Scheid-Gerlach, die als Psychoanalytikerin im Saarland praktiziert. So gesehen, kann hinter dem missgönnenden Spruch sogar alter Schmerz stecken, der nun wieder hervortritt: Unser Kind nimmt sich etwas heraus, das uns früher verboten war oder was wir verboten wähnten, aber zu fordern niemals wagten.

Oft aber tritt in den Möglichkeiten unserer Kinder, in ihrer so selbstverständlich hingenommenen Freiheit einfach jene Strenge zutage, mit der unsere Eltern uns selber erzogen haben. Plötzlich fühlen wir unsere alten Sehnsüchte, unseren Freiheitswunsch wieder, den wir damals zügeln mussten, um es uns mit unserem Vater und unserer Mutter nicht zu verscherzen – und das ist nun mal der Herzenswunsch eines jeden Kindes. Es ist wichtig, das zu fühlen, denn unsere Kinder können rein gar nichts dafür, dass uns manches von dem versagt war, was heute wie von selbst zum kindlichen Freiraum gehört.

Ein nicht unerheblicher Trost bleibt freilich: Es sind ja *auch* wir – vermutlich sogar *entscheidend* wir –, die ihnen diese Freiheit, diesen Spielraum des Handelns, gewähren. Und dazu gehört Mut. Auf ihn dürfen wir stolz sein. Für die Kinder wiederum geht es darum, sich innerlich von uns zu lösen und äußerlich Widerstand zu leisten. Wir sollten auf Knien dafür dankbar sein, wenn sie es tun, denn nicht alle schaffen es, und das gereicht diesen eher Unglücklichen wahrlich nicht zum Vorteil. Zu lange im Hotel Mama wohnen zu bleiben ist dabei noch das geringere Übel; doch wie Mami oder Papi zu denken und zu reden ist als Lebenskonzept nachgerade tragisch, es sei denn, es geschieht aus freien Stücken. Eltern, die es ihren Kindern nicht nur erlauben, sich abzugrenzen, sondern die das auch noch fördern, leisten also Großartiges, doch leicht ist das nicht. »Ohne Trauerarbeit, dass die Zeit der Kindheit und unserer jungen Elternschaft vorbei ist, können wir die Kinder nicht loslassen«, sagt die Psychoanalytikerin Marianne Leuzinger-Bohleber. Diese Bereitschaft bedeute leider »harte seelische Arbeit, meist verbunden mit der Konfrontation des Älterwerdens und der Endlichkeit unseres eigenen Lebens«. Ablösung tut halt weh.

Sei schön brav!

Man glaubt es kaum: Ein braver Junge wäre vor dem 17. Jahrhundert noch ein tapferes, kühnes Kerlchen gewesen, ursprünglich sogar ein wilder, unbändiger Geselle, denn genau das meinte das alte italienische Wort *bravo*, das begeistere Opernbesucher noch in unseren Tagen so gerne hinauf zur Bühne rufen. Seinerseits geht dieses vermutlich auf *barbarus* zurück, auf etwas Fremdes, barbarisch Ungesittetes. Ein wilder Kämpfer zu Pferde ritt einst mit ungezügelter *Bravour*, so wie Mel Gibson im Kinofilm *Braveheart* (»mutiges Herz«) über den schottischen Freiheitskämpfer Sir William Wallace, der wegen seines unbeugsamen Widerstands gegen den englischen König 1305 fast bis zum Tode gehängt, noch lebendig ausgeweidet und schließlich gevierteilt wurde – und dennoch bis zum letzten Atemzug über seine Folterer spottete.[27] Erst in der Neuzeit wurde aus dem tapferen ein wackerer und dann ein artiger Bube und aus dem mutigen Mädchen ein folgsames.[28] Die Wortherkunft also wäre geklärt.

Kniffliger ist die Frage, wie aus einer befruchteten Eizelle im Mutterleib ein braves oder eher wildes, rebellisches Kind wird. Persönlichkeitsforscher wissen beispielsweise aus Zwillingsstudien, dass Grundzüge unseres Temperaments wie Ängstlichkeit oder die Neigung zu einem *dicken Fell* großenteils genetisch vorbestimmt sind und einen Menschen das ganze Leben lang begleiten. Insofern kommen wir aus unserer angeborenen Haut nicht mehr heraus oder müssen uns doch arg bemühen.[29] Erwiesen ist inzwischen aber auch, dass wir keineswegs Sklaven unserer Erbanlagen sind. Erfahrungen und Erlebnisse, selbst schon solche im Mutterleib oder bei der Geburt, entscheiden mit darüber, welche unserer Gene überhaupt aktiv werden und sich günstig oder schädlich auswirken können. Manche Erbanlagen bleiben zeitlebens ausgeschaltet. Man darf sich unser genetisches Rüstzeug – stark vereinfacht – als Klaviatur vorstellen, auf welcher das Leben seine Melodien spielt: Erklingen werden nur jene Töne, deren zugehörige Tasten gedrückt werden; der Rest bleibt stumm.

Auf den Menschen übertragen bedeutet das zum Beispiel: Zwar sind manche Babys durch ein überaktives Angstzentrum im Hirn von Anfang an eher furchtsam und schneller aufgeregt, während andere forsch auf alles Reizvolle zukrabbeln, um es tatschend zu erkunden. Doch Lebensumstände können angeborene Neigungen mehr oder minder stark beeinflussen, im Guten wie im Schlechten. So schaffen es ängstliche Eltern nicht selten, ein mutiges Kind zu bremsen und seine Lebenslust zu dämpfen, während weltoffene Mütter und zupackende Väter ein von Natur aus eher scheues Kind dazu ermuntern können, seine Umwelt vertrauensvoll zu entdecken. Gene und Gelegenheiten: Beide prägen unsere Persönlichkeit und haben uns zu dem gemacht, was wir inzwischen sind. Um eine schwierige wissenschaftliche Debatte auf eine Faustformel herunterzubrechen: Ob ein Kind zu einem Hans Dampf in allen Gassen oder einem schüchternen, gehemmten Menschen wird, darüber entscheiden einerseits seine Erbanlagen und andererseits seine Erlebnisse und Erfahrungen – auch jene mit seinen Eltern – in etwa je zur Hälfte.[30]

Eltern haben es also nicht völlig, aber doch zu einem beträchtlichen Teil in der Hand, ob ihre Kinder im Guten lernen, sich zu benehmen, oder ob sie brav im Sinne von angepasst, gehemmt oder gar willenlos werden. Ein betrübliches und keineswegs alltagsfernes Fallbeispiel, wie man sich gegenüber seinem Kind – trotz aller Sorge um sein Wohl – lieber nicht verhalten sollte, schildert der Neurologe und Psychotherapeut Rüdiger Rogoll: »An einem nicht gerade menschenleeren Sandstrand buddelt ein zweijähriger Nackedei direkt am Wasser der Ostsee, das viele Meter hinaus schön warm und nicht mehr als knöcheltief ist. Da kommt plötzlich der Vater herbeigesprungen, reißt den Kleinen hoch, verhaut ihn und schilt ihn. ›Ich habe dir doch schon hundertmal gesagt, du sollst nicht alleine ans Wasser gehen!‹ Den Rest des Tages sitzt der Kleine artig neben dem elterlichen Strandkorb und schaut wehmütig nach dem nur wenige Schritte entfernten glitzernden Wasser, aus dem sich mit Sand so schöner Modder bereiten ließe.«[31]

Was das Kind aus diesem Vorfall lernt, liegt auf der Hand: »Ich muss brav sein, sonst schimpft der Papa und hat mich nicht mehr lieb. Und weil Kleinkinder wie ich so etwas im Kopf nicht aushalten könnten, verzichte ich lieber auf das, was mir Freude bereitet.« Wiederholen sich solche und ähnliche Vorfälle während der Kindheit regelmäßig, ist der Weg zum überangepassten, später womöglich depressiven Erwachsenen gebahnt, wenn auch nicht zwangsläufig schon beschritten. Ein solches Kind kann von Glück sagen, wenn es eine liebevolle Mutter oder wenigstens ein gütiges Großelternteil in seiner Nähe hat, das korrigierend eingreift, ihm die nötige Luft zum Atmen verschafft und Schlimmeres verhütet.

Geschieht dies aber nicht, droht der kleine Mensch zu einem gehemmten Zeitgenossen heranzuwachsen, der zwar besonnen und friedliebend wirkt, dessen Beherrschtheit jedoch der trügerischen Ruhe eines schlummernden Vulkanes ähnelt. Man kennt das von korrekten, nie aus der Rolle fallenden Ordnungsfanatikern. Während sie aufgeräumt wirken, brodelt in ihnen tückische Aggression, die nur darauf wartet, sich irgendwann – oft aus nichtig erscheinendem Anlass – zu entladen. Häufig schwelt in ihnen der Wunsch nach Chaos, Ungestüm und Wildheit, darf aber niemals auch nur gefühlt werden, weil das zu schmerzhaft an die Jahre der Entbehrung erinnern würde. Dieser Verzicht auf ein rundes Leben ist der Preis dafür, so brav und ordentlich gewesen zu sein, dass Papa und Mama immer zufrieden mit ihrem artigen Kind sein konnten. Die meisten von uns hätten niemals Liebe, sondern nur »Belohnungen erfahren«, schrieb die 2004 verstorbene Psychiaterin Elisabeth Kübler-Ross. »Wir lernten als Kinder, dass wir ›geliebt‹ werden würden, wenn wir höflich wären, gute Noten bekämen, die Oma anlächelten oder unsere Hände oft genug wuschen. Wir gaben uns jede Mühe, geliebt zu werden, und begriffen nicht, dass dies eine an Bedingungen geknüpfte, also falsche Liebe war.«[32]

Um seelisch gesund heranzuwachsen, müssten Jungen und Mädchen aber schon früh erleben, dass sie im Wortsinne *unbedingt* geliebt werden. Ein solches Kind könnte sich sagen: »Ich darf traurig oder glücklich sein, wenn ich traurig oder glücklich bin, aber ich bin niemandem Heiterkeit schuldig und muss nicht meinen Kummer oder meine Angst oder andere Gefühle je nach den Bedürfnissen anderer unterdrücken. Ich darf böse sein, und niemand stirbt daran, niemand bekommt Kopfweh davon.« Und das Kind erfährt eben auch: »Ich darf toben, wenn ihr mich verletzt, ohne euch, meine Eltern, zu verlieren.«[33] Ein Kind, das dieser Liebe nicht gewiss ist, wird später sehr wahrscheinlich jeden Streit mit nahen Menschen fürchten. Als Mann oder Frau wird es ein Liebediener sein – aus Angst, die Zuneigung des Gegenübers durch jeden deutlichen Protest zu zerbrechen. Genau deshalb brauchen junge Menschen Erwachsene an ihrer Seite, die auch dann treu und fest bei ihnen bleiben und sie nicht fortschicken, wenn sie vor Wut erbeben und gar nicht mehr *schön artig* sind.

Kinder und Bravheit passen im Grunde ohnehin nicht zusammen. Junge Menschen reifen ganz wesentlich dadurch heran, dass sie ihre Grenzen austesten. Dabei überschreiten sie Regeln, plärren für erwachsene Ohren zu laut und klauen auch mal die Äpfel aus Nachbars Garten, sofern sie körperlich noch geschickt genug dazu sind, über Zäune und auf Bäume zu klettern. Auch neigten Kinder zu grenzüberscheitender Aggression, befindet der Psychiater und Psychotherapeut Manfred Stelzig. Sie schlagen übermäßig fest zu, treten zu wild um sich und spucken ihre Gegner ins Gesicht. Eltern verhielten sich in solchen Fällen richtig, wenn sie ihre Sprösslinge dazu anhalten (und es ihnen bei eigenen Konflikten vorleben), dass man auch mit Worten angreifen oder sich wehren und so für seine Sache eintreten kann. Doch leider werde den Kleinen häufig vermittelt, dass die Wucht ihres Auftretens etwas Schlechtes sei. »Das Kind lernt dann, dass es gar nicht mehr aggressiv sein darf. Es beginnt Erlebnisse, die aggressiv machen, in sich hineinzufressen und überhaupt nicht mehr auszuleben.«[34] Infolgedessen werden Emotionen unterdrückt, bis man *verdruckst* oder *verdrossen* ist; auch werden Gefühle regelrecht *weggesteckt*, vor allem in die Muskulatur, die sich daraufhin dauerhaft anspannt oder verhärtet. Auf diese und andere Weisen kann der Gefühlsstau bereits im Körper des jungen Menschen sein Unwesen treiben und auf lange Sicht psychosomatische (also seelisch zumindest mitverursachte) Krankheiten hervorrufen.

Viel gesünder hingegen, wenn auch für die Eltern nicht leicht auszuhalten, wäre es, wenn die Kinder ihre Wut spüren und ausleben dürften; wenn ihnen also nicht verboten würde, auch einmal durchzudrehen, solange sie dabei nur wild umherlaufen, brüllen oder sich zornig am Boden wälzen, notfalls auch mitten in der Fußgängerzone. Natürlich dürfen sie bei ihrem Ausbruch keine Wohnzimmerstühle umwerfen oder Porzellan vom Tisch fegen und schon gar nicht sich selbst oder andere verletzen. Doch viele Erwachsene halten es kaum mehr aus, in Ruhe bei ihrem wutschnaubenden Kind zu sein und darauf zu vertrauen, dass es sich bald wieder beruhigen wird. Während undressierte Kinder ihrem Ärger nicht nur Luft, sondern auch Beine machen und manchmal voller Groll buchstäblich *abdampfen*, haben ihre Eltern es meist verlernt, überschüssige Energie auf gesunde Weise loszuwerden – vor allem den von der Leber ins Blut ausgeschütteten Zucker. Sie ringen lieber um Fassung und schlucken ihren Ärger hinunter, statt draußen Holz zu hacken oder drei Runden um den Block zu rennen. Kein Wunder, dass psychosomatische Fachkliniken für Patienten mit aufgestauter Wut und anderen lange verdrängten Gefühlen eigens Räume mit gepolsterten Wänden bereithalten. Besser man tobt spät als nie. Und besser, man tritt dabei gegen weiche Wände als leibhaftig gegen einen brutalen Vater oder gegen eine Mutter, die früher bei jedem nennenswerten Protest ihres Söhnchens listig säuselte: »Magst du nicht wieder Mamis lieber Junge sein?«

Erhellend für Erwachsene, die am liebsten artige Kinder haben, kann es sein, den Blick dafür zu schärfen, was genau an der *schönen* Bravheit ihnen eigentlich gefällt. »Die einfache Antwort ist: weil sie weniger Mühe macht und man sicher sein kann, nicht blamiert zu werden, will heißen: nicht in den Verdacht zu geraten, ein unfähiger Erzieher zu sein«, sagt die Bielefelder Psychologin Elke Wild. Von welcher Peinlichkeit hier die Rede ist, weiß jeder, der jemals seiner kleinen Tochter an einer Supermarktkasse einen Lutscher oder eine Waffel verwehrt hatte und beim Losheulen des Kindes alle Blicke auf sich zog. »Hat der denn sein Kind nicht im Griff?«, raunen dann vor allem jene Mitmenschen in der Warteschlange, die zum Glück nie demonstrieren durften, welche Griffe sie selbst bei ähnlicher Gelegenheit wohl angewandt hätten.

Ein genauer Blick fördert noch etwas anderes zutage, auch wenn es bereits angeklungen ist: Wer selbst früher wie Lumpi parieren musste, hält eine lange Leine kaum für ein probates Mittel der Erziehung – es sei denn, der oder die Betreffende hatte die Chance, »spürbewusst«[35] für die üblen Gefühle von damals zu werden und sich so vom problematischen Teil der eigenen Bravheit zu distanzieren. Solche Menschen können infolgedessen meist unterscheiden zwischen blindem Gehorsam und einem regelkonformen Verhalten, das innerer Einsicht folgt. Während ein gehorsamer Mensch sich in berechnender Weise bloß normgerecht verhält, um keine Nachteile zu erleiden, beachtet der Einsichtige die Regeln aus freien Stücken. Nach Ansicht Wilds entwickeln Heranwachsende die zweite, viel erwachsenere Haltung übrigens eher, »wenn sie als Kinder auch mal aufbegehren durften«.

Sag's aber nicht deiner Mutter!

Fast 180 000 Ehepaare haben 2012 in Deutschland beschlossen, sich nicht erst vom Tode scheiden zu lassen – knapp halb so viele, wie im selben Jahr geheiratet haben. Vom Spruch des Scheidungsrichters waren 143 000 minderjährige Kinder betroffen, Tag für Tag fast vierhundert.[36] Hinzu kommen noch Tausende Kinder, deren Eltern sich trennten, ohne miteinander verheiratet gewesen zu sein. Sie alle müssen erleben, dass jene beiden Menschen von nun an verschiedene Wege gehen, die ihnen das Leben geschenkt haben und für sie auch sonst am wichtigsten sind. Wie kaum anders zu erwarten, leben etwa 90 Prozent der Trennungskinder anschließend bei ihrer Mutter, zwei Drittel davon als Einzelkinder, und leider verlieren schon während des ersten Jahres 20 bis 30 Prozent den Kontakt zu ihrem Vater.[37]

So schmerzhaft eine Trennung für die beiden Hauptbetroffenen oft ist: Für ihr Kind muss sie »keine unvermeidliche Katastrophe sein«, urteilt der Schweizer Kinderheilkundler Remo Largo, selbst ein geschiedener, dreifacher Vater. In günstigen Fällen geht es dem Kind nach dem Zerbrechen seiner Familie nicht schlechter als zuvor, womöglich sogar besser, wenn die alltäglichen Streitereien tatsächlich enden. »Es erlebt die Trennung nur dann als negativ, wenn es nicht mehr ausreichend betreut wird, seine Grundbedürfnisse nicht mehr wie bisher befriedigt werden oder das Kind unter den negativen Gefühlen zwischen den Eltern leidet.« Zanken die Eltern nämlich auch nach der Scheidung oder verhalten sie sich auf andere Weise laufend aggressiv zueinander, erlebe das Kind dies »als Ablehnung und Verunsicherung«.[38] Tatsächlich sind zerstrittene Eltern der »mit Abstand größte Belastungsfaktor für Trennungskinder«, ergab 2012 ein Fachkongress.[39] Schätzungen zufolge verlaufen »fünf bis zehn Prozent aller Trennungen« hochgradig konflikthaft.[40] Nach einer Studie des Deutschen Jugendinstituts sind deshalb etwa 30 000 der von Scheidung oder Trennung betroffenen Kinder und Jugendlichen »dauerhaft einem stark eskalierten elterlichen Konflikt ausgesetzt«, was »mit erheblichen Risiken« für ihre Entwicklung verbunden sei.[41] Vieles spricht dafür, dass Jungen eher als Mädchen Gefahr laufen, unter einer Trennung zu leiden, da sie den fast immer ausziehenden Vater und damit ihr Rollenvorbild besonders schmerzlich vermissen. Dies kann nach Ansicht von Experten für ihre Gesundheit und für ihren gesellschaftlichen Erfolg lebenslange Folgen haben – umso mehr dann, wenn der Vater sich rar macht oder die Mutter den Kontakt zu ihm erschwert oder verhindert.[42] Mädchen hingegen können sich meist besser an ihrer Mutter orientieren, zumal da diese in der Regel präsent bleibt, auch wenn ein abwesender Vater für sie natürlich ebenso alles andere als günstig ist.

Leider schaffen es viel zu viele Eltern selbst nach der Trennung nicht, ihren Kindern Szenen der Zwietracht zu ersparen – entweder direkt an der Haustür beim Abholen oder Bringen, oder wenn sie ihre Kinder unmittelbar in Streitereien verwickeln: Dann werden Sohn oder Tochter dazu missbraucht, den anderen auszuspionieren, sich abfällige Bemerkungen über den Expartner anzuhören oder ihm problematische Botschaften zu überbringen: »Sag deinem Vater, er soll sich wenigstens diesmal besser um dich kümmern!« Oder: »… er soll gefälligst endlich mehr Unterhalt zahlen.« Manchmal auch: »Deine Mutter könnte dir von meinem Geld endlich mal etwas Vernünftiges zum Anziehen kaufen, wofür man sich mit dir nicht schämen muss.« Der bösen Phantasie sind hier keine Grenzen gesetzt. Für Kinder ist es höchst verstörend und auf Dauer seelisch verheerend, auf diese Weise zum Mitwisser und Unglücksboten verdammt zu werden, der sich im Anschluss an die überbrachte Nachricht gleich auch noch die wütende Reaktion der Gegenseite anhören muss.

Besonders heikel sind Botschaften, die auf den ersten Blick harmlos wirken: »Sag das aber deiner Mutter nicht!«, oder: »Das muss dein Vater ja nicht wissen!« Sie folgen meist ungeheuerlichen Anschuldigungen: »Wir gehen jetzt als Erstes was Ordentliches essen, damit du wenigstens einmal in der Woche satt wirst.« Oder: »Aber sicher bekommst du von mir das Geld für die Kinokarte zum Kettensägenmassaker, du bist doch kein Baby mehr.« Oder auch (und natürlich ganz besonders fies): »Deine Mutter ist wohl völlig bescheuert.« Der Psycho-Trick ist so durchsichtig wie unerhört: Das Kind wird zum Mitwisser von etwas gemacht, was es besser niemals erfahren hätte, soll zu Hause aber gefälligst die Klappe halten. Oder es darf sich aufgewertet fühlen, weil Papa oder Mama ihm etwas zugesteht, was ihm der andere Elternteil vorenthält oder gar verboten hat – sei es aus wohlerwogenen oder auch zweifelhaften Gründen. Solches Verhalten stürzt das Kind unweigerlich in ein Dilemma, denn fast immer liebt es unverbrüchlich *beide* Eltern.

In vielen Fällen aber sind die Kinder schon vor der Trennung in den alltäglichen Streitereien als Verbündete missbraucht, vereinnahmt und bestochen worden. Versöhnen sich die Eltern dann vorübergehend wieder, kann es geschehen, dass der kleine Bündnispartner seinen Job verliert; dann hat er seine Schuldigkeit getan. Oftmals gerät er jetzt seinerseits in die gemeinsame Schusslinie der Eltern, die ihm möglicherweise sogar anlasten, sie gegeneinander aufgehetzt zu haben und am Eheglück zu sägen. Ihre Aggression, die eben noch gegeneinander gerichtet war, wenden beide Eltern jetzt gegen das nun erst recht überforderte Kind – bis das Kriegsbeil doch bald wieder gegeneinander erhoben wird.

Es ist vor allem dem Psychoanalytiker Horst-Eberhard Richter zu verdanken, dass solche unheilvollen Allianzen einer breiteren Öffentlichkeit zumindest bewusst geworden sind. Für alle Eltern sei es zentral, danach zu fragen, welche Rolle ihr Sohn oder ihre Tochter für sie spielt. Gemeint ist nicht die Bedeutung des Kindes, sondern buchstäblich seine Rolle im jeweiligen Familien-Schauspiel, das ja nicht immer ein Drama ist. »Je mehr Eltern unter dem Druck eigener ungelöster Konflikte leiden, umso eher pflegen sie – wenn auch unbewusst – danach zu streben, dem Kind eine Rolle vorzuschreiben, die vorzugsweise ihrer eigenen Konfliktentlastung dient.«[43] In einer Ehe beispielsweise stets den Kürzeren zu ziehen oder der Abhängigere zu sein kann sehr belasten; wie schön wäre es doch dann, wenigstens den Nachwuchs auf seine Seite zu ziehen. Das eigene, meist in der Kindheit angelegte Problem bleibt so zwar ungelöst, wird aber entschieden erträglicher. Es ist die Aufgabe von uns Eltern, uns in der Partnerschaft angemessen zu behaupten oder unser Selbstbewusstsein zu kräftigen, wenn wir weiter hoffen wollen, unsere Probleme nicht an unsere Kinder weiterzuvererben.

Muss ich erst schimpfen?

Wenn man seinen Kindern mal so richtig Angst einjagen möchte, kann man ihre Gewissheit erschüttern, bedingungslos gemocht zu werden. »Dann hat die Mami dich aber gar nicht mehr lieb«, sagen Mütter, die entweder nicht wissen, was sie mit solchen Wortbomben auf Dauer anrichten können oder denen es längst egal ist. Das gilt natürlich auch für Väter, doch sind es noch immer hauptsächlich die Frauen, die sich um kleinere Kinder kümmern und dabei viel Geduld, Haltung und Gefühl aufbringen müssen. Leider steigt damit auch das Risiko, vom aufkeimenden Trotz eines jüngeren Kindes auf dem falschen Fuß erwischt und gekränkt zu werden, vor allem wenn man selbst in jungen Jahren nicht bedingungslos geliebt worden ist.

Kinder machen es ihren Eltern selten leicht, schon weil das überhaupt nicht zu ihren Lebensaufgaben gehört. Etwa vom zweiten bis zum vierten Lebensjahr fordern sie ihre Erzeuger besonders, weil sie dann das durchleben, was bisweilen noch immer als Trotzphase bezeichnet wird. Treffender hieße dieser Zeitabschnitt Autonomiephase, weil Trotz abwertend klingt und nicht so, als sei der erwachende Selbstbehauptungswille notwendig und zu begrüßen. Wenn Kinder nun öfter »Ich will« sagen oder etwas unbedingt »Alleine machen!« wollen, ist das zwar oft nervig, letztlich aber ein Zeichen dafür, dass sie auf einem guten Weg ins Leben sind. Dennoch kann der aufkeimende Widerstandsgeist die Eltern unvorbereitet treffen, wird dadurch doch viel deutlicher als bisher klar, dass hier ein eigenständiges Wesen heranreift. Nun braucht es Nehmerqualitäten, Langmut und wahre Liebe, die auch dann nicht nachhaltig erschüttert wird, wenn sie auf Gegenwehr trifft. Es geht jetzt nicht um der Widerspenstigen Zähmung wie einst in William Shakespeares Komödie, sondern darum, mitunter furchtbar anstrengende Kinder möglichst ruhig und gelassen zu begleiten – innerlich fest, aber ohne ihren Willen zu brechen. Zum Wohle ihrer Kinder schaffen das auch viele Eltern, nicht jedoch jene »totalitären Mütter«, wie sie der Schweizer Psychoanalytiker Jürg Acklin nennt, die »jede selbständige Regung des Kindes schon im Keim ersticken«, weil sie sich bereits bedroht fühlen, »wenn der Säugling beim Stillen das Köpfchen von ihnen wegdreht«. Seelisch in der Regel selbst schon früh gestört, unterwürfen solche Frauen das Kind »mit allen Mitteln, ›sei es, indem sie es züchtigen, sei es, dass sie es durch ständige Zu- und Abwendung an sich binden‹«.[44] Eine verlässliche Liebe wächst auf derart schwankendem Fundament natürlich nicht, und für die spätere Bindungsfähigkeit des Kindes bedeutet die unheil-

BENEHMEN

volle Prägung eine schwere Bürde, doch solche Fälle seelischen Missbrauchs sind zum Glück die Ausnahme.

Dennoch tun alle Eltern gut daran, sich eines immer vor Augen zu halten, wenn sie der Wut oder dem trotzigen Protest ihres Drei- oder Vierjährigen begegnen wollen: »Ein Kind spürt sehr genau, was von ihm erwartet wird, und tut fast alles, um die erwünschte Anerkennung zu erhalten.«[45] Das Kind jetzt zu fragen, ob es Schimpfe haben will, damit es endlich Ruhe gibt, sei »abartig und perfide«, urteilt der Entwicklungspsychologe Hartmut Kasten und rät Eltern dringend, den Spruch »aus ihrem Vokabular am besten sofort zu entfernen«. Denn er berge eine »unterschwellige Drohung, die Kinder nur schwer verstehen können und die sie schnell hilflos machen kann«, auch weil sie leicht mehr dahinter vermuten, als vielleicht Sache ist. »Lieber sollten Eltern klar sagen, was genau sie ärgert – zum Beispiel, dass ihr Sohn wieder mal herumtrödelt, obwohl doch der Zahnarzt wartet oder der Kindergarten gleich beginnt.« Wenn Eltern ihren Unmut aussprechen, sei das nicht nur für sie selber besser; ihre Kinder verstünden auch die Botschaft leichter und könnten, wenn sie möchten, etwas dagegen einwenden, etwa dass sie noch Hunger oder Durst haben – oder auch furchtbar Angst vor dem Doktor mit seinem Bohrer. »Wenn beide Seiten ihre Gefühle und Wünsche wahrnehmen und deutlich zur Sprache bringen, ist das ein qualitativer Gewinn für die Beziehung«, findet Kasten. »Den Ärger ihrer Eltern spüren Kinder sowieso – besser also, der Vater oder die Mutter drückt ihn auch aus.«

Hinterhältig ist die Frage, ob Schimpfe nötig sei, aus einem weiteren Grund. »Bei entsprechendem Tonfall kann dem Kind damit ein schlechtes Gewissen gemacht werden, nämlich nach dem Motto: Wie kannst du mich nötigen, mit dir zu schimpfen?«, sagt die Bielefelder Psychologin Elke Wild. Auch kleinere Kinder spüren den mitschwingenden Vorwurf sehr wohl und nehmen ihn sich sehr zu Herzen. Was bei ihnen ankommt, ist dieses: »Ich bin schuld daran, wenn Mami oder Papi böse werden, wo sie doch eigentlich viel lieber lieb zu mir wären.« So bauen die Eltern eigenen Gewissenbissen vor, falls sie demnächst doch meinen, laut werden und ihr Kind schelten zu müssen. Wäre dieses bereits reif und schlagfertig genug, könnte es entgegnen: »Nein, Papa, du musst nicht schimpfen, aber du willst es oder kannst dir halt nicht anders helfen.« Besser, als mit Psycho-Tricks zu arbeiten, wäre es da allemal, klar auszudrücken, »was man genau warum vom Kind erwartet und mit welchen Konsequenzen es zu rechnen hat, wenn es sich nicht an die Regeln hält«, meint Elke Wild. Das kann zum Beispiel bedeuten, dass dem kürzlich geäußerten Wunsch des Sechsjährigen, den extragroßen Kasten mit Wachsmalstiften geschenkt zu bekommen, so lange nicht entsprochen wird, wie der Junge sich weigert oder immer wieder vergisst, nach dem Malen Stifte und Papier vom Boden aufzuräumen und zurück in die Schublade zu legen, also sorgsam mit seinen Sachen umzugehen. Diese Maßnahme ist folgerichtig und insofern angemessen. Zur Strafe den seit zwei Wochen geplanten Ausflug zum Waldweiher samt Tretbootfahren ausfallen zu lassen wäre hingegen nicht nur überzogen, sondern auch irreführend. Das Kind verstünde nicht, was das eine mit dem anderen zu schaffen hat. Es würde aus dem Fall nichts lernen, sondern bloß dressiert.

»Alle Eltern wissen natürlich, dass sie konsequent sein müssen«, sagt die Psychologin Judith Bettingen aus dem saarländischen St. Ingbert, die auch Elternkurse in Positiver Erziehung (Triple-P) anbietet.[46] Doch es geht eben um das Wann und Wie. »Viele Eltern benutzen etwas, womit sie ihr Kind so richtig treffen können. Aber das ist nicht der Sinn einer Konsequenz, dem Kind wehzutun. Der Sinn ist, dass das Kind lernt, angemessenes Verhalten zu zeigen.« Konsequent zu sein bedeutet, unmittelbar nach dem Fehlverhalten des Kindes und aus seiner Sicht logisch zu reagieren. Hier tut Entschiedenheit not. Doch dazu dürfen die Eltern keine Angst vor ihren Kindern haben, oder genauer: keine Angst vor deren harscher Reaktion und vor kurzzeitigem Liebesentzug – oder dem, was für die Mutter oder den Vater so aussieht oder sich so anfühlt. Leider trauten viele Eltern sich das nicht. »Sie fürchten sich vor dem Wutausbruch, wenn sie den Kindern etwas abverlangen«, hat Bettingen in Gesprächen mit Klienten oft erfahren. Unter den vielen Wunschkindern heute, deren Geburt nicht selten – ähnlich einem beruflichen Projekt – von langer Hand geplant worden ist, sind etliche kleine Prinzen und Prinzessinnen, die arg verwöhnt werden und sich sehr viel herausnehmen dürfen. Ihnen einen Wunsch abzuschlagen fällt vielen Eltern schwer, denn das könnte die Kleinen kränken. Doch seine Erzeuger wollen ja, dass es dem Mauseschatz gut geht und dass ihr Kind »mit ihnen zufrieden ist, sie lieb hat, sie klasse findet«.

Es erfordert innere Festigkeit, hier Grenzen zu setzen, ohne das Kind – so überfordert wie hinterhältig – zu fragen, ob die Mama oder der Papa womöglich gleich schimpfen muss. Natürlich reagiert das Kind ungehalten, wenn es seinen Willen mal nicht bekommt, aber »das muss man aushalten können«, findet die saarländische Erziehungsberaterin. Im Endeffekt kommen Kinder besser mit einem folgerichtigen Tadel und einer verständlichen Konsequenz für ihr Verhalten zurande, als mit weitschweifigen Diskussionen, die alles abmildern und hinter denen keine Haltung sichtbar wird. Wenn eine Fünfjährige jeden Morgen beim Anziehen ohne ersichtlichen Grund lahmt und jede Aufforderung, sich endlich anzuziehen, man müsse doch gleich los, störrisch ignoriert, dann ist die wachsende Wut und Verzweiflung der Mutter wahrscheinlich genau das, was das Mädchen erreichen möchte. So erlebt es sich als selbstmächtig, womöglich gar für kurze Zeit überlegen; vielleicht geht es ihm bei diesem kleinen Machtkampf aber auch darum, es der Mutter für etwas anderes heimzuzahlen, worüber in Ruhe zu reden sinnvoll sein kann, aber eben nicht im Augenblick. Ihm jetzt auch noch die siebte Hose vorzuschlagen und das neunte T-Shirt, wird das Problem nicht lösen.

Eine Alternative wäre, ihm freundlich, aber mit fester Stimme zu sagen, dass man in fünf Minuten mit ihm das Haus verlassen wird, ganz gleich, in welchen Klamotten – notfalls eben im Schlafanzug, sofern draußen nicht gerade eisiger Winterwind weht. Und dann nimmt man die Tochter auch tatsächlich so mit, selbst wenn es einem peinlich ist. Und für den Fall, dass es dem Mädchen eine halbe Stunde später zu blöd wird, im Pyjama im Kindergarten zu hocken, packt die Mutter in weiser Voraussicht noch rasch einen Satz Kleider eigener Wahl in den Rucksack und nimmt den Notbehelf mit. So vorzugehen sei eine »sehr passende, natürliche Konsequenz«, sagt Judith Bettingen.[47] Wenn das Störrischsein im Kind noch nicht verhärtet ist, lernt es daraus meist auch etwas. Kleine Prinzen und Prinzessinnen hingegen, die schon zu viel Erfolg hatten mit ihrer Masche, werden ihre Spielchen vermutlich weiterspielen. Für sie braucht es eine besonders ausgeklügelte Strategie, womöglich gar fachliche Hilfe.

Grundsätzlich müssen konsequente Eltern aber bereit sein, bisweilen den Zorn ihres Kindes auf sich zu ziehen. Wer selbst seinem Unmut über das Verhalten seines Kindes Luft macht, was völlig in Ordnung ist, muss eben auch die Folgen aushalten, und dazu gehört unweigerlich die Bereitschaft, eine harsche Reaktion des Kindes durchzustehen. Letztlich geht es darum, eine gute Antwort auf eine grundlegende Frage zu finden, meint der Familientherapeut Jesper Juul: »Will ich meine Kinder lieben oder will ich bei ihnen beliebt sein? Beides gleichzeitig ist oft nicht möglich.«[48] Bloß wollen wir Eltern das nicht so gerne wahrhaben.

Soll ich das dem Papa sagen?

Preisfrage: Wie verzieht man mit Sicherheit ein Kind? Zum Beispiel so: Auf dem Spielplatz in der Siedlung tummelt sich ein temperamentvoller Dreijähriger und vergisst darüber die Welt. Das heißt, er würde die Welt gerne vergessen, doch in Gestalt seiner Mama meldet sie sich immer wieder zurück: »Oliver«, ruft die Mutter vom Balkon herab. Als der Knirps nicht antwortet, versucht es die Mutter mit einem zärtlicher klingenden Ruf: »Oli!«. Wieder keine Antwort. Erst als die Mutter lauter wird, sodass es nun wirklich die ganze Nachbarschaft hören kann, bequemt sich der Junge zu einem ärgerlichen »Joh«. Oder er mault auch mal zurück: »Was ist denn schon wieder?« Die Mutter hat ein Teilziel erreicht; ihr Sohn hat sie endlich beachtet. Nun gurrt sie einschmeichelnd, wenn auch noch immer lauter als nötig: »Hast du Hunger?« Oder: »Bist du warm angezogen?« Und dann auch noch: »Willst du nicht lieber Dreirad fahren?«

Was soll der Kleine darauf bloß erwidern? Kinder in seinem Alter, zumal solche, die lieber spielen wollen, haben weder Hunger noch ist ihnen zu kalt – selbst im Schwimmbad, zitternd mit blauen Lippen, frieren sie bekanntlich nicht. Und das blöde Dreirad kann ihnen gestohlen bleiben, wenn sie lieber Erdlöcher buddeln oder eine Sandrampe für den neuen Bagger anhäufen wollen. Also entscheidet sich Oliver voller Trotz für ein deutliches »Näh!« als Antwort und wendet sich wieder seinen Spielkameraden zu. Nun wechselt die Mutter ihre bisherige Rolle. Selbst kindlich gekränkt vom Desinteresse ihres Sohnes an ihren vermeintlich selbstlosen Bemutterungsversuchen, schaltet sie um auf den Machtmodus: »Oliver, komm sofort rauf!«, befiehlt sie harsch. Doch auch das verfängt nicht; der Junge ignoriert ihre schwächlichen Befehle. Als der Mutter das schmerzlich bewusst wird, hilft nur noch eine Kraftanleihe beim abwesenden Ehemann: »Nu warte, Bürschchen, wenn Papa nach Hause kommt, dann kannst du was erleben.«[49]

Man weiß hier nicht genau, mit wem man mehr Mitleid haben soll: mit dem genervten Steppke, der gerade nichts braucht, außer vielleicht einen Spielgefährten? Oder doch eher mit der Mutter, die sich in die Defensive manövriert hat, indem sie nicht einsehen mag, dass ihr Junge selbstgenügsam spielt und sie jetzt einfach abgemeldet ist? Um ihren Worten Taten folgen zu lassen, müsste sie den Vorfall eigentlich weiter eskalieren lassen, hinab zum Spielplatz laufen und den kleinen Oliver am Arm mit sich nach oben in die Wohnung zerren. Doch was wäre damit gewonnen, wem geholfen? Ebenso gut könnte man einem Kind, das bei Tisch wiederholt zu verstehen gegeben hat, es sei gesättigt, die Bratkartoffeln in den Mund stopfen, garniert mit den Worten, es werde schon noch lernen, Appetit zu haben, wenn die Eltern es für richtig halten. Auch in diesem Fall liefe nicht erst seit Kurzem etwas falsch.

Darüber, *warum* Olivers Mutter so ungeschickt handelt, kann trefflich spekuliert werden: Ist sie gelangweilt dort oben in ihrer Wohnung? Fühlt sie sich einsam zu Hause, womöglich in Sehnsucht nach ihrem aufgegebenen Beruf? Missbraucht sie ihr Kind gar als Partnerersatz, der ihr an Nähe und Kontakt spenden soll, was der ihr fremd gewordene Ehemann ihr längst nicht mehr gewährt? Was auch immer es ist: Indem es die Mutter dem Vater zuschiebt, nach seiner Rückkehr von der Arbeit das Kind zu strafen oder ihm die Grenzen zu zeigen, kann ihre Weste sauber bleiben, zumindest falls Feigheit und Petzerei darauf keine garstigen Flecken hinterlassen. Was einer solchen Frau alleine helfen würde, zumindest als erster Schritt, wäre anzuerkennen, dass sie auf dem falschen Weg oder überfordert ist und Hilfe braucht, womöglich nicht nur von ihrem Mann. Und vielleicht sogar ausdrücklich nicht von ihm.

Aus Sicht der Väter ist ein Manöver wie das von Olivers Mutter eine Zumutung, jedenfalls dann, wenn ihnen das Verhältnis zu ihren Kindern nicht schnuppe ist. Es mag prügelnde Männer geben, denen es nur recht ist, wenn ihnen wehrlose Opfer zugeführt werden – mitunter von Ehefrauen, die sich ihren geistig kurzgeschlossenen Lebensgefährten auf diese Weise andienen möchten. Auch das kann übel verklammerte Paare noch geraume Zeit zusammenhalten.

Zum Glück sind viele Frauen heute selbstmächtig genug, um Konflikte mit ihren Kindern auch ohne ihre Männer zu lösen. Und moderne Väter wollen ihren Kindern keine strafende Instanz sein und abends keine Urteile fällen und vollstrecken, zu denen ihren Partnerinnen nicht Frau genug waren – vom überaus fragwürdigen Sinn solcher Strafen einmal abgesehen. Nur schwache Frauen brauchen Scharfrichter an ihrer Seite; starke klären das Nötige selber und sind mit ihren Partnern darüber im Gespräch. Diese wiederum sollten sich nicht als Inquisitoren missbrauchen lassen. »Als Papa würde ich mich ganz schön är-gern, hier sozusagen den Schwarzen Peter zugeschoben zu be-kommen«, sagt die Psychologin Elke Wild. Hoffentlich ma-chen betroffene Männer das rasch deutlich. Auch mein eigener Vater hat sich gegenüber meiner Mutter einmal darüber be-schwert, dass er hin und wieder abends ahnden sollte, was ich tagsüber angeblich angestellt hatte. Bis heute rechne ich ihm das hoch an, zumal da er selbst sehr traditionell erzogen war.

Es ist vor allem nicht gut für die Kinder, den Vater als Voll-zugsbeamten oder die Mutter (auch das gibt es ja) als harsche Polizistin zu erleben, während der andere Elternteil seiner Er-ziehungsverantwortung ausweicht. Solche Rollenvorbilder tau-gen weder für Jungen noch für Mädchen. Ihre Eltern oder an-dere Erzieher ab und an ratlos zu erleben schadet hingegen weder den Kindern noch den akut überforderten Erwachsenen. So sind die Menschen eben.

Wie heisst noch mal das Zauberwort?

Erinnern Sie sich noch an die Einwortsätze Ihres Sohnes oder Ihrer Tochter? Oder hören Sie solche gerade von Ihrem Klein-kind? Mit Sätzen aus einem Wort nämlich beginnen Kinder im Alter von etwa einem Jahr, das grenzenlose Reich der Sprache zu erobern. Zum Beispiel rufen sie »Ham«, wenn sie Hunger haben, oder »Ball«, wenn sie den Ball sehen oder ihn nicht mehr erreichen, weil er weggerollt ist. Ihre Eltern sind dann immer ganz entzückt und schlagen mitunter in diversen Ratgebern nach, ob es ein erstes, untrügliches Zeichen von Hochbegabung ist, dass die kleine Sofie das Wort »Pupa« bereits mit 13,2 Mona-ten erstmals geäußert hat, und was dies für ihre spätere Universitätskarriere einmal bedeuten wird. Womöglich winkt ihr sogar der Nobelpreis für Literatur. Manche Eltern begeben sich dann auch umgehend auf die Suche nach einem guten Anbieter für sprachliche Frühförderung, da es nachgerade unverzeihlich wäre, ein solches Talent ungefördert verkümmern zu lassen. Dass Sofie mit »Pupa« in Wahrheit nicht ihre Puppe, sondern einen quersteckenden Pups gemeint hat, schmälert ihre Karrierechancen nur unwesentlich. Auch Professorinnen kennen schließlich diese lästige Form des inneren Überdrucks.

Natürlich ist solcher Elternstolz mehr als verständlich. Wir alle wollen unsere Kinder fördern und freuen uns über ihre Fortschritte. Nur übertreiben es manche auch beim Bemühen, ihrem holden Kind den Weg ins Leben zu ebnen. Dem modernen Mitteleuropäer sei die »natürliche Selbstverständlichkeit« abhandengekommen, mit denen die Menschen in früheren Zeiten ihr Leben gelebt haben, findet der Schweizer Psychoanalytiker Jürg Acklin. Zu vieles wollten wir Heutigen kontrollieren, statt mehr zu vertrauen, dass sich alles schon irgendwie ergeben wird, auch in der Erziehung. »Früher hatte man zehn oder zwölf Kinder, das einzelne Kind war nicht so mit Erwartungen besetzt wie heute.«[50] Das lag schon daran, dass bei Weitem nicht alle Kinder ihre Kindheit überlebten. Der 1685 geborene Johann Sebastian Bach zum Beispiel hatte nicht nur selbst sieben Geschwister, von denen drei nicht älter als zehn Jahre alt wurden. Auch von den sieben eigenen Kindern aus seiner ersten Ehe starben drei bald nach ihrer Geburt. Und mit seiner zweiten Frau wurden vier der 13 Nachkommen keine zwei Jahre alt, nur fünf erreichten das Erwachsenenalter. Kinder gehörten seinerzeit irgendwie zum Leben, waren aber oft keine Wunschkinder und schon gar keine Projekte, deren Fortschritte man akribisch überwachte. Oft genug waren die Eltern damals mit dem eigenen Überleben beschäftigt.

So willkommen uns die ersten verständlichen Worte unserer Kinder sind, so sehr kann der Befehlston befremden, in dem etliche der Einwortsätze bald gerufen, gekräht oder auch geschrien werden. Besonders herrisch kann das Wörtchen *haben* klingen. Neugier ist eine Triebfeder kindlicher Entdeckerfreude, und so neigen schon forsche Einjährige dazu, sich allem zu bemächtigen, was auf ihren Radarschirm gerät: »Haben!«, befehlen sie mit Blick auf den Kugelschreiber, wenn man in ihrem Beisein den Einkaufszettel schreibt, und wenn das nicht den gewünschten Erfolg hat, fordern sie bald deutlich lauter »HABEN!!! HABEN!!!« und strecken zusätzlich ihre Patschehand aus. Kreissägen können sich kaum nachdrücklicher bemerkbar machen. Das ist nicht sonderlich amüsant, und es dämmern in stolzen Müttern und Vätern erste Zweifel herauf, was bloß erst werden soll, wenn die Kleinen im Alter von 18 bis 24 Monaten bereits etwa 50 Wörter aktiv einsetzen können − geschweige denn nach ihrem zweiten Geburtstag, wenn ihr Wortschatz plötzlich immer wieder einen Riesensatz macht und wöchentlich oder gar täglich um neue Wörter wächst. Bei Spätentwicklern, zu denen etwa die Hälfte der Kleinkinder gehören, dauert es bis zum Einsetzen der sogenannten Wortschatzexplosion einige Monate oder auch ein Jahr länger.[51] Kinder sind halt keine Maschinen, die auf das zeitgerechte Ausspucken des ersten Wortes oder sonstiger Anzeichen für eine altersgerechte Entwicklung programmiert werden können. »Während das eine Kind mit zwölf Monaten die ersten Wörter spricht, lässt ein anderes die Eltern bis zu seinem 30. Lebensmonat warten«, schreibt der Kinderarzt Remo Largo. Ohnehin sei die Vielfalt bei Kindern »in jeder Hinsicht so groß, dass Normvorstellungen in der Erziehung irreführend sind«.[52]

Zweijährige Kinder sprechen oft schon Zweiwortsätze, sodass sie Wünsche noch präziser äußern können. Statt einfach nur etwas haben zu wollen, rufen sie nun: »Keks haben!« oder »Oma gehen!« Im für Oma erfreulicheren Fall bedeutet Letzteres, dass Klein-Hanni zur Großmutter möchte − und nicht etwa, dass diese schleunigst das Haus verlassen soll. Eltern begegnen den ungeduldigen Forderungen ihrer Kinder am besten mit Nachsicht. Denn Kleinkinder möchten nun einmal alles, was sie wollen, unverzüglich bekommen. Sie lernen ja gerade erst, zwischen sich selbst und anderen zu unterscheiden, was auch bedeutet, Schritt für Schritt erfahren zu müssen, dass ihre Mitmenschen keineswegs merkwürdig groß geratene Werkzeuge ihres Egos sind, also nicht bloß willenlose Erfüllungsgehilfen. Diese Einsicht ist nicht nur ein gesunder und nötiger Entwicklungsschritt weg von frühkindlicher Egozentrik, sondern auch Quell so mancher Frustration.

Jetzt ist es aber auch an der Zeit, die ersten Höflichkeitsregeln einzuüben. Wann immer die Kleinen mal wieder etwas sofort verlangen, verwenden ihre Eltern dann gerne die Nachfrage, wie denn das Zauberwort heiße. »Vielen Eltern sind gute Umgangsformen ihrer Kinder wichtig«, sagt der Entwicklungspsychologe Hartmut Kasten. Wobei kleine Jungs und Mädchen etwa bis zum vollendeten vierten Lebensjahr »bloß nachplappern«, was ihre Eltern oder Großeltern ihnen vorsagen. Erst im fünften und sechsten Lebensjahr wachse das Verständnis für andere Menschen, und die Kleinen könnten »zunehmend besser auch die Sicht von Mama und Papa einnehmen«.

Grundsätzlich gehört für Kasten der Spruch mit dem Zauberwort klar zu jenen, bei denen »vor allem der Ton die Musik macht«. Mitentscheidend für seine Wirkung ist zudem, in welche Erziehungsphilosophie er eingebettet ist und welche Umgangsformen in der Familie vorherrschen – im besten Fall natürlich freundliche und wechselseitig respektvolle. »Wenn die Frage nach dem Zauberwort wohlwollend und mit einem freundlichen Grinsen vorgetragen wird und nicht im Tonfall eines Dompteurs, der seine Kinder dressieren will, dann ist sie in Ordnung (…). Wird das Dankeschön aber kategorisch gefordert, dann ist das schlimm.« Einmal mehr sind Eltern hier Vorbilder: Wenn Kinder alltäglich erleben, wie sich Mutti bei Vati bedankt, weil er ihr den Brotkorb über den Tisch reicht, und dass umgekehrt der Vater danke sagt, wenn seine Frau ihm ein Glas Apfelschorle eingießt, dann lernen sie: Anderen zu danken versteht sich von selbst.

Und der Zauber? Für ihn können die beiden Anstandswörter durchaus sorgen. Man könne nämlich auch schon Vierjährigen sinnvoll erklären, dass »Bitte!« und »Danke!« oder das Winkewinke-Machen beim Abschied geeignete Mittel sind, »um den Onkel oder die Oma zu erfreuen«, sagt Hartmut Kasten. Ältere Kinder erfahren dann ohnehin, dass sie mit solchen Ritualen ein Lächeln in die Gesichter anderer Menschen zaubern können. Nichts anderes bezwecken Erwachsene mit ihren Gesten der Höflichkeit.

Geh sofort auf dein Zimmer!

Teil einer Mannschaft zu sein und gemeinsam mit ihr etwas zu erreichen ist etwas Großartiges: Es verbindet und lässt einen ahnen, dass die Kraft einer Gemeinschaft mehr sein kann als die Summe der Kräfte ihrer Mitglieder. Ein Mensch kann sich glücklich schätzen, wenn er das wenigstens einmal in seinem Leben erfahren hat. Mir selber ist es mehrmals vergönnt gewesen, denn vom 8. bis zum 22. Lebensjahr habe ich Fußball im Verein gespielt. Während dieser 14 Jahre war ich stets Stammspieler, einige Jahre über sogar Spielführer; fast immer bin ich mit aufgelaufen, war bei Spielen also von Anfang an dabei. Doch dann kam der Tag, als das Ungeheuerliche geschah: Wie immer hatte ich mein Trikot übergestreift und lief mich hinter dem Tor zusammen mit den anderen Spielern warm, als der neue, uns noch unvertraute Trainer mich beiseitenahm und zu mir sagte: »Heute bleibst du hintendran!« Das war seltsam formuliert, und so bedurfte es einer Rückfrage, was er denn damit meine, ob ich vielleicht heute *noch* defensiver im Mittelfeld spielen solle als üblich. »Nein«, meinte der Trainer, »der Ralf spielt heute für dich, du bleibst diesmal draußen.« Nach Jahren als feste Größe im Team fühlte sich diese Mitteilung an wie ein Blattschuss, verschlimmert noch dadurch, dass ich an den verwunderten Zuschauern vorbei in die Kabine trotten und dort mein Trikot gegen das eines Reservespielers austauschen musste. Ich gehörte nicht mehr dazu! Und das war erschütternd, auch wenn mir Fußball mit gut 21 Jahren längst nicht mehr so viel bedeutete wie noch mit 16 oder 17.[53]

Es kann sehr verstörend und kränkend sein, nicht mehr länger Teil eines gewohnten Verbundes zu sein. »Wir Menschen haben ein extrem sozial denkendes Hirn«, sagt der Göttinger Evolutionspsychologe Benjamin Lange.[54] »Wir wollen dazugehören, nicht ausgeschlossen sein.« Das nämlich hätte in der Steinzeit »unseren sicheren Tod bedeutet«. Aus demselben Grund peinigt es uns, gemobbt und aus der Firma, der Partei oder dem Chor geekelt zu werden. Unser Gehirn hat nämlich über Jahrhunderttausende hinweg gelernt, »soziale Ausgrenzung – ebenso wie körperliche Angriffe – als existenzielle Gefahr zu interpretieren« und »wie körperlichen Schmerz« wahrzunehmen.[55] Gedemütigt und dann sozial isoliert zu werden ist demnach eine Art Höchststrafe für Menschen. Hingegen fühlen wir uns gut aufgehoben und gemocht, wenn wir durch andere Resonanz erfahren, also mit dem, was wir sagen oder tun, Anklang finden und deshalb als Mitglied einer Gemeinschaft wertgeschätzt werden. Genau deshalb erwärmen Aussagen wie »Schön, dass du dabei bist!« oder »Du gehörst doch dazu!« unser Herz.

Das mag verdeutlichen, wie sich Kinder fühlen, wenn sie von ihren Eltern auf ihr Zimmer geschickt werden, aus welchem Grund auch immer. Wir mögen einen besonders schlechten Tag hinter uns haben, vielleicht sind unsere Nerven zum Zerreißen gespannt, und unser Kind hat sich einmal mehr trotzig oder ungezogen verhalten – doch wegschicken und damit aus der häuslichen Gemeinschaft ausschließen sollten wir es möglichst nicht, findet der Psychologe Hartmut Kasten. Er hält den mündlich verabreichten Platzverweis im Elternhaus sogar für »entsetzlich«. Immer wieder praktiziert, könne der Strafspruch sogar ernsten seelischen Schaden anrichten, weil die »Androhung von Liebesverlust« jedes Kind zutiefst bestürzt. Es vernehme nämlich vor allem die Botschaft: »Ich mag dich nicht mehr, geh mir aus den Augen!« Und Schlimmeres kann Kindern nicht passieren, vor allem jüngeren nicht, da sie vollständig auf ihre Eltern angewiesen sind. Werden sie nach einem Streit aufs Zimmer geschickt und dürfen sich danach eine Zeit lang nicht mehr zeigen, ist das für die Kleinen gleichbedeutend damit, etwas ganz Übles getan zu haben – etwas so Furchtbares gar, dass Mama oder Papa nicht einmal mehr den Anblick ihres eigenen Kindes ertragen.

Noch viel drakonischer war früher das Wegsperren in den Kohlenkeller oder den Schuppen auf dem Hof. Längst nicht jedes Kind konnte damit so gut und produktiv umgehen wie Astrid Lindgrens Michel aus Lönneberga, der während seiner Haftzeit diverse Holzmännchen schnitzte oder an Schnüren aufgehängte Würste verspeiste – ganz zu schweigen davon, dass der kleine Blondschopf nach einer Untat mehr oder minder freiwillig in den Tischlerschuppen flüchtete und dort einen zweiten Riegel von innen vorschob, damit sein erzürnter Vater seiner nicht habhaft werden konnte.

Setzen genervte Eltern seelisch verletzende Strafen wie die Verbannung aufs Zimmer regelmäßig oder gar wahllos ein, beim kleinsten Aufmucken, zu dem sich ihre Kinder noch durchringen, kann sie das nicht nur demütigen; es hält sie obendrein in ungesunder Abhängigkeit von ihren zentralen Bezugspersonen. Indem nämlich die Kleinen sich ohnmächtig erleben, wird die Macht der strafenden Eltern riesig. Und diese Allmächtigen haben die Möglichkeit, ihre Zuneigung jederzeit neu zu erteilen und wieder zu entziehen, was Kinder völlig verwirren kann. »Sie können sich der Liebe ihrer Eltern dann nicht mehr sicher sein«, sagt Kasten. Schlimmstenfalls werde so die Bindung zwischen Mutter, Vater und Kind nachhaltig zerrüttet.

Nicht alle Fachleute allerdings urteilen so harsch über die Anweisung, ein Kind möge für die nächste Stunde in seinem Zimmer verschwinden, weil es grob ausfallend geworden ist, buchstäblich Porzellan zerschlagen oder sein Geschwister gewürgt hat. Kinder sind manchmal außer Rand und Band und vergessen alle Regeln und guten Sitten. Der Neurobiologe, Arzt und Psychotherapeut Joachim Bauer von der Uniklinik Freiburg zum Beispiel hält »begrenzte Ausgrenzungen« unter bestimmten Umständen durchaus für hinnehmbar, um einem Kind, das sich »nicht richtig verhalten hat«, eine deutliche Rückmeldung zu geben. Als Vater zweier Kinder, »der sich einbildet, diese liebevoll aufgezogen zu haben − jedenfalls bestätigen mir das heute beide ungefragt −, würde ich nicht so weit gehen, zu sagen, dass Strafen dieser Art grundsätzlich nicht stattfinden sollten«. Allerdings komme es bei Ausgrenzungsstrafen »im Sinne einer menschlichen Erziehung« auf drei zu erfüllende Bedingungen an: Erstens müsse der Anlass »in einem angemessenen Verhältnis« zur verhängten Strafe stehen; es darf also nicht um Kinkerlitzchen gehen. Zweitens »muss eine solche Straf-Ausgrenzung in jedem Falle zeitlich begrenzt sein« und dürfe »vor allem nicht über Nacht« andauern, schon damit die innere Erregung des Kindes nicht mit in den Schlaf genommen wird, sodass es nachts allein mit Ängsten und seinem schlechten Gewissen ringen müsste. Und drittens solle dieser einschneidenden Sanktion stets ein »Versöhnungsangebot« folgen, auch dieses am besten noch vor Anbruch der Nacht.

Eines ist ohnehin entscheidend: Wenn die Beziehung zwischen Eltern und Kind auf Liebe und Wertschätzung gründet, muss ein seltener Verweis aufs Zimmer keinen dauerhaften Schaden anrichten − vor allem dann nicht, wenn das anschließende Versöhnungsangebot ans Kind genauso aufrichtig ist wie der väterliche oder mütterliche Zornesausbruch, der zum Verweis geführt hat. Bauer übrigens hat diese Strafform nie eingesetzt. »Eher habe ich mich, wenn ich über ein Kind erbost war, nach geäußerter Schelte kurzzeitig selbst zurückzogen.« Vor allem wenn man baldige Wiederkehr ankündigt, ist das am Ende wohl wirklich die bessere Variante, ganz gleich, was vorgefallen ist und über wen man sich deshalb mächtig ärgert. Zumindest von seinem Lebenspartner würde wohl kein Erwachsener bei einem Streit verlangen, aufs Zimmer zu verschwinden.

Beeil dich!

Mütter müssen immer los: zum Kindergarten, zum Friseur, zur Arbeit. Auch Väter haben es eilig, wollen *endlich* in die Ferien starten oder *sofort* vom Badesee aufbrechen, um *pünktlich* zum Länderspiel zu Hause zu sein. Kleine Kinder stören sie bei ihren durchgeplanten Vorhaben, sie kommen irgendwie immer dazwischen. Während Erwachsene sich nach der Uhr richten, leben Kinder im Hier und Jetzt; nichts ist für sie so wichtig wie *dieser* Moment. Was genervte Mütter und gestresste Väter in Meditationskursen geduldig erlernen müssen, ist ihnen von Natur aus eigen: Zeit spielt für sie keine Rolle.

Schon deshalb passen Kinder und Uhren nicht zusammen: Die einen sind immer zu langsam, die anderen gehen grundsätzlich zu schnell. Das Schneckentempo der Kleinen, ihr Versinken im Augenblick, kann die Großen schier zerreißen. »Himmel, Alexa, trödel doch nicht immer so rum!«, rufen eilige Mütter dann, wenn der Supermarkt gleich schließt, doch die Dreijährige noch immer ganz versonnen die Samen von möglichst vielen Pusteblumen im Stadtpark in den Himmel blasen möchte. »In fünf Minuten macht der Laden zu«, drängelt ihre Mama dann, als könnte ein kleines Mädchen sich vorstellen, wie schnell das bisschen Zeit verrinnen kann. Und was *ist* Zeit überhaupt?

Einem zwei oder drei Jahre alten Kleinkind kann selbst eine noch so bemühte Mutter »nicht begreiflich machen, dass sie nur einige Minuten wegbleibt, wenn sie im Keller etwas holen möchte«.[56] Schon nach Sekunden wird das Kleine sie vermissen. Frühestens mit vier Jahren entwickeln Kinder Ansätze eines Zeitgefühls. Jetzt können sie einfache Abfolgen verstehen, etwa den Satz: »Wenn du heute Mittag geschlafen hast, gehen wir auf den schönen Spielplatz unten am Fluss.« In den folgenden zwei Jahren, bis etwa zum Erreichen des Schulalters, lernt das Kind immer mehr über Zeitspannen und Chronologie. Der Schweizer Remo Largo, ein Fachmann für das Heranreifen von

Kindern, verdeutlicht es an einem Beispiel: »Ein fünfjähriges Kind, das einige Tage im Krankenhaus verbringen muss, versteht, was die Mutter meint, wenn sie abends beim Abschied zu ihm sagt: ›Morgen nach dem Frühstück bin ich wieder bei dir.‹«[57] Zwei Jahre zuvor wäre dasselbe Kind noch untröstlich und nass von Tränen im Spital zurückgeblieben. Eine Nacht allein ohne Mama oder Papa: Für einen Knirps fühlt sich das an wie eine halbe Ewigkeit, manchmal auch wie eine ganze. Kein Wunder, dass heutzutage viele Kliniken einem Elternteil anbieten, bei seinem Kleinkind zu bleiben.

Vor allem wer Kinder in ihren ersten Jahren gut begleiten möchte, benötigt eine Engelsgeduld, ohne gleich ein Engel zu sein. Wenn man ankämpft gegen ihr Lebenstempo, kann es schon quälend sein, mit einer Zweieinhalbjährigen zweihundert Meter zurückzulegen, vorbei an Blumenrabatten mit brummenden Bienen und Hummeln, einem Teich mit quakenden Enten, zwei lockenden Schaukelpferden sowie mindestens fünf schwanzwedelnden Wauwaus, von denen selbstverständlich jeder einzelne minutenlang bestaunt werden muss.

Ganz anders Erwachsene: Sie bringen es fertig, blindlings an kleinen Naturwundern wie einer Weinbergschnecke, umherwuselnden Feuerwanzen oder gar einer gut vernetzten Kreuzspinne vorbeizueilen, obwohl sie diese Tiere zuletzt vor dreißig oder vierzig Jahren eingehend betrachtet haben, wenn überhaupt jemals. Ein Kind aber findet solche Kreaturen fast immer wundervoll. Es hat Experimentierfreude mit auf die Welt gebracht und will seine Entdeckerlust »in Ruhe genießen, ausbauen, in Kreativität umsetzen«, schreiben Cornelia Nitsch und der Hirnforscher Gerald Hüther in ihrem Buch *Wie aus Kindern glückliche Erwachsene werden*. Es möchte »ein Blatt aufheben, es in seiner Hand drehen, die Form, die Adern studieren und beim Betrachten des Blattes auf die Idee kommen, dass die Hand der Großmutter mit ihren vielen Falten und Adern Ähnlichkeit mit einem Blatt hat«. Ein solches Kind brauche »Zeit für seine Studien«, für sein Staunen auch.[58]

Die Frage ist nur, wie geschäftige, von der Arbeit gestresste oder innerlich getriebene Erwachsene noch die Muße entwickeln können, Kindern ihre Zeit zu lassen. Hinzu kommt, dass 40 oder 50 Jahre alte Menschen dem altersbedingten Irrtum erliegen, so ein hundsgewöhnliches Lindenblatt oder einen Allerwelts-Marienkäfer müsse man doch nicht länger als drei Sekunden anschauen, mehr gebe es doch da gar nicht zu sehen – das Staunen wurde längst verlernt. Dabei fängt das Betrachten bei vielleicht 30 Sekunden erst an und endet dann noch lange nicht, zumal dann, wenn das Betasten, Wiegen, Beschnuppern, Streicheln und natürlich das Beknabbern und Oma-Kitzeln noch hinzukommen. Genau deshalb sind Ruhe-Oasen im Alltag mit Kindern so wichtig. Man zerstört sie, wenn man einen Vierjährigen im Zoo von den Pinguinen loseisen möchte, nur weil er die komischen Vögel nun doch wirklich »lange genug« betrachtet hat. Erwachsene starren dann immer wieder auf die Uhr: Schon sind zwanzig von den eingeplanten neunzig Minuten vergangen, und man hat die 18 Euro an Eintritt doch nicht bezahlt, um außer den Erdmännchen und dem drögen Nilpferd nur die Pinguine zu erleben. Wenn das so weitergeht mit der Trödelei, hat sich der Besuch im Tierpark doch »gar nicht rentiert«. Dabei wäre an diesem Nachmittag schon viel gewonnen, wenn das Kind nur eine *einzige* Tierart näher kennenlernen dürfte, um später zu Hause begeistert von dem Gewusel im Wasser zu erzählen, ein Pinguin-Bild zu malen, abends vom Papa eine Pinguin-Geschichte zu erbitten und Tage später im Hallenbad zwischen den Beinen der Mutter selbst wie ein wild gewordener Antarktisbewohner hin und her zu tauchen. Ist das etwa keine 18 Euro *wert?*

Wenn Erwachsene Glück haben, schaffen es ihre Kinder, sie ein bisschen zu entschleunigen; sie durchatmen und niederknien zu lassen und so vielleicht erstmals im Leben einem Mistkäfer beim Schuften auf dem Waldweg zuzuschauen oder den bizarren Moosteppich auf einem vermodernden Baumstumpf zu bewundern. Denn Wunder gibt es immer wieder, jeden Tag einen ganzen Haufen, man muss sie nur sehen wollen. Oder sehen *können*, so wie Kinder. Wer ihnen und sich dabei helfen möchte, tut gut daran, einen simplen Grundsatz zu befolgen: Weniger ist mehr! Zehn Quadratmeter Blumenwiese sind eine ganze Welt, auch wenn niemand Reisen dorthin anbietet: Es reicht, sich neben das Kind ins Gras zu legen und die Augen zu öffnen, die Seele vielleicht auch. Wer sich auf diese Weise immer wieder einmal dem Tempo der Dreijährigen anpasst, braucht abends womöglich kein Yoga mehr.

Sei pünktlich!

Ein Bekannter hat neulich mal wieder über die Unpünktlichkeit seiner Frau geklagt, die ihn seit Jahren nervt und die Belastbarkeit seiner Liebe stets von Neuem herausfordert. Sonderlich originell sind seine Klagen inzwischen nicht mehr. Doch diesmal sagte er etwas, das uns beide schallend lachen ließ: »Himmel noch mal! Wenn ich all die Zeit zusammennehme, die ich bisher zu Hause oder im Auto oder wo auch immer auf meine Frau gewartet habe, dann hätte ich damit gut und gerne noch eine zweite Ehe führen können.« Doch das Lachen über einen lockeren Umgang mit der Zeit kann einem leicht im Halse stecken bleiben, wenn man selbst davon betroffen ist. Und es kann abfärben auf die Kinder, die einen unpünktlichen Vater oder eine ständig verspätete Mutter über Jahre miterleben – mal als Profiteure, mal als Opfer. Denn das Missachten der Uhr hat ja zwei sehr unterschiedliche Seiten: Wer um drei Uhr erscheinen soll, aber in der Regel nicht vor halb oder Viertel vor vier eintrifft, kann zum Plagegeist werden, mit dem einfach nicht zu rechnen ist, oder aber zum wohlgelittenen Gast, für den man sich nicht stressen muss. Es kommt halt nur darauf an, wie man selber tickt.

Wie aber sollte man seine Kinder mit Blick auf die Uhr erziehen, damit sie fürs Leben gut gerüstet sind, und das heißt ja immer auch: für die Bedürfnisse und Erwartungen ihrer Mitmenschen? »Pünktlichkeit ist die Höflichkeit der Könige«, äußerte vor etwa zweihundert Jahren der französische Herrscher Ludwig XVIII. und prägte so ein bekanntes Sprichwort.[59] Mehr noch: Der zeitweise im deutschen Exil lebende Louis gab mit seinem Ausspruch einen wichtigen Hinweis darauf, worum es in Sachen Pünktlichkeit letztlich geht: um größtmöglichen Respekt vor Bedürfnissen, die einem erstens wunderlich vorkommen können und die man zweitens in manchen Fällen nicht einmal beachten müsste. Denn wer, wenn nicht ein König, könnte sich über die Wünsche und Empfindlichkeiten seiner schnöden Umwelt nach Lust und Laune hinwegsetzen? Das gilt, zum Glück schon etwas eingeschränkt, auch für einen Konzernlenker oder eine Chefärztin. Erst wenn der jeweils Mächtigste sich das Pünktlichkeitsgebot selbst zu eigen macht und danach lebt, kommt der ethische, Gemeinsinn stiftende Anspruch dahinter voll zum Tragen. Chefs hingegen, die ihre Mitarbeiter bei Konferenzen oder Vier-Augen-Gesprächen grundsätzlich warten lassen, sind nicht nur unhöflich, sondern beweisen in der Regel auch eine widerliche Arroganz der Macht. Außerdem geben sie ein schlechtes Beispiel ab.

Genau hier wird es für Erziehende interessant, ganz gleich, ob es sich um Lehrer oder Eltern handelt. Wer von Kindern erwartet, pünktlich zu sein oder wenigstens frühestmöglich Bescheid zu geben, dass man sich verspätet, der muss auch selbst in diesem Sinne Höflichkeit beweisen. Wenn Kinder sich an uns ein Beispiel nehmen sollen, dann müssen wir auch beispielhaft handeln – wozu gehören kann und wohl auch muss, dass wir uns deutlich ärgern dürfen, wenn unser Sohn uns versetzt oder unsere Tochter mal wieder »ganz die Zeit vergessen« hat oder »verpeilt war«. Denn so schön es sein kann, die Uhr aus dem Blick zu verlieren, wenn wir uns ganz alleine mit etwas beschäftigen und niemand uns erwartet oder mit uns rechnen muss, so unfreundlich und respektlos ist wiederholtes Zuspätkommen, wenn die Betroffenen sich auf pünktliches Erscheinen verlassen möchten. Denn darum geht es ja am Ende: um Verlässlichkeit. Sie wird von den meisten Menschen hochgeschätzt, und das aus gutem Grund. Denn menschliche Gemeinschaften können auf Dauer nur gedeihen, wenn ihre Mitglieder davon ausgehen dürfen, dass andere sich an Vereinbarungen halten. Wenn ein Gastgeber darum bittet, um 19 Uhr zum Abendessen zu erscheinen, sollten seine Gäste dies auch gewährleisten wollen, sofern sie ihr Erscheinen zugesagt haben. Handeln sie der Erwartung trotzdem mehrfach zuwider, sei es aus Schlampigkeit oder grundsätzlichen Erwägungen (»Diese kleinkarierten Spießer sollen sich mal nicht so anstellen!«), dürften sie die längste Zeit Gäste dieses Hauses oder Paares gewesen sein.

Anhand von lebensnahen Beispielen wie diesem können wir auch Kindern erklären, warum es sich gehört, die Uhr im Blick zu behalten, wenn andere uns darum bitten – zumindest in unserer Kultur. Der amerikanische Psychologe Robert Levine hat eindrucksvoll dargelegt, wie unterschiedlich viele Völker mit der Zeit umgehen und wie sehr man Menschen vor den Kopf stoßen kann, wenn man dieses nicht beachtet. Nur zwei Beispiele: Während Brasilianer im Durchschnitt offenbar bereit sind, bei einer Kindergeburtstagsfeier stolze 129 Minuten auf einen späten Gast zu warten, also gut zwei Stunden, sind solche Feste in Levines Heimatland, den USA, nach dieser Zeit oft bereits vorüber. Käme eine Kind dort 129 Minuten zu spät (und auch das ist ja nur ein brasilianischer Durchschnittswert), würde es die Party also glatt versäumen. »Ähnlich locker äußern sich Brasilianer auch über Gäste, die vor der Zeit eintreffen«, hat Levine erlebt. So könne jemand bei der schon erwähnten Feier durchschnittlich 44 Minuten zeitiger als auf der Einladung angegeben erscheinen, ehe es hieße, er sei »zu früh gekommen«. Demgegenüber zögen Gastgeber in den USA diese Grenze im Mittel bereits bei 26 Minuten.[60]

Auch solche kulturellen Unterschiede eignen sich gut, um mit Kindern über Pünktlichkeit zu sprechen. Denn nicht sie selbst ist ja der entscheidende Wert, um den es uns gehen sollte (was müssen uns schon Uhren kümmern!), sondern der an die Zeit geknüpfte Respekt vor unseren Mitmenschen. Wenn wir aus Erfahrung wissen, dass ein Gastgeber mit seinen Vorbereitungen niemals zur angegebenen Zeit fertig ist, obwohl er es gerne wäre, dann ist es höflich, um etwa jene halbe Stunde zu spät zu kommen, die er stets länger braucht. Das würde diesen Mann sehr entlasten. Und wenn unpünktliche Kinder sich damit herauszureden versuchen, in Südamerika nähmen es die Menschen »ja auch nicht so genau mit der doofen Uhr«, dann reicht ein Hinweis darauf, dass schließlich nicht Frau Sanchez dem Fräulein Tochter das Essen kocht, sondern die Frau Mama − gerne natürlich auch der Herr Papa. Und wer es sich mit ihr oder ihm nicht verscherzen möchte, sollte sich an hiesige Gepflogenheiten halten, sofern er auch künftig ein warmes Essen wünscht. Wer das im Elternhaus oder im Sportverein nicht lernt, der wird es spätestens vom ersten Vorgesetzten erfahren − und dann ist Schluss mit lustig.

Man muss immer schön die Wahrheit sagen!

Der Regionalzug windet sich durchs Tal der Saar − links Weinberge, rechts schroffe Felsen und maigrüne Mischwälder. In der Bahn sitzt ein etwa fünfjähriges Mädchen, nennen wir sie Lotte, und unterhält sich mit seiner Mutter und seinem Opa. Dieser scheint ein freundlicher Mann zu sein, ein munterer Welterklärer; durchs Zugfenster zeigt er seiner Enkelin liebevoll, was er für bemerkenswert hält. Dann fragt er sie, ob »der Babsi« heute Abend bei Lotte schlafen soll oder doch lieber im Zimmer des Opas. Offenbar meint der Großvater seinen zu Hause wartenden Hund. Das Mädchen antwortet ohne jedes Zögern: »Bei dir, weil der stinkt nämlich!« Das hat der Großvater nun wirklich nicht erwartet. Gerne behält er seinen Hund bei sich im Zimmer, aber das mit dem Stinken will er nicht auf dem geliebten Vierbeiner sitzen lassen. »Der stinkt überhaupt nicht, der riecht höchstens«, entgegnet er. Nun aber schaltet sich seine Tochter ein: »Jag sie nicht ins Bockshorn, Papa, die Lotte ist nur ehrlich. Für sie stinkt der Hund halt.« Man hätte aufstehen und die Frau umarmen können. Denn sie lässt gelten, was ihr Mädchen für wahr hält. Sie lässt ihm seine eigene *Wahrnehmung.*

Dem Sprichwort zufolge tut Kindermund die Wahrheit kund. Ganz so einfach ist es indes nicht. Denn natürlich ist die Sichtweise eines Kindes nicht an und für sich zutreffend, im Sinne einer beweisbaren, objektiven Wahrheit. Sie ist lediglich Ausdruck eines Anscheins, so wie ihn das Kind für wahr nimmt. Auch der Großvater in der Bahn vermittelt seine Sichtweise, seine eigene Wahrheit. Insofern steht es bei diesem Wettbewerb um die richtige Einschätzung des Hundegeruchs tatsächlich 1:1. Und doch ist man geneigt, die Ansicht des Kindes für stimmiger zu halten, im Sinne von: näher an der Wahrhaftigkeit. Dabei geht es nämlich nicht um Geruchsparameter, die man mit teuren Messgeräten erfassen könnte. Sondern darum, inwiefern das geäußerte Urteil näher bei dem ist, was zum einen das Kind, zum anderen der Erwachsene von ihrer jeweiligen Überzeugung preisgeben. Während der Großvater im Zug womöglich Rücksicht auf seinen geliebten Hund nimmt, als müsse er diesen verteidigen, unterstellt man dem Mädchen, dass es spontan äußert, was ihm durch den Kopf geht. Es fehlt in seinem Fall der Filter des Zumutbaren oder Schicklichen, der bei Erwachsenen meist vorgeschaltet ist – jedenfalls dann, wenn sie nicht im Sturm der Gefühle urteilen, also im Affekt.

Auf einem anderen Blatt steht, ob wir von Kindern erwarten dürfen, stets wahrhaftig zu sein. Daran kann man durchaus zweifeln, denn erstens sind Kinder keine Wahrheitsspender, auf denen man nur ein wenig herumdrücken muss, damit sie ungeschminkt äußern, was sie gerade denken, fühlen oder wollen. Vielmehr sind sie eigenständige, heranreifende Persönlichkeiten, denen grundsätzlich auch das Recht zusteht, ihre Wünsche, Meinungen und Beweggründe geheim halten zu dürfen. Eltern, die sich zu Gedankenpolizisten erheben, sollten in sich gehen und sich fragen, ob sie auch für sich selbst einen Zwang zur Wahrhaftigkeit gutheißen würden. Zweitens rücken sich auch Erwachsene die sogenannte Wahrheit gerne passend zurecht und sind – gerade gegenüber Kindern – häufig nicht ehrlich. Und nicht nur das: Sie lügen ihre Sprösslinge regelrecht an oder mogeln ihnen etwas vor, und zwar ständig, wie amerikanische Psychologen um Gail Heyman nachweisen konnten, indem sie die Wahrheitsliebe von Eltern aus den USA mit solchen aus China verglichen. Stolze 98 Prozent der chinesischen und 85 Prozent der amerikanischen Mütter und Väter räumten bei einer Befragung ein, ihren Kindern immer wieder die Unwahrheit vorzugaukeln, um unangenehmen oder kniffligen Fragen auszuweichen, erwünschtes Verhalten zu provozieren oder sich auf andere Weise das Elternleben einfacher zu machen.[61] Beliebt sind solche »Notlügen« im Spielzeugladen oder wenn es darum geht, die Kinder ins Bett zu bringen. Zu solchen Schummeleien zählen auch die Märchen von der Schnuller- und der Zahnfee, die das Kind für seinen Verzicht belohnen, beziehungsweise für ertragenen Schmerz oder überstandene Angst beim Zahnarzt. Manche Lügen sind allerdings deutlich heikler, etwa wenn Mütter behaupten, dass ein Kind hässliche Pickel bekomme, wenn es seinen Teller nicht folgsam leere.

Zu unterscheiden sind also grundsätzlich zwei Arten von Unwahrheit: Auf der einen Seite stehen verwerfliche Lügen, die Kinder ängstigen und gefügig machen sollen oder sie regelrecht für dumm verkaufen; auf der anderen harmlose Flunkereien, die den Eltern aus einem Erklärungsnotstand heraushelfen oder ihnen Stress ersparen, ohne den Kindern zu schaden. »Man kann ja schließlich einem Zweijährigen nicht sagen, dass man sein Gekrakel blöd findet«, meint auch Gail Heyman.[62]

Dennoch rät die Entwicklungspsychologin dazu, Lügen und davon schwer abzugrenzendes Schummeln nur als letztes Mittel einzusetzen und stattdessen möglichst bei der Wahrheit zu bleiben, mindestens bei einer kindgerecht verpackten. Denn es hat sich auch gezeigt, dass ältere Kinder sich zum Teil daran erinnern, was ihnen früher an Erklärungen aufgetischt worden ist. Und wenn diese Bilanz negativ ausfällt, vertrauen sie ihren Erziehern künftig eher weniger als mehr.

Weiten Abstand nehmen sollten Mütter und Väter wenigstens von Lügen wie den folgenden: »Iss dein Gemüse auf, oder du wirst bald wieder krank werden.« – »Ich habe gerade nicht genug Geld mit, um dir die Schokolade zu kaufen.« Oder auch: »Entweder kommst du jetzt mit, oder du musst allein auf dem Spielplatz zurückbleiben!« Hand aufs Herz: Würde man sein Kind wirklich alleine lassen? Und was bewirkt eine derartige Drohung? Absolut tabu sind düstere Ankündigungen wie diese: »Wenn du jetzt nicht schlafen gehst, hat die Mami dich gar nicht mehr lieb!« So etwas dürfte man nicht einmal sagen, wenn es stimmte – und zwar ausschließlich zum Wohle des Kindes. Eine echte Notlüge, wenn auch eine ziemlich traurige.

Kannst du denn keine
Ordnung halten?

Silvia liegt ständig im Clinch mit ihrer 16-jährigen Tochter. »In Miriams Zimmer sieht es immer wieder aus, als hätte eine Bombe eingeschlagen. Furchtbar!«, klagt sie. An Saubermachen sei gar nicht mehr zu denken. »Und wenn ich sie bitte, ihre Sachen im Schrank zu verstauen, wo sie hingehören, stopft sie ihre Klamotten einfach in die ohnehin schon vollen Fächer.« Laufend lasse sich irgendetwas nicht mehr auffinden, dummerweise auch wichtige Schulsachen. Die entnervte Mutter schwankt zwischen dem Bemühen, der Tochter buchstäblich ihren eigenen Raum zu lassen, und andererseits ihrem Ärger über das »heillose Durcheinander«, vor dem sie »einfach nicht die Augen verschließen« kann – auch nicht dadurch, dass sie Miriams Zimmer meidet und nicht mehr hineinschaut. Man müsse doch

»wenigstens ab und zu mal lüften«. Und dabei stößt sich die 43-Jährige förmlich jedes Mal an »diesem ›Chaos, das mich unheimlich nervt‹«.

Streit ums Aufräumen, um das Wiederherstellen der Ordnung im Kinder- und Jugendzimmer oder auch im Bad, gehört zu den klassischen Konflikten in Familien. Vor allem Jugendliche in ihrem notwendigen Bemühen, sich von den Eltern abzugrenzen, wollen sich nicht mehr vorschreiben lassen, wie es in ihrem Zimmer auszusehen hat, und kontern treffsicher: »Du mit deiner spießigen Ordnung!« Beide Seiten verrammeln sich in ihrem Schützengraben und feuern Angriffs- und Abwehrgeschosse in die gegnerischen Linien. Häufig aber ist den Beteiligten gar nicht klar, worum sie eigentlich kämpfen. Erstens wäre zu klären, was beide Seiten mit *Ordnung* eigentlich meinen und warum die Älteren sie für so wichtig halten, während die Jüngeren sie eher nebensächlich finden. Der nächste Schritt wäre dann, auf dieser Basis eine überschaubare Zahl altersgemäßer Regeln aufzustellen, die ein gedeihliches Miteinander ermöglichen. Eine penible oder durchgestylte Ordnung werden Jugendliche allerdings höchst selten erreichen können – und schon gar nicht wollen. Kleinkinder wiederum sind noch gar nicht imstande, ihre wild verstreuten Spielsachen aufzuräumen; ihnen müssen Erwachsene dabei helfen, nicht im Chaos zu versinken. Nicht selten übrigens tragen die Eltern zum beklagten Wirrwarr bei: Wer nämlich jüngere Kinder mit Spielzeug überfrachtet oder von Verwandten überschütten lässt, überfordert die Kleinen. Weniges lässt sich leichter in einige mit Bildchen markierte Kisten für »Bauklötze« oder »Autos« wegsortieren als ein Wust, den selbst 30-Jährige kaum noch entwirren könnten.[63]

Grundsätzlich müssen Kinder allmählich lernen, selbst eine Ordnung der Dinge zu entwickeln, die ihr Leben erleichtert, weil sie Überblick schafft und schnellen Zugriff gestattet. Manchmal geht das nicht anders als über konstruktives Scheitern, indem die Kinder im eigenen Zimmer auch mal ein Durcheinander produzieren dürfen, das ihnen selbst allmählich auf den Keks geht, weil es lustvolles Spielen erschwert. Wer den schwarzen gegen den roten Ritter antreten lassen will, muss die beiden Haudegen auch finden können. Wenn beim Suchen ein Lieblingsspielzeug zertreten wird, weil es verborgen unter einem Pullover oder einem Comicheft am Boden lag, sei's drum: Manchmal hilft auf dem Weg zur Erkenntnis nur die schmerzliche Härte eines Verlusts, der eine Lehre natürlich nur dann sein kann, wenn die Eltern das Verlorene nicht ersetzen – oder wenigstens nicht gleich. Und wenn das Lieblingsbuch verschüttgegangen ist und deshalb abends nicht mehr vorgelesen werden kann, mögen ruhig Tränen fließen. Denn vielleicht wird das Kind daraus ja klug und weiß nun schon viel besser, wozu Ordnung taugen kann.

In solchen Momenten kann man als Erwachsener gut erklären, dass es Zeit spart und Hektik vermeidet, wenn Dinge ihren festen Platz haben und auch in großer Eile nicht gesucht werden müssen. Auch wird der Geldbeutel geschont, denn Gegenstände, die im Gewusel unauffindbar scheinen oder tatsächlich verloren sind, müssen nicht neu gekauft werden. Das wird ein etwas älteres Kind noch eher verinnerlichen, wenn es sein eigenes Taschengeld dafür einsetzen muss. Wer nicht ordnen will, muss eben fühlen, mitunter auch blechen! Das klingt nicht nur nach einer Regel; es ist auch eine, die übrigens so lauten könnte: »Jeder ersetzt das, was durch selbstverschuldete Unordnung zu Bruch oder verloren geht.« Selbstverständlich jeder nach seinen Kräften.

Ein paar Regeln braucht jede menschliche Gemeinschaft nun einmal, also auch eine Familie. »Welche das sind, hängt ganz von der Lebenseinstellung, den Wertvorstellungen und den Erfahrungen der Eltern ab«, urteilt der dänische Familientherapeut Jesper Juul. Deshalb helfe auch kein allgemeinverbindlicher Regelkatalog im Sinne von »Zehn Geboten für ein gedeihliches Miteinander«. Für alle dienlich seien die jeweiligen Regeln obendrein nur, wenn sie »vernünftig vermittelt werden – also weder mit erhobenem Zeigefinger noch mittels Überwachung und Strafe«. Dies gelte vor allem bis etwa zum zwölften Lebensjahr eines Kindes. »Der Umgangston und die Verhaltensweisen, die Eltern in dieser Zeit praktizieren, haben entscheidenden Einfluss darauf, wie die Kinder sich später gegenüber Regeln im Allgemeinen verhalten.« Wer im scharfen Ton eines Exzerzierplatzes Kommandos erteilt, auch solche zur Ordnung, wird von den dressierten Kleinen zwar ängstliche Folgsamkeit ernten. In der Pubertät jedoch verhalten sich die Jugendlichen dann sehr wahrscheinlich äußerst aufmüpfig, sind trotzig aus Prinzip und werden wohl »auch die Kunst erlernen, überzeugend zu lügen«. Das andere Extrem sind Mütter und Väter, die aus Nachlässigkeit, Gleichgültigkeit oder Konfliktscheue erst gar keine Regeln vorgeben und ihren Kindern dadurch das Gefühl vermitteln, sie seien ihren Eltern ebenfalls schnuppe. Beim Erziehen geht es folglich um einen herausfordernden Drahtseilakt: Immer wieder ist um eine neue, altersgemäße Balance zu ringen, im offenen Dialog mit den Kindern und natürlich mit möglichst guten Argumenten.[64] Die Idee dabei ist, Heranwachsende immer gleichwürdiger und partnerschaftlicher zu behandeln und ihnen schrittweise mehr Eigenverantwortung zuzugestehen – und auch zuzumuten. Falls dies im Großen und Ganzen gelingt, erwächst daraus Vertrauen. Wenn allerdings »die Eltern bis zur Pubertät nicht gelernt haben, dass ›Erziehung‹ ein wechselseitiger Lernprozess ist, werden sie es spätestens jetzt lernen oder den Preis für die Monologe der Vergangenheit zahlen müssen«, urteilt Juul. Für beides seien die Erwachsenen verantwortlich.[65]

Bei Konflikten ums Aufräumen ist eines zu unterscheiden: Dreht es sich um Raum, den nur das Kind nutzt, oder solchen, in dem sich auch andere Familienmitglieder bewegen? Während im Gemeinschaftsbereich strengere Maßstäbe gelten, können die Eltern im Kinderzimmer eher ein Auge zudrücken – und im Jugendzimmer empfiehlt sich das sogar dringend, weil gerade Jugendliche zu einer eigenen Ordnung finden müssen, die ihren Eltern im Detail nicht einzuleuchten braucht. Natürlich dürfen sich auch in der Bude eines Pubertierenden keine verschimmelnden Abfälle oder stinkende Wäsche ansammeln, die Schulsachen müssen auffindbar sein, und der Raum muss sich lüften und säubern lassen, und zwar zunehmend vom Bewohner selbst. Niemand will in einer Wohnung leben, in der es aus einem Zimmer abstoßend müffelt oder wo auf feuchten Handtüchern Champignons wachsen.

Doch um eines sollte es beim Thema Ordnung niemals gehen: darum, wer *Recht* hat und festschreiben darf, was *ordentlich* ist und was nicht. Wenn im Badezimmer ständig verschwitzte Fußballsocken und schmutzige Schlüpfer umherliegen, dann ist es nicht entscheidend, ob das mindestens 75 Prozent der Bundesbürger für unordentlich halten würden oder eher doch nur eine winzige Minderheit. Bei den allein hier maßgeblichen Müllers oder Meiers kann es jetzt nur darum gehen, ob sich dadurch wenigstens ein Familienmitglied belästigt oder missachtet fühlt, zum Beispiel beim Sauberhalten der Wohnung. Das muss deutlich – und am besten als Ich-Botschaft – ausgesprochen werden: »Tanja, ich finde das eklig und kann so nicht in Frieden wohnen!« Daran haben dann alle anderen ihr Verhalten auszurichten, bis ein Kompromiss gefunden ist. Es geht also um Rücksicht und nicht etwa um Ordnungsdiktate, denen sich die 15-jährige Tochter schon deshalb beugen muss, weil nicht sie, sondern »wir Eltern hier das Sagen haben«. Gerungen werden muss also letztlich um eine gemeinsame Verantwortung für das Wohl aller, nicht um Macht und Unter-Ordnung. Das ist oft mühsam zu vermitteln, trägt aber weiter. Vereinbaren kann man auch Sanktionen: Bleibt das Duschsieb auch das nächste Mal voller schmieriger Haare zurück, muss der Sünder am Wochenende das ganze Bad säubern. Und natürlich gilt das auch für den nachlässigen Herrn Vater!

Statt zu zetern oder loszudonnern, ist es bei Ordnungskonflikten übrigens allemal besser, sich auch mal ehrlich ratlos zu zeigen – und dann den Sohn oder das Fräulein Tochter nach einer guten Idee zu fragen, wie *alle* im Haushalt sich wieder wohler fühlen könnten. Außerdem kann man von Kindern schwerlich Ordnungsliebe erwarten, wenn man selber in Küche oder Garage nicht aufräumt. Hier vorbildlich voranzugehen ist das Mindeste, was Eltern leisten müssen. Wer keinen sortierten Besteckkasten unterhält, sondern ein Chaos aus Messern, Korkenziehern, Ringgummis und Gabeln, möge erst einmal die eigenen Haushaltsaufgaben machen, bevor er welche vergibt.

Bist du zu deinen Freunden auch so frech?

Unter den Sprüchen, die unsere verborgenen Motive als Eltern deutlicher entlarven können, als uns lieb sein dürfte, gehört dieser zu den verräterischsten. Aus welcher Haltung wohl stellen wir als Vater oder Mutter diese Frage, was bezwecken wir mit ihr? Entscheidend ist hier nicht, dass sich unser Sohn oder unsere Tochter ungehobelt verhalten hat oder ausfällig geworden ist. Ginge es uns nur darum, könnten wir auch so reagieren: »Ich dulde nicht, dass du mir gegenüber solche Worte gebrauchst!« Oder gefühlsbetonter: »Es verletzt mich, wenn du so etwas zu mir sagst.« Offenbar geht es viel wesentlicher um unsere Hoffnung oder gar Erwartung, unser Kind und wir möchten doch bitteschön eine Freundschaft führen. Denn wäre das der Fall, würde es bestimmt freundlicher mit uns reden. Dabei müssten wir eigentlich wissen, dass auch Freunde zueinander frech sein können und bisweilen tatsächlich sind – wie alle Menschen, die einander nahekommen und deshalb ans Eingemachte rühren. Und dadurch werden unweigerlich heftige Reaktionen provoziert.

Der Knackpunkt ist hier aber ein anderer: Weder sind Eltern die Kumpel ihrer Kinder noch gilt das umgekehrt. Kinder wollen mit ihren Eltern nicht befreundet sein, sondern Rückhalt in ihnen finden, auch in der Pubertät, wobei sie es dann am wenigsten zugeben würden. Eltern wiederum müssen ihren Kindern zu deren eigenem Schutz und späterem Nutzen manchmal Einhalt gebieten, ihnen Dinge, Genüsse oder Handlungen untersagen, ihnen Stoppschilder vor die Nase setzen und sie anleiten, wo sie noch nicht selbst für sich sorgen können. Auch alles das machen Freunde nicht; höchstens raten sie uns zu oder von etwas ab, und schon das kann heikel sein. Abstrakt ausgedrückt agieren Eltern und Kinder nicht auf derselben Ebene, so zugetan sie einander hoffentlich sind. Auf Augenhöhe aber sollten Freunde sein, fand schon vor etwa 2500 Jahren der chinesische Philosoph Konfuzius, indem er riet: »Nimm dir den nicht zum Freunde, der dir nicht ebenbürtig ist.«[66]

Es mag Mütter und Väter trösten, dass ausgerechnet ungezogenes Benehmen (was immer *gezogenes* wäre) ein Zeichen dafür sein kann, dass der Nachwuchs ihnen vertraut. »Kinder und Jugendliche zeigen ihre wahren Gefühle in der Regel dort, wo sie sich am sichersten fühlen, also oft bei den Eltern«, sagt Marion Pothmann, die leitende Psychologin der Hochried-Klinik für Kinder und Jugendliche im bayerischen Murnau.[67] Die Beziehung zu Mutter und Vater drohe in der Regel »auch dann nicht verloren zu gehen, wenn das Kind sich unausstehlich zeigt«. Deshalb laden Kinder »ihren Frust zu Hause ab und muten den Eltern mehr zu als ihren Freunden«. Selbstverständlich schmeckt den Eltern das nicht, »denn sie hätten am liebsten ein positives und unkompliziertes Verhältnis zu ihrem Sohn oder ihrer Tochter«. Umso verständlicher ist ihr Frust darüber, dass ihr Kind ihnen manch böses Wort an den Kopf wirft oder auf andere Weise häufig anstrengend ist, während es Freunden »seine sonnige Seite präsentiert«.

Doch der gekränkt klingende Elternspruch hat noch einen weiteren Aspekt. Da jedes Mädchen und jeder Junge in der Pubertät eine mehr oder minder große Wandlung durchläuft, müssen Eltern in gewisser Weise Abschied von einer seit Jahren vertrauten Sichtweise nehmen. »Wenn ein Kind in die Pubertät kommt, müssen die Eltern es ein Stück weit loslassen«, sagt Pothmann. »Dadurch kommt bei manchen von ihnen Trennungs- und Verlustangst auf, was sich in dem Wunsch äußern kann, nicht durch Freunde des Kindes abgelöst zu werden, die nun immer wichtiger werden.« Natürlich wollten die allermeisten Eltern nicht, dass ihre Kinder keine Freundschaften pflegen und stattdessen weiterhin mit Vater oder Mutter ins Kino oder ins Schwimmbad gehen. »Doch manche Eltern würden insgeheim am liebsten weiterhin die wichtigsten Vertrauten ihres Kindes bleiben, und bei einigen ist deshalb unbewusst auch Neid auf die Freunde ihrer Kinder mit im Spiel.« Es kann schon helfen, sich das einzugestehen. Wir sind alle nur Menschen.

Ohne respektlose oder verletzende Frechheiten schönreden zu wollen, tun wir außerdem gut daran, auch die förderlichen Seiten eines Kindes zu würdigen, das ab und an über die Stränge schlägt oder sich im Ton vergreift. »Du kleiner Frechdachs«, sagen wir, wenn wir gut gelaunt und gelassen, womöglich sogar ein wenig stolz auf ein keckes Kind reagieren. Auf ein Menschlein immerhin, das nicht fade und angepasst daherredet, sondern eine kesse Lippe riskiert und seine Zügel austestet, wie fast alle selbstbewussten Kinder es machen – und es tun müssen, um daran zu wachsen und ein Gefühl dafür zu entwickeln, was gerade noch zulässig ist und wo verletzendes Verhalten beginnt. Im Germanischen meinte *frech* einmal so viel wie »gierig«, wandelte sich später aber einerseits zu »wild«, andererseits zu »kühn« oder »tapfer«.[68] Erkennbar ist das noch am schon erwähnten *frechen* Dachs, der auch kräftigere Feinde attackiert, wenn sie in seinen Bau eindringen, vor allem dann, wenn der Marderverwandte dort Jungtiere hütet. Und das imponiert uns.

Gegen Mut aber sollte auch bei Kindern nichts einzuwenden sein. Dennoch neigen wir dazu, aufmüpfige Kinder als freche Gören im Sinne von »böse« oder »schwierig« zu bezeichnen, und tun ihnen damit nicht nur Unrecht, sondern auch nichts Gutes. »So lernen Kinder, dass Aggression, dass Lebendigkeit unerwünscht ist«, urteilt die Schweizer Psychotherapeutin Verena Kast. »Statt lebendige Kinder erziehen wir dann depressive, ängstliche.«[69] Auch Aggression ist übrigens so ein missverstandenes, übel klingendes Wort, wo sie doch unerlässlich schon für kleine Kinder ist. Ohne Aggression würden diese es niemals wagen, sich bei passender Gelegenheit von der ebenso geliebten wie überlebenswichtigen Mutter abzuwenden, um ein Stück weit in die Welt hinauszukrabbeln, und zwar buchstäblich aggressiv. Das lateinische Verb *aggredior* bedeutet nicht umsonst: etwas in Angriff nehmen, versuchen oder beginnen.

So verstanden, ist Frechsein also nichts Schlimmes, wenn gewisse Schranken gesetzt und mit der Zeit immer verständiger gewahrt werden. Gut also, wenn Familien die Emotionen eines Kindes zulassen: nicht nur das Lächeln, das Gurren und die glucksende Freude, sondern auch Wut und Zorn. Familien, die so verfahren, müssen zwar »mehr Konflikte lösen als eine Familie, in der alles so sauber und klar geregelt ist«, räumt Kast ein. Doch dafür lernten die Kinder im günstigen Fall, wie man einen Streit beilegt.[70]

Zudem könne man in einem für Emotionen offenen Elternhaus »nicht regieren, da muss man miteinander versuchen, die anstehenden Probleme zu lösen«. Es geht oft laut und deftig zu in solchen Familien, hier tobt das pralle Leben. Viel leichter zu dominieren als freudige und lebendige Menschen sind traurige und frustrierte, was Machtbewusste auf der steten Suche nach ergebener Gefolgschaft gerne ausnutzen. Wem die Risiken übermäßiger Anpassung bewusst sind und wer deshalb versucht, seinen Kindern zwar Grenzen zu setzen, aber keine Fesseln anzulegen, schärft im Guten ihren Widerstandsgeist. Und davon kann eine streitbare Demokratie nur profitieren.

Sei nicht so faul und pack mit an!

Als mein Vater noch lebte, war unser kleiner Garten hinterm Haus ein sehr deutscher, wirkte also gepflegt und aufgeräumt. Zwar schnitt mein Miterzeuger die Rasenkante weder mit der Nagelschere noch stürzte er sich auf jeden Rotklee, der seine

Pfahlwurzel zwischen die Gräser zu treiben wagte. Doch im Blumenbeet hatte alles seinen Platz: Die Gewächse hielten gehorsam Abstand voneinander und trieben wie bunte Inseln auf einem Teich aus brauner Bodenkrume. Das gefiel auch meiner Mutter, hatte aber den lästigen Nachteil, dass die Naturgesetze in einem gewissen Widerspruch zu Vaters Gestaltungsidee standen. Die Pflanzen wucherten also bevorzugt dorthin, wo freie Erde war. So etwas verschafft ordentlichen Gärtnern Arbeit und ihren Kindern manch ungeliebten Auftrag am Nachmittag oder Wochenende.

Während ein Vierjähriger noch mächtig stolz ist, wenn er dabei helfen darf, Unkraut zu jäten (auch wenn dabei diverse Petersilien- oder Tulpensprosse zerhackt oder entwurzelt werden), versieht ein Achtjähriger dieselbe Arbeit bereits murrend. Ein durchschnittlicher Fünfzehnjähriger wiederum steht dem Frondienst am Grünzeug mit kaum verhohlenem Widerwillen gegenüber, denn schon Ordnung an sich ist ihm verdächtig. Noch schlimmer wird es für einen Jugendlichen, wenn er Wildwuchs – wie damals, im Gründungsjahr der »Grünen« – viel »ökologischer« findet. Außerdem muss nackte Erde zwischen Blumen und Büschen in heißen Sommern unnötig viel gegossen werden, was bei uns zu Hause mit Trinkwasser geschah. Zwar war solches in Deutschland auch vor über dreißig Jahren nicht knapp, doch es ging ja ums »ökologische Prinzip«.

Ohne den Beistand ihres verstorbenen Mannes lenkte meine Mutter schließlich ein und ließ die Pflanzen gewähren. Das führte im Ziergarten zu urwaldartigem Durcheinander und auf dem viel zu nährstoffreichen Rasen zur Gewaltherrschaft des Löwenzahns. Wenigstens aber war die Welt durch meine Weigerung, zu jäten und zu rupfen wie zu Vaters Lebzeiten, ein wenig »ökologischer« geworden. In Wahrheit hatte natürlich nur meine kunstvoll bemäntelte Faulheit gesiegt, noch dazu über einen Gegner, der personell entscheidend geschwächt war.

Längst nicht alle Konflikte zwischen Jugendlichen und ihren Eltern rund ums Thema »Mithilfe in Haus und Hof« nehmen einen subtilen Umweg über ideologische Debatten, denen man in meinem Fall zumindest bescheinigen konnte, auf der Höhe der Zeit gewesen zu sein, wenn nicht gar wegweisend. In aller Regel läuft das Ganze aber viel platter ab:

»Jonas, heb bitte mal deine dreckigen Fußballklamotten vor der Dusche auf!«

»Boah, nee, später vielleicht!«

»Himmel! Weder später noch vielleicht, sondern jetzt; los, her mit dir!«

»Nee, ich kann nicht – ich bin hier beim Spielen gerade im vierten Level …«

»Und ich bin gleich auf Palme sieben, wenn du nicht endlich mal mithilfst; komm sofort her!«

»Oh Manno, immer ich!« Und so weiter.

Interessant an den Debatten um den hauswirtschaftlichen Beitrag von Kindern ist deren deutlich nachlassender Eifer, sobald sie ungefähr das zehnte Lebensjahr hinter sich gebracht haben. Man könnte fast meinen, dass nach zehnjähriger Betriebszugehörigkeit eine Beförderung erwartet wird, die auch mit einem völlig anderen Jobprofil einhergeht. Ein 13-jähriges Kind verfügt zwar immer noch über ähnlich viele Verschmutzungsrechte wie ein acht Jahre jüngeres, hat aber jedes Interesse am Verursacherprinzip verloren. Während man einem Fünfjährigen noch damit schmeicheln kann, er sei »doch schon so ein großer Junge, dass du es bestimmt schaffst, deine Krümel unterm Esstisch ganz alleine wegzukehren«, hilft beim großen Bruder ein Hinweis auf seine stattliche Körpergröße keinen Deut mehr, im Gegenteil. Auf mysteriöse Weise muss bei ihm irgendwann eine Art Schubumkehr erfolgt sein, sodass ein Mehr an Jahren nun mit einem Weniger an Hilfsbereitschaft einhergeht. Sie ahnen es bereits: Das Phänomen trägt den Namen Pubertät.

Mit ihr und ihren Folgen bekommt es auch die Kölner Psychologin Elisabeth Raffauf zu tun, wann immer sie mit Müttern, Vätern und Jugendlichen zusammenarbeitet. Während

»jüngere Kinder in der Regel gerne mithelfen«, hätten Eltern bei Pubertierenden manchmal das Gefühl, sie wüssten »immer noch nicht, wo der Mülleimer steht«. Womöglich sei das ja sogar der Fall, denn »im Gehirn wird schließlich gerade alles neu verkabelt«. Deshalb rät die Erziehungsberaterin dazu, das Chaos auf der Hirnbaustelle möglichst gelassen anzunehmen: »Eltern brauchen die Geduld, ihre Pubertierenden unter Umständen jeden Tag aufs Neue wie ungelernte Arbeiter zu behandeln.« Das muss und soll auch nicht heißen, sich jeden Schlendrian und alles Nölen gefallen zu lassen, wenn man den lustlosen Sohn oder die auf dem Sofa lümmelnde Tochter wieder einmal vergebens um einen Gefallen gebeten hat. Allerdings hält Raffauf nichts davon, die trägen Teenies gebetsmühlenartig zur Hilfe anzustacheln oder ihr Anpacken mit düsteren Drohungen durchzusetzen. Besser sei es, in einem ruhigen Gespräch an ihre Einsicht zu appellieren, notfalls auch mehrmals. »Bei der Mithilfe im Haushalt geht es aus meiner Sicht darum, dass solche Aufgaben nicht nur Pflichten sind, sondern auch bedeuten, dass jeder in der Familie wichtig ist und etwas dazu beiträgt, dass das Zusammenleben gelingt.« Hierdurch werde den Kindern das Gefühl vermittelt, wichtig zu sein und dazuzugehören. Wenn sie erfahren, dass die häusliche Gemeinschaft auf ihren persönlichen Beitrag angewiesen ist, könne das sie noch am ehesten dort packen, wo Menschen fast immer zugänglich sind: bei ihrem Stolz, vielleicht auch bei ihrem Ehrgefühl. Freilich setzt auch dies ein respektvolles Miteinander schon während der Kindheit voraus.

Ein Löffel für Mami, ein Löffel für Papi

Es kann sehr mühsam sein, ein Kleinkind zu füttern. Oft sieht es eher danach aus, als wollte man es mit dem Brei aus Bio-Möhren einseifen. Dabei liegt der Fall im Grunde klar: Ein gesundes Kind mit spürbarem Appetit möchte gerne essen. Nur eben nicht immer dann, wenn die Eltern Zeit zum Füttern haben, und auch nicht immer so viel, wie Mütter und Väter für angebracht halten. Man stelle sich nur einmal vor, wir großen Menschen müssten bei jeder Mahlzeit ein Plansoll erfüllen und man ließe uns erst vom Tisch aufstehen, wenn das nährende Werk vollbracht ist. Schlimmer noch: Immer dann, wenn wir uns weigern, unser Gläschen auszulöffeln, kommt ein Riese, packt uns und schmiert uns buchstäblich Brei ums Maul.

Es kann handfeste Gründe geben, warum Kinder plötzlich anders essen als sonst. Lippenbläschen oder Entzündungen im Mund zum Beispiel und natürlich auch Magenweh oder Blähungen können jedem Menschen die Essensfreude vergällen. Ähnlich wirken unverträgliche Lebensmittel. Davon abgesehen liegen die Gründe für das Verweigern von Nahrung häufig nicht beim Kind, sondern beim Fütternden selbst. »Die Einstellungen zum Essen, die Eltern verinnerlicht haben, spiegeln sich unvermeidlich in ihrem Verhalten gegenüber dem Kind wider«, befindet die Ernährungswissenschaftlerin Stephanie Fromme.

»Wenn sie ihr eigenes Essverhalten stark kontrollieren, werden sie das auch auf ihr Kind übertragen. Wenn sie selbst überwiegend unterwegs sind und unregelmäßig essen, kann auch das Kind sich keine regelmäßigen Essenszeiten angewöhnen.«[1] Nicht selten werde dem Kleinkind der Teller vorgesetzt, »während die Mutter schon mal die Küche aufräumt oder der Vater den Fernseher einschaltet«. So etwas lenkt ab. Was die Eltern tun, ist dann viel interessanter als das liebevoll zerdrückte Äpfelchen.

Zudem ist kein Kind wie das andere; eine Binsenweisheit, die aber zu selten berücksichtigt wird. Ein Gespür dafür zu entwickeln, wie viel Klein-Lina braucht und wie viel der scheinbar nimmersatte Emil, ist mehr als hilfreich. Manche Kinder essen eben nur ein dreiviertel Glas Brei und sind dann satt. Ihnen dann mehr einflößen zu wollen wäre grober Unfug. Jedes gesunde Kind sollte mit allenfalls sanfter Hilfe von Erwachsenen herausfinden dürfen, wann es Hunger hat und wann es satt ist. Jeglicher Zwang verhindert nicht nur den Erfolg, sondern zerrüttet ein womöglich schon gestörtes Essverhalten. Deshalb ist auch die beliebte Masche heikel, die ganze Verwandtschaft zu bemühen, um dem Kind den Brei vielleicht doch noch schmackhaft zu machen. »Wenn Mami, Papi, Oma und Opa quasi immer mitessen, kann sich das Kind angewöhnen, stets zu viel zu essen, weil es kein Gespür dafür entwickelt, wann es genug ist«, warnt Ines Heindl von der Universität Flensburg.

Andere Fachleute für gesundes Essverhalten finden die Mami-Papi-Technik unumwunden »dämlich«.[2] Zudem könne dieser nur vermeintlich harmlose Kniff bei schon etwas verständigeren Kindern Schuldgefühle auslösen – dann nämlich, wenn das Kind beim Löffel für Oma Karin zwar schon satt ist, aber die Großmutter doch ebenso sehr liebt wie Onkel Michael, dessen Löffel es ja eben noch bereitwillig geschluckt hat. Also sperrt es noch einmal den Mund auf, wenn auch widerwillig. Für ein autonomes Essverhalten, das so individuell sein kann wie ein Fingerabdruck, ist es ganz entscheidend, eigene Körpersignale für Hunger oder Sattheit feinspürig wahrnehmen zu können. Nur so lernt das Kind allmählich seine wahren Bedürfnisse kennen. Wer Kinder davon mit irgendwelchen Mätzchen ablenkt, tut ihnen ganz und gar keinen Gefallen. Und noch einmal: Eine reizarme Umgebung beim Füttern auszuwählen macht es dem Kind am leichtesten, sich aufs Essen zu konzentrieren. Ein plärrendes Radio auf der Fensterbank oder ein Bruder auf dem Nachbarstuhl, der ein quiekendes neues Computerspiel eifrig ausprobiert, kann selbst Erwachsene mächtig nerven – umso mehr ein kleines Kind, das sich von Außenreizen noch nicht gut abschotten kann.

Iss, damit du gross und stark wirst!

Dirk Werner Nowitzki misst 2,13 Meter und gilt als einer der besten Basketballspieler aller Zeiten. Der in Würzburg geborene Franke verdient sein Geld nicht nur in den USA bei den Dallas Mavericks, sondern auch mit Werbung für eine Direktbank. In einem älteren Werbefilmchen betritt der blonde Hüne eine heimische Metzgerei, in der man ihn natürlich sofort erkennt. »Jesses Maria, der Dirk!«, entfährt es der entgeisterten Metzgerfrau. »Dich haben wir schon lange nicht mehr gesehen.« Dann macht sich betretenes, aber auch gespanntes Schweigen im Laden breit, das der Metzger dazu nutzt, seiner Gattin einen Fingerzeig zu geben. Sie begreift den Hinweis rasch, reicht Nowitzki mit einer langen Gabel eine Scheibe Aufschnitt und fragt ihn dann so verschmitzt wie herzlich: »Was haben wir früher immer gesagt?« Der prominente Sportler reagiert halb belustigt, halb genervt und liefert etwas nölend die richtige Antwort: »Damit du groß und stark wirst!« Während alle im Laden lachen, stopft der inzwischen 36-Jährige sich die Wurstscheibe in den Mund und lacht am Ende sogar mit.

Es dürfte viele Erwachsene geben, die sich an ähnliche Szenen in der Metzgerei erinnern, und man sieht das lieb gemeinte Anfüttern der Kinder an Fleischtheken ja auch heute noch. Banken verteilen einmal im Jahr Sparschweine an die künftige Kundschaft, Metzger eben Wurstscheiben. Der schmale Witz in dem Reklamefilm liegt natürlich darin, dass der Eindruck entsteht, als sei der kleine Dirk – falls Nowitzki denn je klein war – sehr erfolgreich mit Fleischwurst, Presssack und dergleichen aufgezogen worden. Uns interessiert hier lediglich die Wirkung des zum Essen auffordernden Spruchs auf Kinder. Dass diese nur dann ordentlich heranwachsen, wenn sie beim Essen tüchtig zulangen, stimmt natürlich insofern, als eher wenig wächst, wer jahrelang das Essen verweigert. Doch sehr viel wahrer ist das Sprüchlein nicht. Dennoch vermag es Dreikäsehochs zu beeindrucken; schließlich wollen sie ja allesamt groß und stark werden, und das lieber heute als morgen. Gerade kleine Jungs empfinden ihre körperliche Unterlegenheit beim Rangeln mit ihrem Papa oder großen Bruder als ärgerlichen Nachteil, und werden sie ihrer Schwäche wegen obendrein gehänselt, sogar als entwürdigend. Mehr oder minder unbewusst also packen Eltern ihr Kind mit dem Spruch an einer empfindlichen Stelle seines noch fragilen Selbstbewusstseins.

Die vermeintliche Weisheit hört man besonders oft von Omas und Tanten, die sich an den ausgehenden Zweiten Weltkrieg und die ersten Jahren danach noch gut erinnern. Essen war damals ein knappes Gut, und wenn sich doch einmal etwas bot, durfte man nicht lange fackeln. Wenn Großeltern ihren Enkeln beim Mittagessen oder Abendbrot noch einen tüchtigen Nachschlag schmackhaft machen oder ein drittes Stück Kuchen aufdrängen wollen, ist das demnach zwar verständlich, ebenso wie auch Eltern meist nur ihre Fürsorglichkeit (und ihren Stolz darauf) ausleben, wenn sie ihre Tochter fragen, ob sie ein weiteres Leberwurstbrot oder einen zweiten Pfannkuchen möchte. Und dennoch: Besser, die Kinder können erst einmal ihr Bedürfnis nach einer Zusatzportion selbst erspüren, als dass ihnen laufend Essen angeboten oder aufgenötigt wird.

Wobei es sich auch hier empfiehlt, nicht vorschnell zu urteilen: Was der eine als aufdringliches Anbieten empfindet, das erkennbar nach Lob heischt, ist für den anderen bloß ein Zeichen guter Gastfreundschaft. Menschen aus noch immer recht bäuerlich geprägten Regionen haben auch hier andere Gepflogenheiten als junge Städter, die es modern und lässig finden, wenn ihre Gäste sich am Kühlschrank selbst bedienen dürfen – manchmal auch müssen. Wer beispielsweise je bei älteren Siebenbürgern zu Gast war, die in manchem noch immer so denken und leben wie vor dreißig Jahren in Rumänien, versteht sofort, wovon die Rede ist. Siebenbürgische Frauen kochen und backen kaum fassbare Mengen an wohlschmeckendem Essen. Ihre Männer und sie lieben es zu sehen, wenn ihre Gäste und natürlich auch ihre Kinder sich die Bäuche vollschlagen. Erwachsene Esser dürfen das fast sicher aufkommende Völlegefühl später mit scharfen, teils doppelt gebrannten Obstschnäpsen betäuben. Ein mit den Bräuchen nicht vertrauter Gast wird die wiederholte Frage, ob er denn »wirklich nicht noch etwas essen« wolle, es sei »doch noch so viel da«, als bedrängend oder gar nervtötend empfinden. Doch Siebenbürger sind bloß daran gewöhnt, dass ihre Landsleute einen Nachschlag nicht selten mehrfach ablehnen, obwohl sie liebend gerne noch etwas essen möchten. Ein in der Bundesrepublik groß gewordener Gastgeber, der höchstens einmal nachfragt, würde Rumäniendeutsche mithin ziemlich sicher noch halb hungrig nach Hause verabschieden.

Wer übersättigte deutsche Oberschicht- und Mittelstandskinder verköstigen muss, braucht natürlich keine Überredungskünste. Sie nervt es eher, wenn sie »groß und stark« werden sollen, nur damit Oma oder Mutti ihren Hang zum Betütteln ausleben können. Wenn Kinder ihre Wünsche angemessen äußern und vor allem auch nein sagen dürfen, wird es ihnen nicht schwerfallen, sich auch solcher Attacken zu erwehren. Doch so harmlos der Iss-damit-du-Spruch klingt: Er kann dann schaden oder schon bestehenden Schaden verstärken, wenn ein Kind sich nicht um seiner selbst geliebt fühlt, sondern nur bedingte Zuneigung erfährt – nämlich lediglich dann, wenn es die Erwartungen der Eltern brav erfüllt. Solche Kinder, und auch hier vor allem wieder Jungs, können im ungünstigen Fall aus dem Spruch die Erwartung heraushören, doch bitte kein schwächliches Jüngelchen zu bleiben, kein halbes Hemd, wie es so schön gehässig heißt. Das ist ein klarer Wachstumsauftrag an jeden halbwüchsigen Kleingernegroß. Denn die versteckte Botschaft lautet: »So wie das Kind ist, scheint es noch nicht zu reichen.« So versteht sie jedenfalls Volker Bracke, der an einer psychosomatisch orientierten Fachklinik in Bad Grönenbach auch Essgestörte therapiert, deren verquere Beziehung zur Nahrung schon früh gebahnt worden ist. »Dabei wird das Wachsen ohnehin von selbst kommen«, fügt der Psychologe hinzu, »egal wie viel heute und von dieser oder jener Mahlzeit vertilgt wird.« Das ist doch ein Wort.

Gegessen wird, was auf den Tisch kommt!

»In der Not frisst der Teufel Fliegen«, weiß das Sprichwort. Darin liegt, was selten gesehen wird, eine zweigeteilte Botschaft: Erstens wächst die Palette an Lebensmitteln, die man bereit ist hinunterzuwürgen, mit der Dringlichkeit des Hungergefühls. Und zweitens macht offenbar selbst ein höllischer Unhold, der sonst vor wenig zurückschreckt, so seine Sperenzchen, wenn es ans Essen geht. Das hat der Gehörnte mit vielen Kindern gemeinsam, die auf ihrem Weg ins Erwachsenenalter die wunderlichsten kulinarischen Marotten entwickeln, auf die man erst mal kommen muss. Mein Neffe Tobias zum Beispiel bestand jahrelang darauf, sich fast ausschließlich von Butterbroten mit Schmierkäse sowie von Pizza zu ernähren, wobei der Teigfladen lediglich mit Tomatenmark oder Ketchup sowie mit etwas Streukäse belegt sein durfte. Selbst die Oregano- und Thymian-Krümel, die ich einmal hinzuzufügen wagte, pflückte er mit größter Sorgfalt wieder herunter. Trotz dieser etwas eingeschränkten Bandbreite an tolerierten Speisen und Zutaten ist aus ihm ein stattlicher junger Mann geworden, der selber gerne kocht und eine Vorliebe für mexikanische Gerichte wie Chili con Carne und alle möglichen Fajitas entwickelt hat. Sie haben dem Schmierkäse letztlich den Rang abgelaufen.

Eltern kann die Nörgelei ihrer Gören am Essen zu einer Weißglut treiben, auf der man glatt die nächste verschmähte Mahlzeit brutzeln könnte. Noch hitziger kann der Verdacht machen, dass die lieben Kinderlein ihr merkwürdiges Essverhalten vor allem am heimischen Esstisch zelebrieren, während sie in der Schulmensa, auf Kindergeburtstagen oder bei Bekannten deutlich weniger wählerisch sind. Sollten da etwa blöde Spielchen gespielt werden? Machtspiele zum Beispiel, so nach dem Motto: »Ich bin zwar die Kleinere und Jüngere von uns beiden, aber deshalb muss ich ja noch lange nicht jeden Fraß herunterschlingen, den du mir auftischst, Mutti!« Oder das Kind protestiert durch die Verweigerung des Mittagessens gegen empfundenes Unrecht, darin gar nicht so unähnlich jenen Gefangenen, die im Knast ihre Speise ablehnen, um auf ihre oder die üble Lage anderer Menschen aufmerksam zu machen.

Diese Deutung ist keineswegs abwegig. Das Essen, vor allem das gemeinsame, dient nicht nur der biologisch begründeten Kalorienzufuhr. Es ist auch ein Mittel der Kommunikation, wie nicht nur Verliebte wissen, die den Tisch hübsch decken und eine Kerze anzünden. »Kinder lernten schon ›früh‹, ihre Umwelt, insbesondere natürlich die Eltern, durch Nahrungsverweigerung zu kontrollieren«, sagt der Jenaer Psychologe Uwe Berger. Auf beklemmende Weise wird dies am Beispiel Luisas deutlich.[3] Die 15-Jährige will nicht in ein Mädcheninternat, das 80 Kilometer von daheim entfernt ist und von wo aus sie nur alle zwei Wochen nach Hause zu Besuch kommen könnte. »Ich habe keine Lust, abgeschoben zu werden, aber darüber war mit meinen Eltern nicht zu reden«, klagt die Schülerin. »Irgendwann kam ich auf die Idee mit dem extremen Abmagern, weil ich wusste, dass sie peinlich darauf achten, dass ich in jeder Hinsicht ›gut aussah‹. Sie hielten mir dann auch stundenlange Standpauken, die ich geduldig über mich ergehen ließ, weil ich spürte, dass ich sie so in der Hand hatte und dass sie mich so ›abgemagert‹, wie sie das nannten, nicht wegschicken würden.« Das Essen – oder vielmehr das Verweigern desselben – wird so zu einem drastischen Akt der Rebellion.

Ich selber aß in jungen Jahren übrigens völlig unerschrocken alles, wenn man einmal von Blumen- und Rosenkohl, gegrillten Heuschrecken, sauren Nieren, rohem Käse, Oliven, Artischocken, Weinbergschnecken und etwa 124 anderen Lebensmitteln (oder was dafür gehalten wird) absah. Heute ist es nicht viel anders; nur das Knabbern an Froschschenkeln lehne ich seit etwa dreißig Jahren kategorisch ab, weil die indonesischen Frösche einfach bessere Überlebenschancen haben, wenn keiner ihnen die Beine abhackt.[4] Die meisten Kinder sind kulinarisch nicht annähernd so weltläufig. »Das mag ich nicht«, gehört zu ihren Lieblingssprüchen, begleitet von einem angewiderten Gesicht, wie es selbst ein komödiantisch begabter Mime nicht besser hinbekäme. Allerdings bleibt die Frage, wie man sich als Vater oder Mutter in solchen Fällen verhalten sollte, ohne auf das zur Produktion von Gänse-Stopflebern übliche Verfahren des Eintrichterns mit Hilfe spezieller Magensonden zurückzugreifen oder die Kleinen auf eine Nulldiät zu setzen, die am Ende noch jeden überzeugt hat, der weiterleben wollte. Eine humanere Form der Zwangsernährung äußert sich gerne in dem noch immer beliebten Elternspruch, dass gefälligst »gegessen wird, was auf den Tisch kommt«. Dieser Aussage kann man zumindest insofern beipflichten, als das, was auf dem schmutzigen Boden oder im Mülleimer der Küche landet, eher nicht mehr verzehrt wird, aber wir wollen nicht albern werden …

Hinter dem Spruch »steht der Wunsch der Eltern, selber zu lenken, was ihre Kinder essen und wann sie es tun«, sagt Uwe Berger. Es geht dabei in der Tat um zweierlei: Die Kinder sollen

erstens zu halbwegs üblichen Tischzeiten essen und nicht etwa
ständig zwischendurch einen – obendrein meist süßen – Happen, sodass sie zu den Hauptmahlzeiten schon halb satt sind.
Und zweitens sollen sie nicht allzu naschhaft werden, sondern
schätzen lernen, was eigens für sie aufgetischt wird. Nach Bergers Ansicht besteht eine Aufgabe von Eltern darin, das Essverhalten ihrer Kinder in gewisse Bahnen zu lenken. Allerdings sei
es nicht klug, hierbei zu übertreiben. »Man sollte den Kindern
solche Essensregeln nicht wie ein ungeschriebenes Gesetz vorhalten, sondern ihnen altersgemäß erklären, warum man worauf
Wert legt.« Zum Beispiel auf die Bereitschaft, eine angebotene
Speise erst einmal zu probieren und dann zu entscheiden, ob sie
schmeckt. Es müssen ja nicht gerade in Weißwein und Zwiebeln gesottene Stierhoden oder gar fette Maden sein, wie sie das
Volk der Kombai auf Neuguinea gerne auch roh verzehrt, während die Würmchen sich noch kringeln.

Während manche Fachleute ein gewisses Verständnis für
Eltern aufbringen, die das Essverhalten ihrer Kinder regeln
möchten, lehnt der Psychotherapeut Volker Bracke ein solches
Ansinnen rundheraus ab.[5] Leider gehöre der Spruch, wonach
zu essen sei, was aufgetischt wird, zu den »miesesten, aber auch
gebräuchlichsten Machtmitteln« von Erziehungsberechtigten
und lasse »keinerlei Gespür« dafür erkennen, dass Kinder sehr
wohl wüssten, was und wie viel sie brauchen. Wer ihnen den
Essensplan vorschreiben wolle, dränge sie letztlich dazu, »sich
und die eigenen Bedürfnisse an äußere Vorgaben und Erwartungen anzupassen«, und zwar auch über das Essen hinaus. Dies
fördere ausgeprägte Essstörungen, da diese oft mit einem fehlenden Gefühl von persönlicher Eigenheit und Eigenständigkeit einhergehen.

Auch aus ethischer Sicht ist jede Form von Zwangsernährung sehr fragwürdig und deshalb abzulehnen, zumal da sie
auch nach hinten losgehen kann – oder aber, wenn man es genau nimmt, ganz entschieden nach vorne: So erzählte mir eine
Freundin, dass sie in ihrer Speisenwahl zwar grundsätzlich frei

war, einmal aber partout Brechbohnen essen sollte, die sie überhaupt nicht mochte, woraufhin genau das geschah, was schon der Name des Gemüses nahelegt: eine schöne Sauerei.

Sinnvoller erscheint eine Strategie, wie sie auch die Deutsche Gesellschaft für Ernährung empfiehlt: »Eltern sollten den Kindern Spaß, Freude und Genuss am Essen vermitteln und ihnen immer wieder unterschiedliche Lebensmittel anbieten. So lernen Kinder eine breite Geschmacksvielfalt kennen.«[6] Zwar lehnen sie ungewohnte Lebensmittel anfänglich häufig ab. Doch hier empfehle sich Geduld: »Je häufiger sie mit dem Angebot in Berührung kommen, desto eher lernen sie die Dinge kennen und auch mögen.« Am besten, Vater und Mutter leben ihren Kindern bei Tisch ganz entspannt vor, was sie selber mit Freude essen. Wer sieht, wie lecker der Papa Kohlrabi findet oder die Mama ihren Sauerkrautsaft, möchte vielleicht selbst davon probieren. Und wenn zumindest vorerst nicht, ist auch das kein Unglück. So mancher mochte als Kind partout keinen Rosenkohl und liebt ihn heute. So gesehen sind auch Stierhoden weiterhin, wie soll man sagen, eine Option.

Das Fazit: Zu erwarten, dass Kinder immer alles essen, was auf den Tisch kommt, ist kein ehrenwerter Ansatz für Erzieher. Insofern irrte auch Thomas Hahn, als er am 1. Juni 2013, dem Tag des DFB-Pokalfinales zwischen dem FC Bayern München und dem VfB Stuttgart, in der *Süddeutschen Zeitung* schrieb: »Der FC Bayern gewinnt, was auf den Tisch kommt, in dieser Hinsicht ist er gut erzogen.« Doch der Journalist wollte ja auch nur ein Witzchen machen. Und Bayern holte den dritten Titel im Laufe einer rauschhaften Saison.

Den Teller isst man leer!

Jeder Koch freut sich über leergeputzte Teller. In der Gastronomie ist das nicht anders als zu Hause. Beklommen hingegen schauen Köche auf Essgeschirr, das noch zur Hälfte gefüllt ist.

Hausfrauen und -männer beschleicht bei diesem Anblick allerdings weniger ein schlechtes Gewissen, was die eigenen Brutzel-Künste anlangt, sondern der Verdacht, ihre Kinder könnten sich bereits anderswo die Mägen gefüllt haben, und das viel eher mit Fritten oder Keksen als mit Mangold oder Birchermüesli. Da geringer Appetit zudem ein Zeichen ernster Krankheiten sein kann, legen viele Eltern bis heute großen Wert auf komplett geleerte Teller, wenn auch nicht auf abgeleckte. Und jedes Kind kennt Sprüche, mit denen Essensreste oder lustloses Herumstochern quittiert werden.

»Schön alles aufessen!«, sagt die Oma zum Beispiel zum Enkel und schickt den meteorologisch absurden Halbsatz hinterher, dann werde »das Wetter morgen gut«. Leert das Kindlein brav den Teller, belohnt so manche Mutter das mit einem Lob, das durchaus seine Tücken hat: »Da freut sich Mami aber!« Da kleine Kinder die Liebe ihrer Eltern mehr als fast alles andere brauchen, sind solche Kommentare heikel. Ziemlich rabiat hingegen ist die Vorgabe, dass Teller stets zu leeren seien. Diesen Spruch sollten Eltern »schnell einmotten«, findet Uwe Berger, der sich an der Universität Jena schwerpunktmäßig mit der Prävention von Essstörungen beschäftigt und Kindern dabei helfen möchte, eine gesunde Esskultur zu entwickeln.

Dass für so manche Eltern nur geleerte Teller gute Teller sind, weiß der Psychologe aus eigener Erfahrung. Immer wieder kann er an sich selbst feststellen, wie nachhaltig dieser Spruch aus Kindertagen auch noch Jahrzehnte später das persönliche Essverhalten steuert. Der Wissenschaftler stammt aus Heidenheim an der Brenz, einer Kleinstadt auf der Schwäbischen Alb. »Bei uns zu Hause hieß es auch, es wird aufgegessen, da bleibt keine Kartoffel auf dem Teller liegen!« Noch heute wirkt das bei ihm nach, wenn er im Gasthaus vorm gefüllten Teller sitzt. Dann ahnt er schon, dass er das dampfende Gericht kaum schaffen kann, ohne dass hinterher sein Magen drückt − oder der Ranzen spannt, wie die Alemannen sagen. Die ganze Portion zu vertilgen fordert nämlich in Thüringen besonders heraus. Die Küche dort ist so deftig wie üppig, nicht nur wegen ihrer berühmten Würste. »Als Beilage gibt es oft zwei große Klöße, was ja noch anginge, aber die werden dann auch noch in sehr nahrhafter Soße ertränkt«, wie Berger immer wieder erlebt. Wer zu Hause gelernt hat, keine Reste übrig zu lassen, kann vorm Betreten einer Schänke in Jena, Eisenach oder Weimar vorsorglich schon mal den Gürtel lockern. Kein Wunder, dass in Thüringen nach einer Studie angeblich »die dicksten Bundesbürger leben«.[7]

Die großen Portionen, wie sie in ländlichen Regionen Deutschlands bis heute üblich sind, erinnern an eine Zeit, als viele Menschen von morgens bis abends auf dem Acker oder im Bergwerk schuften mussten. »Wer auf diese Weise 4000 oder 5000 Kalorien pro Tag verbraucht, kann selbst solche Portionen verdrücken, ohne davon dick zu werden«, sagt Berger. Er selber könnte das nicht. Und deshalb bescheidet er sich an Arbeitstagen mittags extra mit kleineren Mahlzeiten, die er getrost aufessen kann. Ansonsten aber kann heutzutage schnell dickleibig werden, wer beim Schmausen stets die Platte putzt. Die meisten Menschen bewegen sich viel weniger als noch vor hundert Jahren. Wer nicht schwer arbeitet, kommt locker mit 2000–2500 Kalorien pro Tag aus. »Trotzdem macht die Nahrungsmittelindustrie die Portionen ganz gezielt immer größer«, bemängelt Berger diese Praxis. Früher habe eine Tafel Schokolade 100 Gramm gewogen, ein Schokoriegel höchstens 50; inzwischen bringen die Tafeln das Zwei- bis Dreifache auf die Waage und die Riegel etwa doppelt so viel.

Die Folge wiegt schwer: Wer es früher gewohnt war, beim Fernsehen einen Schokoriegel aufzuessen, der putzt heute ein Mehrfaches an Kalorien weg. Dasselbe lässt sich in Kinos beobachten, wo man noch in den 1970er-Jahren ein schmächtiges Tütchen Popcorn bekam und heute einen stattlichen Kübel voll – auf Wunsch mit heißer Butter übergossen, wodurch selbst schöne Filme ranzig riechen. Leider futtern die Kinder besinnungslos selbst solche Popcorn-Tröge leer.

Besonders verführerisch: Kleine Portionen sind oft relativ teuer und pflanzen einen sogenannten Ankerpreis in die Köpfe der mampfenden Kundschaft. Infolgedessen greifen die Leute lieber gleich zu scheinbar günstigen XXL-Portionen, im Kino wie im Schnellrestaurant. »Für 50 Cent mehr bekommt man dort unter Umständen die doppelte Menge an Kalorien«, kritisiert Berger die psychologische Finte. Auch deshalb gelten inzwischen mehr als 1,7 Millionen Kinder in Deutschland als übergewichtig, etwa 750 000 davon sogar als fettleibig, mit steigender Tendenz.[8]

Hinzu kommt der bedenkliche Bewegungsmangel. Viele junge Bundesbürger bewegen sich auch nach den sitzend verbrachten Stunden in der Schule oder im Betrieb »kaum noch«, warnen Sportwissenschaftler. »Während Kindheit und Jugend lange Zeit als motorisch besonders aktive Lebensphasen galten, widerlegen neuere Studien dieses Ideal: Vorschulkinder verbringen bereits mehr als 25 Prozent ihrer wachen Zeit vor dem Fernseher«, und »zunehmend mehr Heranwachsende haben keinen Spaß mehr an körperlichen Aktivitäten oder sind gänzlich sportabstinent«[9] – für die körperliche wie auch seelische Entwicklung junger Menschen ein Alarmsignal, für die künftigen Gesundheitsausgaben unserer Gesellschaft ein Menetekel.

Am günstigsten ist es für Kinder und Erwachsene, vor den Mahlzeiten ein natürliches Hungergefühl aufzubauen, also nicht ständig etwas zu knabbern, nur weil es sich gerade anbietet. Pommesbuden, Bäckereien und Döner-Läden gibt es heute in Städten alle paar Meter, also weitaus häufiger, als sich Steinzeitmenschen Beerensträucher, jagdbares Wild oder essbare Wurzeln boten. Auch wäre es gut für Kinder, schon sehr zeitig ein Gespür dafür zu entwickeln, wann sie satt sind. Rechtzeitig Messer und Gabel wegzulegen ist deshalb viel gedeihlicher, als niemals etwas übrig zu lassen, zumal da Überbleibsel vom Mittagessen oft auch am Abend und selbst anderntags noch munden, manchmal sogar besser.

Ein Kniff, um dem Nachwuchs beim Maßhalten zu helfen,

ist ganz simpel und hat damit zu tun, dass unser Auge ein rechter Mitesser ist. Eindrucksvoll demonstriert wurde das vor wenigen Jahren in einem Beitrag des WDR-Fernsehens: Dreißig Sechstklässler der Gesamtschule Leverkusen-Schlebusch, aufgeteilt in zwei gleich große Gruppen, durften mittags in der Schulkantine Pizza essen und bekamen zuvor gesagt, es gehe dabei um einen Geschmackstest. In beiden Klassenhälften waren dicke und dünne Kinder, Mädchen und Jungs sowie Viel- und Wenigesser in etwa gleich verteilt. Die eine Gruppe bekam ein 500 Gramm schweres Pizzastück auf den Teller, das doppelt so groß wie eine übliche Portion und im Grunde zu mächtig war, um von einem Kind mit gesundem Appetit bewältigt zu werden. Der zweiten Hälfte der Klasse wurde die Pizza in Stücken zu 100 Gramm vorgesetzt. Die Happen lagen auf einem Blech griffbereit auf den Kantinentischen, sodass jeder Schüler sich nach Lust und Laune davon nehmen konnte. Auch diese Kinder waren dazu angehalten, diesmal die Teller nach der Mahlzeit ausnahmsweise auf den Tischen stehen zu lassen, damit die Essensreste beider Gruppen miteinander verglichen werden konnten.

Am Ende bezeichneten sich alle Kinder als gesättigt, und es wurde ausgewogen, in welcher Gruppe sich mehr Überbleibsel fanden. Man ahnt es schon: Es war natürlich jene Klassenhälfte, für die zwar gleich viel Pizza bereitgestanden hatte, der die Leckerei aber stückweise angeboten worden war. »Die Gruppe mit den Riesenportionen auf dem Teller hatte im Durchschnitt 213 Gramm gegessen, die Selbstbedienungsgruppe nur 170 Gramm.«[10] Das entspricht einem Unterschied von satten 20 Prozent – kein schlechter Grund, um das Experiment zu Hause nachzuvollziehen und die Teller nur in Maßen zu füllen. Denn Kinder jenseits des fünften Lebensjahres essen tatsächlich mehr, wenn man ihnen mehr als nötig auf den Teller packt. Ganz wie Erwachsene auch.

Dass sich schon unsere frühen Vorfahren aus damals guten Gründen schwer damit taten, Essbares am Strauch hängen oder am Boden liegen zu lassen, kann für uns heute keine Ausrede sein, immer reinen Tisch zu machen. Uns drohen schließlich weder keulenbewehrte Futterneider noch in absehbarer Zeit Hungersnöte, für die es in der Tat recht sinnvoll wäre, sich Speckpolster anzufuttern. Außerdem haben wir für bewahrenswerte Reste gute Kühlschränke und Gefriertruhen. Den Teller leeren müssen also weder wir noch unsere Kinder. Auf den Kompost also mit dem Spruch!

Mit vollem Mund spricht man nicht

Es steht schon in der Bibel: »Wes das Herz voll ist, des geht der Mund über.« Goethe hat es dann etwas anders ausgedrückt: »Die Lust zu reden kommt zu rechter Stunde, und wahrhaft fließt das Wort aus Herz und Munde.«[11] Das mag ja so sein. Bliebe nur noch zu klären, wann die rechte Zeit gekommen ist, all das herauszuplappern, was unbedingt geäußert werden will. Einerseits ist das gemeinsame Mahl, falls es in Familien noch gepflegt wird, eine der mittlerweile sehr selten gewordenen Gelegenheiten, sich auszutauschen. Andererseits sollte die Nahrung dabei weder aus dem Munde fließen, wie bei Goethe das beherzte Wort, noch quer über den Tisch verteilt werden – außer freilich, man reicht das Essen in Schüsseln hinüber zu Vater oder Schwester. Kauen und Sprechen aber vertragen sich nicht sonderlich gut miteinander. Wer in Gesellschaft anderer Menschen speisen möchte oder muss, ist gut beraten, bestimmte Tischsitten einzuhalten, damit andere sich nicht gestört oder sogar angewidert fühlen. Man denke nur an Geschäftsessen und den großen Wert, der heute wieder auf eine gewisse Etikette gelegt wird; Benimmkurse boomen nicht von ungefähr.

Doch die beste Spruchregel taugt nichts, wenn es am guten Beispiel fehlt: Wenn Mutter und Vater beim Kauen munter palavern, können sie von ihrem Steppke kaum anderes erwarten.

Verhalten sie selber sich vorbildlich, ohne dass dies den Sohne-mann oder die Tochter beeindruckt, kann Plan B greifen: Statt des »moralisch getönten Versuchs, Erziehungsziele beim Essen unterzubringen«, raten Fachleute entweder zur gespielten, weil eigentlich überflüssigen Rückmeldung: »Was sagst du? Ich ver-stehe dich nicht!«[12] Oder die Eltern begründen ihr Eingreifen gut und weisen das Kind freundlich darauf hin, dass manche Menschen es gar nicht mögen, wenn ihr Blick auf Nahrungs-brei und eine darin herumwühlende Zunge fällt. »Die finden so was nämlich ganz eklig, und dann schmeckt ihnen das leckerste Essen nicht«, könnte ein erklärender Satz lauten. Das kapieren schon Vierjährige. Dass »man« nicht mit vollem Mund spricht, verstehen sie hingegen nicht, denn sie selbst zum Beispiel tun es ja ständig – und Kinder sind in logischem Denken überra-schend gut.

Geschickt ist es also, die Dinge quasi vom Kinde her zu den-ken. Meist setzen wir nämlich zu viel voraus, wenn wir mit klei-nen Menschen sprechen. Hier ein weiteres Beispiel: »Schon unsere Großmütter ermahnten uns, alles 32-mal zu kauen«, sagt die Flensburger Ernährungswissenschaftlerin Ines Heindl. »Das kam gar nicht gut an.« Kein Wunder, denn es klingt ein wenig nach Schikane, wenn keine bekömmlichen Gründe mitgeliefert werden. Anders wäre es im folgenden Fall: »Weißt du, Lina, wenn du ein Magen wärst, und die Zähne da oben im Mund wären immer ganz faul und hätten keine Lust zu kauen, dann müssten du und dein Freund, der liebe Darm, die ganze Arbeit beim Verdauen selber schaffen. Hättest du dazu Lust?« Wahr-scheinlich nicht. 1:0 also für uns. Doch was, wenn Lina schlag-fertig entgegnet: »Dann sag ich meinem Magen eben, er soll nicht so faul sein und sich nicht so anstellen!« Nach diesem Ausgleich zum 1:1 müssen wir argumentativ nachrüsten – oder uns besinnen, ob wir die ansonsten ja ganz entspannte Atmo-sphäre bei Tisch noch länger aufs Spiel setzen wollen. Guten Appetit noch allerseits!

Anderswo hungern die Kinder,
und du wirfst dein Pausenbrot weg!

Mit Essen spielt man nicht, heißt es. Dabei war genau das immer so schön, vor allem wenn es zu Hause Rippchen mit Püree und Sauerkraut gab. Dann nämlich konnte es losgehen mit dem beliebten Iglu-Spiel: Die auf den Teller fantasierten Eskimo – heute nennt man sie politisch korrekt, aber sachlich falsch Inuit[13] – zerschnitten den rosafarbenen Rippchen-Wal in handliche Stücke, häuften diese dann kunstvoll auf und errichteten um das Fleisch ein schützendes Schneehaus aus Kartoffelbrei. Leider brachen kurz darauf die Feinde der abwesenden Eskimo das Iglu auf und verleibten sich das Walfleisch gierig ein. Das Sauerkraut, das in Wirklichkeit natürlich Seetang war, ließen sie meist achtlos liegen.

Während das Spiel mit dem Essen bei uns zu Hause als lässliche Sünde galt, war das Wegwerfen von Lebensmitteln undenkbar, solange sie noch genießbar erschienen. Viele traditionelle Kochrezepte der deutschen Regionalküchen gründen auf Essensresten vom Vortag. Und das aus gutem Grund: Denn während die Bundesbürger 2009 nur noch knapp 10 Prozent ihres verfügbaren Einkommens für Nahrungsmittel ausgegeben haben, lag dieser Anteil Ende der 1950er Jahre noch bei rund 43 Prozent, dem mehr als Vierfachen. Schon deshalb war Essen damals, wie auch in den Zeiten davor, deutlich mehr wert als heute.[14] Man muss allerdings keine 75 oder 80 Jahre alt sein und die entbehrungsreiche Zeit kurz vor und nach dem Ende des Zweiten Weltkriegs miterlebt haben, um es empörend zu finden, dass pro Bundesbürger jährlich etwa 82 Kilogramm an Lebensmitteln im Müll landen. Davon wären 53 Kilo größtenteils noch komplett verwertbar gewesen, der Rest wenigstens zum Teil.[15] Gegen diesen – übrigens auch teuren – Missstand versucht die Bundesregierung mit der Kampagne »Zu gut für die Tonne« vorzugehen. »Wir leben in einer Überfluss- und Wegwerfgesellschaft«, sagt Verbraucherschutzministerin Ilse Aigner.

»In Deutschland und Europa wird viel zu viel weggeworfen, wertlos gemacht, vernichtet.« Es sei Zeit, unsere Lebensmittel wieder stärker wertzuschätzen.

Zum offiziell erwünschten Bewusstseinswandel können Eltern maßgeblich beitragen. Allerdings hat es seine Tücken, wenn sie dabei auf den Hunger in der Welt verweisen. Kein junger Afrikaner stirbt an Nahrungsmangel, weil ein deutsches, englisches oder französisches Kind seine Mohnschnecke oder seine Bratwurst nicht aufisst. Fachleute bezweifeln sehr, dass moralische Appelle hier fruchten.[16] Und schon gar nicht sollte man Kindern unbedacht eine Schuld am Hungertod anderer einreden, etwa so: »Wenn du dein Brot wegschmeißt, müssen kleine Afrikaner hungern.« Sehen hiesige Kinder dann im Fernsehen abgemagerte oder bereits sterbende Altersgenossen, ziehen sie in ihrer Naivität daraus leicht den Schluss, sie selber hätten einige Menschenleben auf dem Gewissen, nur weil sie ein paar Mal ihre Schinkenstulle im Abfalleimer entsorgt haben.

Sinnvoll hingegen ist die Botschaft, dass Nahrung wertvoll und nicht zum Wegwerfen da ist. Diesen Aspekt darf man Kindern getrost in altersgerechter Sprache näherbringen – etwa, indem man auf die anstrengende Arbeit der Bauern, Bäcker oder Obstpflücker verweist, die ja in allen Lebensmitteln steckt. Und darüber, wie zu Hause mit dem Essen verfahren wird, kann sich jede Familie ihre eigenen Gedanken machen und die Kinder dabei einbinden. Vielleicht haben nicht nur Pubertierende, sondern auch ihre kleineren Geschwister bereits verblüffend einfache Ideen, wie sich das Wegwerfen von Brot, Wurst und Obst vermeiden lässt. Und stolz auf ihre brauchbaren Einfälle könnten sie nach so einer hauswirtschaftlichen Familienkonferenz auch noch sein. Genau das motiviert am besten, viel besser jedenfalls als der erhobene Zeigefinger.

Davor musst du doch keine Angst haben!

Das Geschäft erforderte regelmäßig einen gebührenden Abschluss, doch was sollte er tun? Da oben im Wasserkasten unter der Decke hausten Monster, die sich grollend meldeten, wann immer er an der Kordel zog. Bevor die grimmigen Gesellen sich mit Getöse durchs Wasserrohr zu ihm herabstürzen konnten, sah Peter zu, dass er den Toilettenraum verließ, so schnell er konnte. Dieser Teil seines Elternhauses blieb dem Jungen jedenfalls lange Zeit ungeheuer.

Jeder Mensch hat vor irgendwelchen Dingen Angst, vor denen sich viele seiner Zeitgenossen überhaupt nicht fürchten. Mich zum Beispiel würde niemand dazu bringen, übrigens auch für kein Geld der Welt, zwischen Tigerhaien zu tauchen oder mich von einem Fernsehturm zu stürzen, gesichert nur durch ein lächerliches Gummiseil. So etwas muss man mögen. Was auch immer einen persönlich schreckt: Hilfreich ist es meistens schon zu wissen, woher die jeweilige Furcht rührt, denn seinen Angstgegner zu kennen, schwächt ihn schon etwas. Mein bis heute nicht völlig verschwundenes Unbehagen beim Anblick größerer Hunde zum Beispiel dürfte daher kommen, dass auf dem Weg zu Großmutters Haus ein Hoftor zu passieren war, hinter dem ein übellauniger Hund sein Dasein fristete. Oftmals, wenn ich an dem Metalltor vorbeilief, erschreckte er mich mit seinem Bellen fast zu Tode; noch heute sehe ich die gebleckten Zähne, wenn sich die halb geöffnete Hundeschnauze bedrohlich in den handbreiten Spalt zwischen Tor und Erdboden schob.

Neben Ängsten, die uns von Natur aus befallen können, weil diese Reaktion schon für unsere Vorfahren sinnvoll war, legen wir uns andere durch einschneidende Erlebnisse erst zu. Manche Männer zum Beispiel wagen es nicht mehr, öffentliche Urinale zu benutzen, weil sie bei pubertären Weitpinkel-Wettbewerben keinen Strahl zustande bekommen haben, sondern allenfalls ein kümmerliches Tröpfeln. Geschieht dies mehrfach, noch dazu unter dem Gespött der Mitbewerber, kann sich die als Versagen erlebte Harnverhaltung zu einer sozialen Phobie verfestigen, sodass im Beisein anderer kein Urin mehr fließt.[1] Andere Ängste übernehmen wir von unseren Eltern und weiteren wichtigen Bezugspersonen, indem wir uns mit ihnen und ihrem Erleben identifizieren. Auf diese Weise können wir uns Ängstlichkeit gerade von unserem ersten und wichtigsten Vorbild abschauen. Wie dies abläuft, erklärt Egon Fabian, Chefarzt einer Münchner Spezialklinik für seelische Leiden, in der auch Menschen mit Angststörungen Hilfe finden: »Das Kind spürt, wenn die Mutter beim Anblick eines Hundes zusammenzuckt, und übernimmt durch Identifikation die Furcht vor ihm, ohne jemals eine eigene schlechte Erfahrung mit einem Hund gemacht zu haben.«[2] Derlei geschieht unabhängig davon, wie groß die individuelle Angstbereitschaft eines Menschen ist.

Diese Ängstlichkeit wiederum ist nach heutigem Verständnis teils ererbt, teils wird sie dem Fötus schon im Mutterleib oder später dem Kind und dem Erwachsenen durch massive oder aber wiederholte, weniger starke Angststress-Erlebnisse eingeprägt. So werden einige von uns nach und nach zu überängstlichen Menschen regelrecht konditioniert, können diese Neigung aber zum Glück durch therapeutische Maßnahmen auch wieder verlernen oder zumindest besser in den Griff bekommen.

Eltern, welche die Ängste ihrer Kinder ernst nehmen, verstehen sie in aller Regel auch – natürlich nicht in allen biochemischen Details, doch dessen bedarf es auch nicht. Es reicht völlig, wenn sie mitfühlen können und intuitiv erfassen, was zu tun ist. Das schaffen häufig solche Mütter und Väter leider nicht, deren »eigene Angst in der Kindheit nicht verstanden oder sogar aktiv unterdrückt wurde; sie wiederholen ihre eigene Erfahrung mit der Angst, so wie sie auch ihre Erfahrungen mit Aggression und Gewalt wiederholen«. Solche Eltern »gehen der Angst des Kindes aus dem Weg, weil sie die eigene Angst nicht spüren wollen«.[3] Auf diese Weise können mehrere aufeinanderfolgende Generationen in einer Familie verkettet sein; es gibt also buchstäblich so etwas wie eine familiäre Angsttradition. Wer sie bewusst zu unterbrechen weiß, indem er sich bemüht, die Ängste seiner Kinder zu erfassen und angemessen auf sie einzugehen, kann sich darauf einiges zugutehalten und hilft damit nicht nur seinem Sohn oder seiner Tochter, sondern auch deren Kindern und Enkeln.

Was also können Eltern tun? Natürlich *muss* ein Kind nachts keine Angst vor sich bewegenden Schatten an der Wand seines Zimmers haben, auch nicht vor einer Ameise oder einem übermütigen Rehpinscher. Doch ihnen das, wiewohl in bester Absicht, einzuschärfen führt nicht ans Ziel. Sehr viel eher aber das, was Egon Fabian aus langjähriger Erfahrung empfiehlt: Eltern tun gut daran, die Ängste des Säuglings oder Kindes für wahr zu nehmen und »freundlich und sicherheitsgebend« darauf zu reagieren. Auf keinen Fall aber sollten sie die Furcht ihres Kindes »aus ideologischen oder anderen Gründen unterdrücken oder ignorieren« – oder noch schlimmer: sie verächtlich machen. Denn dann fühlt sich das Kind leicht »beschämt und verachtet, weil es die Gefahr nicht hatte abschätzen können, und es wird diese Gefühle bei der nächsten Gelegenheit einem noch kleineren Kind weitergeben«, schrieb die Psychoanalytikerin Alice Miller in ihrem vielzitierten Buch über das *Drama des begabten Kindes*.[4] Fast jedes Kind habe die Erfahrung machen müssen, dass man sich »über seine Angst lustig macht«. Wollen Eltern ihren Kindern das ersparen, setzt das allerdings voraus, dass sie ihre eigenen Ängste kennen oder mutig bereit sind, sie kennenzulernen.

Angst wird schon ein wenig erträglicher, wenn sie angenommen wird und einfach erst einmal da sein darf. Außerdem ist jede Angst, auch die eines Dreijährigen, sehr interessant, und nur das Kind vermag zu ahnen, was an knarrenden Bodendielen oder einem Krabbeltier so furchterregend sein kann. Statt ihm also von oben herab die Angst vor »so einer winzigen Spinne« ausreden zu wollen, wäre es viel sinnvoller, erhellende Fragen zu stellen: »Was macht dir denn Angst, Tim?« Oder: »Wieso fürchtest du dich vor der Fliege, Sandra?« Denn jede Angst schmilzt schon dadurch ein wenig dahin, wenn man einem Schutz gewährenden oder vertrauten Menschen davon berichten kann. Das ist bei einem Dreikäsehoch nicht anders als bei einem Erwachsenen.

Nachdem die Angst erst einmal begrüßt statt zurückgewiesen worden ist, kann es in einem zweiten Schritt darum gehen, sie noch weiter aufzulösen, falls sie ein Hirngespinst und deshalb nicht sinnvoll ist. Dazu ist es erforderlich, sich dem, was uns Angst macht, immer wieder auszusetzen. Nur so engen wir unser Leben nicht unnötig ein, denn Angst kommt nicht nur wortgeschichtlich von Enge. »Wahre Freiheit findet man, wenn man die Dinge tut, vor denen man sich am meisten fürchtet«, befand die Psychiaterin Elisabeth Kübler-Ross. »Es ist die Angst selbst, die uns so viel Unglück im Leben bringt, nicht die Dinge, vor denen wir uns fürchten.«[5] Und Verena Kast, eine andere Fachfrau für den Umgang mit inneren Unruhestiftern, erkennt mutige Menschen »auch daran, dass sie sich zu ihrer Angst bekennen und trotzdem das sie Ängstigende in Angriff nehmen«.[6] Das stimmt schon deshalb, weil Mut ohne Angst so arbeitslos bleibt wie eine Fußballmannschaft, deren Gegner nicht erschienen ist.

Was ist aus all dem zu lernen? Eltern können ihren Kindern

einen der größtmöglichen Liebes- und Lebensdienste erweisen, wenn sie ihnen über ihre alterstypischen Befürchtungen hinweghelfen: erstens, indem sie das Kind und seine Ängste ernst nehmen, zweitens, indem sie gemeinsam mit ihm erkunden, was da eigentlich so viel Furcht einflößt und ob das wirklich so schrecklich ist, wie es sich anfühlt. Gut möglich, dass der Angstauslöser mit der Zeit alles Erschreckende verliert und das Kind nun buchstäblich *weiter* leben kann – im Sinne von erweitert und weniger eng. Was für ein Gewinn für die Zukunft!

Es ist noch kein Meister vom Himmel gefallen!

Henning Stumpp liebt es, vom Himmel zu fallen. Der 47-Jährige ist mehrfacher Deutscher Meister im Freifall-Formationsspringen und hat seit 1987, als es erstmals abwärts mit ihm ging, über 7000 Sprünge absolviert, darunter auch etliche im Achter-Team der Nationalmannschaft. Bis man es wagt, sich aus über dreieinhalb Kilometern Höhe hinabzustürzen, muss man mehrmals tief Luft holen, doch die richtige Arbeit beginnt erst dann: die »Arbeit auf der Luft« nämlich, wie Kenner sich ausdrücken. Der Widerstand des Luftpolsters fühle sich so ähnlich an, »wie wenn man beim Autofahren die Hand aus dem Wagenfenster hält«, sagt Stumpp. Es ist wie ein Ritt auf etwas Unsichtbarem, doch Luft ist beileibe kein Nichts, sonst könnte niemand, der durch sie hinabstürzt, seinen Fallweg beeinflussen.

Anfänger müssen beim Steuern allerdings lernen umzudenken: Ein Fußgänger, der nach links will, macht intuitiv einen Schritt dorthin. »Wenn ich das aber im freien Fall tue oder auch nur mit der Hand nach links greife, passiert genau das Gegenteil, weil dann die Anströmung auf der linken Seite zunimmt und ich in die entgegengesetzte Richtung, also nach rechts, geblasen werde«, erklärt der aus Darmstadt stammende Hesse das Problem. Ihr Ziel steuern die Springer allerdings so richtig erst dann an, wenn sie nach Öffnen des Schirms in einer Höhe von etwa 900 Metern zu Boden schweben.

Auch Stumpp musste viel trainieren und über tausendmal springen, bis er 1996 erstmals den Meistertitel errang, zusammen mit sieben weiteren Springern und dem obligatorischen Video-Mann, der alles Nötige für die Auswertung des Versuchs aufzeichnet. Ohnehin sei Übung in seinem Sport fast alles. Die am besten eingestellten Teams besiegen in der Regel die weniger geübten, da helfe dann auch »kein glücklicher Tag, um solche Leistungsunterschiede wettzumachen«. Dennoch klappt auch bei Profis nicht immer alles wie am Schnürchen, weder im Freifall noch bei der Fahrt am Fallschirm. »Es bleibt nicht aus, dass ein Schirm mal nicht aufgeht.« Doch für solche Notfälle gibt es ja Plan B: Viermal musste der 1. Vizepräsident des Deutschen Fallschirmsportverbandes den Reserveschirm bisher öffnen. Dann gilt es, Ruhe zu bewahren, und auch hier hilft jahrelanges Training. Aller Anfang ist hingegen schwer. Was immer wir lernen, ist zunächst neu für unser Gehirn, und das heißt: Bis ein Handgriff sitzt oder eine englische Vokabel mühelos erinnert wird, müssen sich etliche dabei aktive Nervenzellen in unserer Kommandozentrale miteinander verschalten. Erst dann profitieren wir von einer fast automatisch ablaufenden *Routine*. Im Französischen bedeutet dieser Begriff so viel wie »Wegerfahrung«, was sehr treffend ist. In der Tat nämlich greifen wir bei Routineaufgaben auf Nervennetzwerke zurück, die oft benutzt werden und deshalb eng miteinander verknüpft sind. In unserer Großhirnrinde zum Beispiel, wo die Informationen der Sinnesorgane verarbeitet und gespeichert werden, kann eine Nervenzelle über feine Äste (sogenannte Synapsen) mit schätzungsweise zwanzigtausend anderen Nervenzellen verbunden sein, und dies gleich mehrfach.[7]

Je öfter zwei benachbarte Zellen miteinander verschaltet sind, umso enger kooperieren sie, doch dieser enge Verbund ist auch wieder umkehrbar, wenn die Zusammenarbeit sich erübrigt hat. Denn Verbindungen, die nicht mehr benötigt werden, kappt unser Gehirn in aller Regel. Dann verlernen wir etwas, werden allmählich immer weniger geschickt oder vergesslich, was alle kennen, die eine Telefonnummer schon seit Längerem nicht mehr eintippen, sondern per Tastendruck aus dem Nummernspeicher abrufen: Am Ende sind wir außerstande, die früher mühelos erinnerte Nummer selbst zu wählen. Hirnforscher sprechen hier von dem Prinzip »Use it or lose it!«, zu deutsch: »Benutze oder verliere es!« Eifrig kooperierende Nervenzellen sind aber nicht nur fein miteinander verdrahtet; ihre Kontaktstellen tauschen auch besonders effizient und flink Informationen aus. Fachleute sagen dann, ihr Kontakt sei gut *gebahnt*. Über solche Hirn-Autobahnen wickeln wir all das ab, was wir inzwischen kinderleicht finden, sei es die Rechnung »3 mal 3« oder das Schalten und Kuppeln beim Autofahren nach vielen Jahren am Steuer. Elektrische Reize werden auf diesen gut ausgebauten Fahrstraßen sehr zügig weitergeleitet, alles fließt wie von selbst dahin. Wir nutzen dabei *eingefahrene* Programme, die wir auch Denkmuster nennen.[8]

Was hingegen erst selten gedacht oder ausgeführt worden ist, geht schwer voran; der Ablauf gleicht dem Dahinzockeln auf einem holprigen Feldweg, weil die Zusammenarbeit zwischen den benötigten Nervenzellen noch längst nicht wie am Schnürchen läuft. Genau das ist übrigens der Grund dafür, dass wir von alten Gewohnheiten nur mühsam lassen können, leider auch von schlechten. Der Rückfall in ein vertrautes Denkmuster ist nichts anderes als das Umschwenken vom Holperweg zurück auf den bequemen Boulevard. Dieser Verlockung zu entrinnen ist nicht leicht, doch wer es wirklich möchte, kann es schaffen. Übung macht auch hier den Meister.

Nicht immer trösten solche Sprüche. Gerade ältere Kinder können es sich sehr zu Herzen nehmen, wenn ihnen etwas misslingt, was ihnen wichtig erscheint. Ein verkorkstes Gemälde mit Wasserfarben, ein vergebener Elf- oder Siebenmeter oder eine Fünf im Deutschaufsatz, weil das Thema verfehlt wurde: Was immer an enttäuschenden Anlässen denkbar ist, kann die

Ursache tiefer Selbstanklagen sein, umso mehr, je ehrgeiziger ein Kind ist oder je leistungsorientierter seine Eltern es erzogen haben. Jetzt kommt es darauf an, wie gut ihm nahe Menschen Trost spenden, ihm aufhelfen können. Dies gelingt desto besser, je menschenfreundlicher die Fehlerkultur in seinem Umfeld ist. Im schlechtesten Fall sind Fehler verpönt, weil sie als Ausweis für Ungeschick, mangelndes Talent oder dürftige Intelligenz gelten, vielleicht auch für Faulheit. Wer so denkt, hat diese Sichtweise oft von den eigenen Eltern übernommen; ein ehrlicher Rückblick kann dies erhellen. Wenn das Kind hingegen Glück hat, gelten Fehler in seiner Familie oder an seiner Schule als Gelegenheiten zu tieferer Einsicht und als Chance, in Zukunft geschickter vorzugehen.

Das Sprichwort vom Meister, der hart arbeiten muss, statt gottgesandt vom Himmel zu fallen, kann hilfreich sein, wenn es gelingt, dem Kind die Lehre erfahrbar zu machen, die sich darin verbirgt. Warum nicht Meister Eder bemühen, wenn der Junge oder das Mädchen den Kobold Pumuckl kennt, und ihm dann verdeutlichen, dass der alte Schreiner nur deshalb so gute Schubladen oder Kommoden zimmern kann, weil er sich fast ein Leben lang darin geübt hat. Am besten aber erzählt man von den eigenen Anlaufschwierigkeiten, das Koordinatensystem zu begreifen, den Hefeteig hinzubekommen oder den Felgaufschwung auszuführen: »Es war furchtbar, wie ein nasser Sack hab ich die ersten Male am Reck gehangen.« Und dann lacht man gemeinsam und staunt darüber, dass es am Ende doch noch geklappt hat, die Schwerkraft zu überwinden. Wie heißt es doch im zweiten Teil von Goethes *Faust* so schön: »Wer immer strebend sich bemüht, den können wir erlösen« – sogar von den Tücken mancher Turngeräte.

Tröstlicher als jeder Spruch sind solche Geschichten von eigenem Versagen und eigener Not. Wenig nämlich kann von sich selbst enttäuschte Kinder so wirksam aufmuntern wie eine Respektsperson, die sich anfangs ebenfalls plagen musste und aus der trotzdem noch etwas geworden ist. Und noch etwas können wir Kindern vermitteln: Schnelle Erfolge mögen beglücken, doch klüger macht uns eher das Scheitern. Denn wer es ergründet hat, erkennt, *was* alles schiefgehen kann, worin ein Zugewinn an Verständnis liegt, der Naturtalenten versagt bleibt. Schließlich wissen sie gar nichts von ihrem Glück, jedenfalls nichts von seinen Gründen.

Die Drei ist die Eins des kleinen Mannes!

Selten kommt es so sehr darauf an wie bei dieser sprichwörtlichen Redensart, *wer* sie äußert. Wunderbar, wenn ein Schüler selbst ausreichend innere Distanz zum eher mittelmäßigen Abschneiden bei einer Französisch-Klausur aufbringen kann, um daheim überraschte Reaktionen, er sei »doch sonst viel besser«, mit diesem Spruch zu parieren. Doch die Lage ändert sich dramatisch, wenn ihn der »blöde Dreier« furchtbar grämt, weil er fest mit einer Eins gerechnet hat – und dann kommt ihm sein älterer Bruder oder seine Mutter mit dieser meist gut gemeinten Trostformel. Eine Drei als Eins? Ein kleiner Mann? Und so etwas soll trösten?

Über den Sinn und Unsinn von Schulnoten kann man lange debattieren; an dieser Stelle nur so viel: Die Leistung eines Schülers im Fach Englisch über ein Schulhalbjahr hinweg nur durch eine einzige Ziffer auf dem Zeugnis auszudrücken kann niemals mehr als eine Krücke sein bei dem Ansinnen, dem Leistungsstand auch nur halbwegs gerecht werden zu wollen. Zu viele Aspekte gehen in diese eine Note ein, und manche bleiben unberücksichtigt. Zweitens sind zwei Schüler mit einer Zwei im selben Fach natürlich nicht wirklich gleich gut auf diesem Gebiet, sondern weisen im Englischen jeweils persönliche Stärken und Schwächen auf, die allesamt in die Note einfließen, so etwa Mitarbeit, Wortschatz oder Sprachfertigkeit. Drittens verteilen unterschiedliche Lehrer nachweislich unterschiedliche

Zensuren für dieselben Klassenarbeiten oder Abiturprüfungen. Das alles wissen Kinder in der Regel nicht, wenn sie die jeweilige Note unter ihrer Klassenarbeit entdecken. Und schon gar nicht wissen sie etwas von absoluter und relativer Leistung: Natürlich ist eine Eins in Physik höchstwahrscheinlich die Zensur für größere Könnerschaft (zumindest am Klausurtag) als eine Drei. Doch der schwächer benotete Schüler kann sich immense Mühe gegeben, viel gelernt und seine Angst vor der Klausur heldenhaft niedergerungen haben, um endlich von seiner Fünf herunterzukommen, während sein Klassenkamerad mit der Eins wieder einmal mit Spaß zur Sache ging und vorzeitig abgeben konnte. Große Fortschritte gemacht hat allein der schwächere Schüler; die bessere Note hat das Physik-Ass erhalten – wer also hat diesmal die löblichere Leistung erbracht? Die üblichen Schulnoten bewerten so etwas nicht, und nicht umsonst führen Noten-Kritiker auch diesen blinden Fleck gegen schlichte Zensuren ins Feld.[9]

Immerhin kommen Noten dem Bedürfnis von Kindern entgegen, ihre Leistungen einordnen zu können und sich mit Mitschülern oder Freunden zu messen. »Kinder brauchen Noten – oder sagen wir: Anerkennung und Bestätigung«, urteilt der Erziehungswissenschaftler Volker Ladenthin, der selbst Gymnasiallehrer war. »Sie brauchen Bestätigung, weil sie wissen müssen, ob das, was sie gemacht haben, richtig und gut war.« Sie wollen die Rückmeldung: »Habe ich richtig gerechnet? Habe ich toll gedribbelt?« Aus demselben Grund reckt der Torschütze vor dem Fanblock seiner Mannschaft triumphierend die Faust und blickt die jubelnden Zuschauer an: Er fordert ihr Urteil heraus. Doch auch Ladenthin verweist auf den wichtigen Unterschied zwischen ergebnis- oder anstrengungsbezogener Leistung. Für beide Spielarten erwarte der Mensch, gelobt und anerkannt zu werden. Und dies völlig zu Recht, »denn auch wenn uns etwas nicht gelingt, wir uns aber Mühe gegeben haben, ist das höher zu bewerten, als wenn wir uns erst gar nicht bemüht hätten«. Darauf spiele auch der Spruch an, wonach die Drei die Eins des kleinen Mannes ist. »Er betont den Anstrengungsbezug, verteilt Lob dafür, dass jemand sein Bestes gegeben hat – auch wenn er objektiv nicht zur Leistungsspitze gehört«.

Faire Eltern berücksichtigen immer beide Aspekte, wenn ihr Kind mit einer nicht so berauschenden Zensur nach Hause kommt. »Natürlich reicht es nicht aus, sich nur bemüht zu haben«, sagt der Bonner Hochschullehrer. Aber ohne Bemühen, ohne Leistungsbereitschaft entstehe gar nichts. »Man sollte also das mäßige Ergebnis, das trotz großen Bemühens erreicht wurde, nicht schönreden; aber man sollte auch wegen des schlechteren Ergebnisses das Bemühen nicht missachten.« Man kann also sehr wohl den Einsatz des Kindes würdigen und doch das mäßige Ergebnis bedauern, am besten gemeinsam mit ihm. Dies umso mehr, je eher es unter seinen Möglichkeiten geblieben ist und dies selbst weiß.

Hat das Kind hingegen eine überraschend gute Note oder beim Basketball viele Treffer erzielt und ist weit über sich hinausgewachsen, kommt Lob oft besser an, wenn es sich auf die konkrete Leistung bezieht und nicht auf seine Person. Eltern täten dann beispielsweise gut daran zu sagen: »Heute hast du richtig klasse gespielt!« Oder sie könnten äußern: »Na siehst du, wenn du fleißig übst, kannst du auch eine Zwei in Mathe schaffen!« Eltern neigen allerdings dazu, gerade Kinder mit unterentwickeltem Selbstwertgefühl für bestimmte Eigenschaften ihrer Persönlichkeit zu loben, etwa indem sie sagen: »Du bist halt ein toller Basketball-Spieler!« Oder: »Ich wusste immer, dass du schlau bist!« So gut gemeint diese Aufbauhilfe fürs Ego auch sein mag: »Diese Form des Lobes kann ins Auge gehen«, sagt der Verhaltensforscher Eddie Brummelman von der Universität Utrecht.[10] Denn gerade Kinder, die mit ihrem Selbstwert hadern, fühlen sich eher durch verhaltensbezogenes Lob angestachelt und gestärkt. Zudem ziehen sie aus einem eigenschaftsbezogenen Lob wie »Du bist toll!« leicht den Schluss, nun auch künftig toll sein zu müssen, um die Liebe der Eltern weiterhin zu rechtfertigen. Dies aktiviert ihre große Angst, die gerade erfahrene Achtung demnächst wieder zu verlieren.

Überschätzt ein Kind sich maßlos oder tut es die hervorragenden Leistungen anderer als Glück oder Zufall ab, ist es richtig und wichtig, an seine Bescheidenheit zu appellieren – wie auch an die Bereitschaft anzuerkennen, dass manche Mitschüler einfach besser in Mathe sind oder witzigere Aufsätze schreiben. Nicht jeder kann ein Superstar werden, auch wenn manche Talentwettbewerbe im Fernsehen diesen Eindruck erwecken. Und nicht jeder ist überdurchschnittlich. Die meisten Menschen sind in den allermeisten Disziplinen sogar ziemlich mittelmäßig; nur so kommt Mittelmaß ja rechnerisch zustande, und zum Glück können viele damit auch prächtig leben. Der *kleine* Mann – also der nicht so brillante, nicht so talentierte, nicht unter so günstigen Umständen aufwachsende – würde ein sehr unglücklicher Zeitgenosse werden, wenn er seine Grenzen nicht erkennte, und für *kleine* Frauen gilt dasselbe. Wer sein Kind unnachgiebig zwiebelt und ihm ständig mit Leistungsappellen im Nacken sitzt, damit es ebenso viele Tore wirft wie das mit Abstand größte Handballtalent im Verein, versteht grundfalsch, worauf es beim Erziehen ankommt. Viel besser wäre es, dem kleinen Mann nach Kräften den Rücken zu stärken, wenn er denn, nach menschlichem Ermessen, kein Großer werden kann. Aufrichtig anerkennen lässt sich auch dann noch viel: »Das war dein bestes Spiel in der Rückrunde! Du hast heute sehr konzentriert geworfen! Du machst Fortschritte, weiter so!« Für solches Lob braucht man keine unerreichbaren Vorbilder als Vergleich, sondern nur einen ehrlichen und milden Blick für begrenzte Möglichkeiten. Vielleicht schafft ein derart gelobtes Kind dann irgendwann den Spagat, sich selbst wertzuschätzen und gleichzeitig die ferne Größe besonders Begabter oder Begünstigter neidlos anzuerkennen. Nach Meinung Volker Ladenthins könnte eine ebenso weise wie souveräne Einsicht dann lauten: »Man ist nicht gleichartig, aber gleichwertig.«

Anders liegt der Fall, wenn das Kind zu Recht unzufrieden

mit seiner Leistung ist, ob auf dem Sportplatz oder in der Schule. Trost ist prima, aber Mitleid will keiner haben, der etwas auf sich hält und vor allem *weiß*, dass er es besser kann. Genau das gilt es im Blick zu behalten, wenn man spürt, wie enttäuscht das Kind über sein Abschneiden in der Klassenarbeit oder beim Vokabeltest ist. Es geht eben *nicht* darum, wie angemessen oder ausreichend der Lehrer oder man selbst die erteilte Note findet. Zunächst einmal empfiehlt es sich, offen dafür zu sein, wie niedergeschlagen der benotete Schüler wirkt. Sehr wohltuend kann die Frage sein: »Du hast dir bestimmt mehr davon versprochen, oder?« Hilfreich ist es auch, mehr über die Gründe erfahren zu wollen, die aus Sicht des Kindes zur Drei statt zur Eins geführt haben. Hatte es irgendwelchen Kummer? Vielleicht hat es sogar eine Idee, was beim nächsten Mal zu verändern wäre, was ihm helfen könnte.

Und wie so oft, kann es sehr aufmuntern zu erfahren, dass auch den Vater ein mäßiges Abschneiden früher mächtig geärgert oder betrübt hat – und dass er das bald überwunden hatte und später noch so manche gute und auch schlechte Note eingefahren hat, ohne dass dies jeweils über das weitere Leben entscheiden konnte. Wer den Eindruck hat, dass die Note nur die Folge eines Formtiefs oder ein wenig geschmäcklerisch gewesen ist, der kann sein Kind sehr wirksam hiermit aufmuntern: »Ich weiß doch, wie gut du sonst in Englisch bist« oder »dass du prima Aufsätze schreiben kannst«. Nur geht das halt nicht immer. Das Leben kennt glücklose Tage, und Noten sind nicht immer gerecht – auch das sind wichtige Lehren, welche die Schule reichlich vermittelt.

Man darf nie aufgeben!

Erziehung hat nicht allzu viel mit Fußball zu tun; sie ist kein Spiel und dauert bedeutend länger als 90 Minuten. Zwar gibt es auch beim Versuch, Kinder ins Leben zu führen, manchmal eine unerwartete Verlängerung, und natürlich erzieht auch ein Mannschaftssport den ganzen Menschen, aber hier enden die Gemeinsamkeiten. Allerdings lässt sich vom Fußball wie auch von anderen Sportarten manches fürs Leben lernen. Und damit sind wir bei Klaus Toppmöller. Er nämlich schoss für den 1. FC Kaiserslautern in der 57. Minute eines legendären Spiels das zweite Tor gegen den mit 1:4 führenden FC Bayern München. Es war also nur noch eine gute halbe Stunde zu spielen, doch am Ende stand es 7:4 für die Pfälzer – ein schier unfassbares Ergebnis: Innerhalb einer halben Stunde musste kein Geringerer als Nationaltorwart Sepp Maier sechsmal hinter sich greifen. »Das war ein Spiel, dat kann man nicht erklären«, urteilt denn auch Toppmöller, später ebenfalls kurz Nationalspieler.

Wer eine halbe Stunde vor dem Abpfiff mit drei Toren gegen die Bayern im Rückstand liegt, könnte den Kopf in den Fußballrasen stecken. Doch klein beizugeben kam für die Heimmannschaft im Hexenkessel des Betzenbergs nicht in Frage. Schon gar nicht für Toppmöller, obwohl der Schiedsrichter einen weiteren Treffer von ihm nicht gegeben hatte. Widerstand zu leisten bis zuletzt, »das ist bei mir so eingeprägt. Selbst wenn man 0:4 zurückliegt in letzter Minute, will ich noch versuchen zu kämpfen«, sagt der in der Eifel geborene Kaiserslauterer Rekord-Torschütze. »Nie aufgeben. Dat ist das A und O.«[11]

Wenn wir resignieren, fügen wir uns ins Schicksal, ergeben uns dem, was unabänderlich oder übermächtig erscheint. Ausnahmsweise kann das sinnvoll sein, um die Kräfte zu schonen. Doch in vielen anderen Fällen wäre es schon deshalb töricht zu kapitulieren, weil kein Mensch vorhersehen oder mit Sicherheit sagen kann, ob er wirklich chancenlos ist. Schließlich hat man schon Pferde siegen sehen, die im Rennen scheinbar hoffnungslos zurücklagen. Es geht beim Durchhalten ja nicht nur um das vage Hoffen auf ein wunderähnliches Wenden des Blattes. Gemeint ist auch jene trotzige oder stolze Haltung, die in dem weidlich bekannten Satz vom Apfelbäumchen zur Sprache kommt, das angeblich der Reformator Martin Luther noch kurz vor einem möglichen Weltuntergang pflanzen wollte.[12] Das soll zunächst einmal grenzenlose Hoffnung ausdrücken, aber auch deutlich machen, dass es erst recht sinnlos wäre, sich willenlos zu ergeben. Wenn schon untergehen, dann mit fliegenden Fahnen! Wer nicht mehr hofft, dessen Widerstand ist erlahmt und dessen Schicksal ist besiegelt. Eine Chance zum unwahrscheinlichen Sieg hat nur der Widerborstige, sei er auch noch so unterlegen. Unbekümmerte Hoffnung mobilisiert die Kraftreserven – und bringt am Ende vielleicht doch noch den Sieg.

Genau das ist der Grund, warum wir unseren Kindern weniger einbläuen als vorleben sollten, dass es gute Gründe gibt, nicht in die Knie zu gehen, wenn wir im Leben immer wieder einmal auf Granit beißen. »Die Festigkeit besteht im Widerstand gegen das Unglück«, hat der Preußenkönig Friedrich der Große (1712–1786) in einem Brief an seine Schwester Wilhelmine einmal geschrieben und markig hinzugefügt: »Nur Memmen beugen sich unter das Joch, schleppen ergeben ihre Ketten und ertragen ruhig die Unterdrückung.«[13]

Auch wenn der Alte Fritz hier womöglich seine eigene, vom autoritären Vater im Flötenspiel des jungen Mannes erkannte Memmenhaftigkeit nach außen verschob, wo er sie nicht fürchten musste: Fürs spätere Leben ist es von großer Bedeutung, sich behaupten zu lernen und nicht gleich die Segel zu streichen, wenn der Erfolg zunächst ausbleibt. Wenn Kinder an ihren Eltern erleben dürfen, dass sie Schwierigkeiten nicht ausweichen, sondern wacker mit ihnen ringen, dann ist es nicht mehr entscheidend, ob der Vater oder die Mutter am Ende die Oberhand gewinnt. Sich gewehrt zu haben ist der eigentliche Sieg. Von ihm zehren noch Jahre später auch die Sprösslinge. Deshalb können wir unsere Kinder mit diesem Spruch ruhig zum Durchhalten ermutigen, nur drangsalieren dürfen wir sie nicht. Denn sie müssen jeden Schritt in ihrem Tempo gehen und dabei die eigenen Kräfte erfahren.

Auch andere Mütter
haben schöne Töchter!

Wahlweise auch adrette oder lustige Söhne! Doch was helfen die alle einer 14-Jährigen, wenn sie doch nur in den *einen* verschossen ist, der alle strahlend überragt? In den also, der wirklich zählt? Oder wie soll es einen 16-jährigen Jungen trösten, dass ihn ausgerechnet jenes Mädchen verschmäht, das unter Tausenden am besten zu ihm passt, womöglich gar als Einzige? Und nach der schon deshalb keine Liebe mehr kommen wird, weil keine mehr kommen kann? Angesehene Fachleute haben auf eingängige Weise erläutert, warum es völlig sinnlos ist, statt der Angebeteten irgendwelche Ausweichkandidatinnen ins Herz zu schließen. Bereits vor zehn Jahren nämlich befanden in einem Lied die Sportfreunde Stiller: »Andere Mütter haben auch schöne Töchter, doch es gibt nur eine, die ich will. Für die Töchter der anderen Mütter fehlt mir das Gefühl.«[14] Mehr kann man im Grunde hierzu nicht sagen.

Doch wie hilft man seinem unglücklichen Kind wirksam bei Liebeskummer? Mit Allerwelts- und Behelfssprüchen jedenfalls ganz sicher nicht. So gut gemeint sie auch sein mögen, so wenig richten sie auf. Eher noch vertiefen sie die Verzweiflung, denn gerade ein Junge von 15 oder 16 Jahren hat es schon schwer genug, sich seiner Mutter oder dem Vater *überhaupt* zu offenbaren. Wenn er sich dann auch noch eine abgenudelte Floskel anhören muss, wird er gegenüber seinen offenbar hilflosen Eltern die längste Zeit Gefühle preisgegeben haben. Meine eigene Mutter hat sich einmal wesentlich geschickter angestellt, auch wenn sie es bei einem kurzen, aber lebensklugen Satz belassen hat: »Ja, so etwas kann wehtun.« Womöglich wusste sie gar nicht, was Empathie bedeutet, aber genau das war es: die Anerkennung eines überaus unerfreulichen Zustands, den sie selbst vermutlich mehrfach erlebt hatte.

Zunächst einmal brauchen Liebesbekümmerte demnach einfühlsames Liebeskümmern, denn ihre Not ist groß: Psychosomatisch geschulte Mediziner wissen, in welch heiklem Ausnahmezustand nicht nur junge Menschen sich befinden, die einen Korb bekommen haben, mithin eine deftige Abfuhr. Nicht nur schwächt der seelische Stress das Immunsystem, was anfälliger für Infektionskrankheiten macht und Lippenbläschen erblühen lässt, weil das im Körper allzeit bereit schlummernde Herpes-Virus nun leichteres Spiel hat.[15] Auch kann das Herz sich in schweren Fällen vorübergehend derart verkrampfen, dass es im Röntgenbild wie eingeschnürt wirkt, und genau so fühlt es sich auch an. Mediziner sprechen vom »Syndrom des gebrochenen Herzens«. Der Herzkrampf wird durch den hohen Gehalt des Stresshormons Adrenalin im Blut verursacht und ähnelt von den Symptomen her, trotz gesunder Herzgefäße, einem Infarkt.[16]

Drittens wehrt sich das Gehirn gegen das Ende der Wonne: Quasi süchtig geworden nach Glückshormonen, die den Rausch der Verliebtheit entfacht und am Köcheln gehalten haben, produziert das Hirn noch eine Zeit lang vermehrt den Nervenbotenstoff Dopamin, sodass sich der Geplagte mit verschärfter Inbrunst nach dem ersehnten Menschen verzehrt. Mit aller Kraft soll der schmerzliche Verlust noch abgewendet werden: Der Abgewiesene verstärkt sein Liebeswerben, ruft ständig bei der Angebeteten an, schreibt eine SMS nach der anderen – nur um dann umso schmerzlicher aus diesem Traum zu erwachen, wenn am Ende alle Liebesmüh vergebens ist. Der Gehalt des Blutes an Dopamin und anderen aktivierenden Nervenbotenstoffen und Hormonen sinkt nun deutlich; der buchstäblich Ent-Täuschte sackt mutlos in sich zusammen und fühlt sich elend und überflüssig. Der Liebesschmerz wird »vom Gehirn ähnlich wie physischer Schmerz wahrgenommen«, fanden US-amerikanische Psychologen heraus.[17] Häufig kreisen dann sogar mehr oder minder ernst zu nehmende Selbstmordgedanken durchs Hirn, und manche davon münden leider in die Tat.

Alles das sind ziemlich gute Gründe, die unglücklich verliebte Tochter oder den am Boden zerstörten Sohn mit wohlerwogenen Worten zu begleiten, statt sie – wenn auch in bester Absicht – mit leeren Formeln abzuspeisen. Liebeskranke brauchen in erster Linie Rückhalt, also das Gefühl, dass sie eben *nicht* alleine sind, obwohl Körper und Seele ihnen dass signalisieren: Trennungsschmerz tut so weh, weil man sich abgeschnitten, zurückgelassen und vereinsamt fühlt. Die Anwesenheit naher Menschen ist Salbe auf dieser Wunde. »Ich sehe, wie sehr dich das schmerzt, aber ich bin bei dir; hier bist du gut aufgehoben«: Das könnte eine Mutter und natürlich auch ein Vater sagen, die ihr Kind nun stützen möchten. Dass es noch Söhne und Töchter anderer Eltern gibt, ist jetzt so egal wie ein Sack Reis in China.

Wegen sowas brauchst du doch nicht zu weinen!

»Geheult wird höchstens auf dem Klo«, so überschrieb die *Süddeutsche Zeitung* einen Bericht über den Umgang mit Kollegen und Gefühlen am Arbeitsplatz.[18] Wer Traurigkeit oder Wut auch dort ab und an freien Lauf lasse, wo er sein Geld verdient, gelte zwar als sympathisch, doch beim Erklimmen der Karriereleiter seien derartige Offenherzigkeit wie auch das Eingeständnis von Schwäche eher hinderlich. Zum Aufstieg ins Chefbüro müsse man sich im Griff haben und abgeklärt sein.

Aber auch anderswo sind Tränen unüblich. Wie oft sieht man Menschen auf der Straße oder auf Plätzen weinen? Und wenn doch einmal jemand in aller Öffentlichkeit ungehemmt heult, schauen Passanten rasch weg. Nur die wenigsten wollen oder trauen sich zu trösten. Dabei dürfte genau das die natürliche Reaktion gewesen sein, solange Menschen noch in überschaubaren Gruppen lebten, einander also kannten: Man hilft dem, der weint und offensichtlich leidet und Schwäche zeigt. Und man bindet umgekehrt Menschen, die einen kennen, durch Schluchzen noch enger an sich. Tränen unterstreichen

dabei jene »trockenen« Signale der Gesichtszüge, die allein vielleicht nicht wirken würden. Und selbst Angreifer könnten
durch das Weinen eines potenziellen Opfers beschwichtigt worden sein und bis heute werden, wie Evolutionsbiologen vermuten.[19]

Ob tränenreiches Loslassen bei verkrampfter Traurigkeit
zusätzlich entspannt, ist wissenschaftlich schwer zu beweisen.
Fast jeder dürfte damit aber persönliche Erfahrungen gemacht
haben und kann es deshalb für sich beurteilen. Die meisten
Menschen stimmen jedenfalls »darin überein, dass Weinen
einen psychischen Druck löst«, meint der Wiener Medizinpsy-
chologe Ulrich Kropiunigg, der sich intensiv mit dem Weinen
in unserer Kultur auseinandergesetzt hat.[20] Aber Stresshormone
und Nervenbotenstoffe kann der Körper nicht über Tränen ab-
bauen – zumindest nicht in therapeutisch wirksamer Menge.
Als der italienische Theologe und Philosoph Thomas von Aquin
im 13. Jahrhundert die Ansicht vertrat, durch das Weinen fließe
»Traurigkeit aus der Seele«, muss er also wohl etwas anderes
gemeint haben. Womöglich wirkt am Ende eher der Beistand
eines Menschen heilsam, an dessen Schulter man sich aushei-
len kann, während einsames Weinen weniger hilft. Womit der
Bogen geschlagen wäre zur erwähnten Signalfunktion der Tränen: »Bitte, Freunde, helft mir, schützt und kümmert euch um
mich!« Nicht umsonst brechen viele Menschen erst dann in
Tränen aus, wenn ein vertrauter Mensch erscheint, wenn Hilfe
also greifbar ist.

So ist es auch bei Kleinkindern, nur wissen Erwachsene oft
damit nicht umzugehen. »Ein im Menschengetümmel verloren
gegangenes Kind wird in einer gespannten Erwartung verhar-
ren und in aller Regel erst weinen, wenn es die Mutter wieder
gefunden hat«, befindet Kropiunigg. Wie oft sei in solchen Fällen schon ausgerufen worden: »Du brauchst jetzt nicht mehr zu
weinen, du hast ja deine Mutter wieder.«[21] Da sich – auf welche
Art auch immer – durch Weinen körperliche und psychische
Anspannung entladen will, wäre ungehemmter Tränenfluss ein

Weg, sich selbst zu heilen. Doch Erwachsene wollen das Weinen immer gleich stoppen, als läge darin Bedrohliches und nicht bloß die Bitte um Beistand. Das betrifft besonders Jungen; ihnen wird bis heute das Weinen eher abgewöhnt als Mädchen, die noch immer ihre Gefühle offener zeigen dürfen. Hier würde es viel helfen, wenn Väter den Mut aufbrächten, drängende Traurigkeit vor ihren Kindern, vor allem vor ihren Söhnen, nicht zu verbergen, indem sie »die Tränen runterschlucken«, wie es vermeintlich mannhaft heißt.

Wo Einfühlung und Geduld mit den Tränen der Kinder gefragt wäre, neigen Erwachsene leider zu ebenso hilflosen wie unglücklichen Sprüchen wie dem, »wegen so etwas« brauche man doch nicht zu weinen. Das Problem liegt hierbei schon darin, überhaupt zu erkennen, warum geweint wird. Hier nehmen die Großen die Kleinen oft nicht ernst: Es ist eben *nicht* bloß die blöde Plastikschaufel, die einem Dreijährigen im Sandkasten von einem anderen Kind abgenommen wird und für die doch in Gestalt einer anderen Schippe schnell Ersatz bei der Hand ist: »Schau doch mal, was die Mami hier für dich hat.« Der Kleine ist vielmehr empört, fühlt sich ausgebootet, ja beraubt. »In der Welt des Kindes entstehen Verletzungen, die von uns Erwachsenen oft gar nicht als solche erkannt werden«, findet auch Kropiunigg. Sein Rat an Eltern: Man könne das Kind getrost weinen lassen, »aber nicht in dem falsch verstandenen Sinn, es allein zu lassen«. Vielmehr möge man »anwesend sein und den Prozess liebevoll begleiten«. Denn so erfahre das Kind, dass es sich emotional selbst helfen kann, es lernt, auf sich zu vertrauen, erlebt sich in seinem Gefühlausdruck als selbstwirksam. »Stattdessen haben wir aber ein gewaltiges Arsenal zur Bekämpfung des kindlichen Wesens entwickelt: wiegen, schaukeln, klopfen, singen, ablenken und vieles, vieles mehr, darunter sogar das planvolle Alleinlassen.«

Dabei gibt es drei wichtige Gründe, gerade die zuletzt genannte Methode »unter allen Umständen zu vermeiden: erstens, weil ein Kontaktbedürfnis bestehen könnte, zweitens, weil man die Kommunikation aufrechterhalten sollte, um dem Kind Gemeinschaft und Zusammengehörigkeit zu geben, und drittens, weil man dem Kind das Gefühl gibt, es werde nicht nur unter glücklichen Umständen geliebt«. Und das ist auf lange Sicht, fürs spätere Leben, entscheidend, weil dieses unbedingte Stehen zum Kind noch am ehesten Menschen heranreifen lässt, die nicht durch jede Kleinigkeit zu erschüttern sind.

Nur sieht die Realität oft anders aus: Heult ein Kind los, ob im Bus oder im Eiscafé, stürzen manche Eltern herbei und wollen die Tränen vertreiben wie lästige Insekten. Dann heißt es zum Beispiel: »Ist ja schon gut«, was keinesfalls stimmt. Oder sie flüstern dem Kleinen ins Ohr: »Du kannst doch hier jetzt nicht flennen, vor allen Leuten.« Was oft ja nur bedeuten soll: »Himmel, bist du mir peinlich!« Das aber ist nicht das Problem des weinenden Kindes.

Dein Bruder kann das längst!

Von wem man sich nicht alles eine Scheibe abschneiden könnte!
Von Günter wegen seines vollen Haares. Von Ida, weil sie so gut
singen kann. Von Lena, die aus ihrem Studium viel mehr gemacht hat als man selbst. Und natürlich von Michael, der immer schon gewusst hat, was er wollte, und mit 33 Jahren sein eigenes Haus besessen hat, während man selber damals gerade die
Wohngemeinschaft verließ und die erste eigene Mietwohnung
bezog. Man könnte noch mehr solche Vergleiche anstellen und
würde dadurch noch unzufriedener. Denn sich ständig mit anderen Menschen zu messen ist eine gut asphaltierte Autobahn
ins Unglück.[1]

Das liegt schon daran, dass sich *immer* schönere, schlauere,
reichere und beliebtere Menschen finden lassen. Dass es aber
reichen könnte, halbwegs gerade gewachsen und nicht auf den
Kopf gefallen zu sein, jederzeit sein Auskommen und zwei ziemlich gute Freunde zu haben – was für ein verwegener Gedanke!

Wenn unter typischen Sprüchen, die Eltern auf ihren Nachwuchs loslassen, unselige Spitzenreiter zu küren wären, hätte
jener über die Vorzüge des Bruders gute Chancen auf einen
der vorderen Plätze. Es gibt ihn natürlich in Variationen; hier
nur drei davon: »Nimm dir mal ein Beispiel an deiner Kusine!«,
»Das Zeugnis deines Freundes ist viel besser!«, »Der Malte von
nebenan putzt sein Fahrrad jeden Samstag!« Besonders verlet-

zend sind Vergleiche mit Jüngeren, solche nach dem Motto: »Was du mit deinen zwei linken Händen nicht mal mit zwölf Jahren schaffst, konnte deine Schwester spielend schon mit zehn.« Exakt so sollte man auf Fehler, Patzer oder Nachlässigkeiten seines Kindes »unbedingt reagieren, wenn man Geschwister-Rivalitäten hochkochen lassen will«, frotzelt die Bielefelder Psychologin Elke Wild. Man kennt den Effekt aus dem Märchen *Von einem, der auszog, das Fürchten zu lernen*, das die Gebrüder Grimm überliefert haben: Darin hat der Vater keine hohe Meinung vom weniger gescheiten, wenn nicht gar begriffsstutzigen seiner beiden Söhne und sagt zu ihm: »Hör', du in der Ecke dort, du wirst groß und stark, du musst auch etwas lernen, womit du dein Brot verdienst. Siehst du, wie sich dein Bruder Mühe gibt? Aber an dir ist Hopfen und Malz verloren.«[2] Wer so von einem seiner Kinder spricht, wiegelt es nicht nur gegen die anderen auf, sondern erreicht sogar, dass die bevorzugten sich über das gescholtene erheben. Wie ja auch im Märchen der klügere Sohn seinen Bruder einen »Dummbart« nennt, aus dem »sein Lebtag nichts« werde.

Davon einmal abgesehen wird man Sohn oder Tochter durch Vergleiche niemals gerecht. »Kinder sind alle unterschiedlich«, sagt der Entwicklungspsychologe Malte Mienert. Sie haben verschiedene Gene, einen individuellen Charakter, ihr eigenes Temperament. Und sie haben schon in jungen Jahren andere Erfahrungen gemacht als ihre Geschwister, die ihrerseits durch die Umwelt ganz eigentümlich geprägt worden sind – übrigens auch durch ihre Eltern, die in der Regel kein Kind genau wie das andere erziehen und das eine gegenüber dem anderen nicht selten auch etwas bevorzugen, auch wenn sie das niemals zugeben würden. Wer sein Kind immer wieder auf tatsächliche oder angebliche Stärken anderer hinweist, der erzeugt so nicht nur Druck und weckt Missgunst, sondern provoziert obendrein störrischen Trotz. »Denn ab der frühen Kindheit neigen wir Menschen dazu, das Gegenteil dessen zu tun, was von uns mit Strenge erwartet wird.«

Ungünstige Vergleiche werten überdies immer ab, »denn sie vermitteln die Botschaft, dass man selber nicht gut genug ist«, sagt die Frankfurter Motivationsforscherin Regina Vollmeyer. Besser sei es, das Kind mit sich selbst zu vergleichen, etwa indem man sagt: »Siehst du, Fritz, das kannst du jetzt schon viel besser als im letzten Schuljahr.« Oder auch so: »Ehrlich gesagt, Lara, du hast schon viel schönere Bilder gemalt, zum Beispiel letztens das mit dem großen See und den lustigen Enten.« So lernen Kinder, dass Leistungen auch an die jeweilige Tagesform geknüpft sein können oder dass ein Arbeitsergebnis von dem Aufwand abhängt, den man bereit war zu treiben. Auch vertrauen sie einem Lob der Eltern eher, wenn dieses nicht zwangsläufig erfolgt, sondern nachvollziehbar mit ihrem jeweiligen Einsatz oder einer tollen Idee verbunden ist. Das trainiert sie auch darin, sich selbst realistischer einzuschätzen. Vor allem aber fühlen sie sich auf diese Weise ernst genommen sowie in ihrer Eigenart erkannt. Und das ist etwas vom Wichtigsten, das man seinen Kindern vermitteln kann.

Ein Mangel an diesem individuellen Blick auf die noch unreife Persönlichkeit kann üble Folgen haben. »Wenn das Kind nie zu fühlen bekommt, dass es um seiner selbst willen geachtet und geliebt wird, wird aus der Hilflosigkeit, mit der es auf allen seinen Entwicklungsstufen konfrontiert ist, eine unaufhaltsame Angst«, schreibt der Psychoanalytiker Arno Gruen.[3] Das winzige und hilflose Kind erlebe sich dann als minderwertig und könne unmöglich sein eigenes Selbst finden und sich während seines späteren Lebens »an sich selbst festhalten«.

Der einzige Ausweg aus dieser schmerzlich empfundenen Unwürdigkeit bietet sich dem Kind und noch mehr dem späteren Erwachsenen darin, Macht über andere zu erlangen, sich aufzublähen, um das verkümmerte Ego nicht spüren zu müssen. Wer im Leben hauptsächlich um Macht ringt, nur um mächtig zu sein, kann im Inneren – dort, wohin das grelle Scheinwerferlicht der öffentlichen Aufmerksamkeit niemals fällt – ein armseliger Wicht sein. Einer freilich, der früher immer hören musste, dass er nicht genüge, anders als sein Bruder, sein Vater oder der Männertraum, den seine Mutter stets vor Augen hatte.

Aus dir wird nie etwas!

Jürgen war das, was man einen schmächtigen Jungen nennt. Auf alten Klassenfotos schaut er verhärmt aus, auch ein wenig ängstlich, so als sei er gerade aufgefordert worden, 17 und 14 zusammenzuzählen. Es war nämlich so, dass Jürgen sich furchtbar mit dem Rechnen plagte. Oder sagen wir besser: Mit dem Rechnen tat er sich am schwersten. Denn Jürgen hatte es nicht leicht in der Schule, er glänzte in keinem einzigen Fach. Wenn er Zahlen addieren sollte, nahm er bis zum Ende der Grundschulzeit die Finger zu Hilfe; verschämt behielt er dabei die Hände unter der Bank. Doch natürlich sahen alle, wie schwer er sich tat, auch Herr Kurz, den wir im dritten und vierten Jahr als Klassenlehrer hatten. Er war ein gescheiter und freundlicher Mann, der streng sein konnte, aber gerne lachte. Mit Jürgen hatte er seine liebe Not, und dieser auch mit ihm.

Seltsam genug, sagte Herr Kurz uns gerne voraus, wie viel wir im Berufsleben einmal verdienen würden. Offenbar empfand er es als pädagogisch wertvoll, wenn Schüler wie Jürgen von ihm die Prognose erhielten, später nur 1000 oder 1500 Mark nach Hause tragen zu können, während die Klassenbesten sich auf etwa 3000 Mark freuen durften – viel Geld vor vierzig Jahren, lag doch das Durchschnittsentgelt seinerzeit bei etwa 1700 Mark.[4] Erst im Rückblick ist uns klargeworden, dass der Lehrer damals Lebenschancen verteilte, als sei er der liebe oder auch der strafende Gott. Und dieser sprach: Die schlaue und im Rechnen starke Sigrid wird einmal mehr verdienen als der zahlenschwache Jürgen, was letztlich auch hieß, dass sie es im Leben »zu mehr bringen« wird, wie es so angreifbar heißt. Der Klassenlehrer als Orakel hat uns damals jedenfalls mächtig beeindruckt. Doch sosehr sich die vermeintlichen Großverdiener über den Zaster freuen konnten, den sie einmal würden scheffeln können, so traurig wirkten jene, die schon mit neun Jahren erfuhren, dass mehr als ein schmales Gehalt für sie wohl nicht drin sein würde. Wusste Herr Kurz nicht, was er da tat? Raubte er ihnen nicht jede Kraft? Zementierte er nicht ihre Schwächen?

Wenn wir über Kinder in ihrem Beisein urteilen, ist uns oft gar nicht bewusst, welche Folgen das haben kann. Es gibt verletzende Sprüche, die ein Kind niemals zu hören bekommen sollte, etwa solche: »Du Dummkopf!«, »Kannst du denn gar nichts!« oder auch sehr unfaire Anklagen wie »Deinetwegen habe ich aufs Studium verzichtet« oder »mich nie von deinem Vater scheiden lassen«. Schärfen wir unseren Kindern solche vorwurfsvollen Sätze oft genug ein, bleiben sie hängen, nicht selten ein Leben lang. Denn schon jüngere Kinder schreiben sich Botschaften von Menschen, die ihnen etwas bedeuten, mit dicker Tinte hinter die Ohren. An ein beherztes Lob des Vaters über ein hübsch gemaltes Bild oder des Fußballtrainers über einen tollen Schuss erinnern wir uns manchmal noch nach Jahrzehnten, doch leider gilt das auch für ein verletzendes Wort, vor allem wenn es uns demütigt.

Manche Psychologen vertreten sogar die Ansicht, dass unsere Eltern und andere zentrale Bezugspersonen durch ihre Werturteile eine Art Drehbuch oder Skript schreiben, das unser weiteres Dasein entscheidend mitbestimmt. Wir leben dann wie nach einem geheimen Plan, von dem wir selbst nichts wissen. Vor allem wiederholt gehörte, üble Botschaften können uns auf Dauer das Leben vergällen, sie färben es grau ein. »Je mehr Einschärfungen ein Kleinkind erhält, desto fataler wird sein Skript«, urteilt der Neurologe Rüdiger Rogoll, einer der bekanntesten deutschsprachigen Vertreter der sogenannten Transaktionsanalyse. Diese Therapierichtung versucht, die geheime Inschrift eines Menschenlebens zu entschlüsseln und so die Selbsterkenntnis zu fördern – und schließlich auch die Gegenwehr.[5]

Sagt zum Beispiel die Mutter zu ihrem Sohn: »Aus dir wird

nie etwas!« oder »Du bist zu gar nichts nütze«, droht das Kind diese Aussagen für bare Münze zu nehmen. Sie werden zu eingefleischten Annahmen über das eigene Selbst und den eigenen Wert. Man kennt solche Verwünschungen aus Märchen, etwa wenn Dornröschen hundert Jahre lang nicht mehr aufwachen darf, oder auch als bösen Zauber im Voodoo-Kult. Tatsächlich kann der Glaube an die Macht des Voodoo-Priesters, der einem in Ungnade gefallenen Menschen ein Todesurteil ausstellt, den Betreffenden derart ängstigen und niederdrücken, dass schlimmstenfalls sein Immunsystem zusammenbricht und der Verhexte daran stirbt. In der Medizin spricht man vom Nocebo-Effekt, was zum Beispiel bedeutet, dass Ärzte einem auf ihre Autorität vertrauenden Patienten schaden können, wenn sie ihm den Glauben nehmen, jemals wieder zu genesen. Deshalb sollten Mediziner davon absehen, einen Kranken mit den Worten »Das sieht aber gar nicht gut aus« zu erschrecken, schon gar nicht, bevor sie ihn genauer untersucht haben. Denn aus der Kraft der düsteren Worte erwächst sehr schnell die Macht der trüben Gedanken.[6]

Es kann sehr erhellend sein, sich selber dabei zu beobachten, wie man mit eigenem Versagen umgeht und mit welchen inneren Botschaften man in solchen Fällen das eigene Handeln oder Abschneiden bewertet – und leider eben oft: abwertet. »Ich Idiot!«, sagen wir dann zum Beispiel sehr leichtfertig, oder: »War ja klar, dass das wieder schiefgehen würde!« Oder auch: »Typisch, ich bekomme halt nie etwas zustande!« Nur selten sind das echte Selbsturteile, die auf dem eigenen Mist gewachsen sind; meist haben wir sie von anderen uns nahen oder wichtigen Menschen kritiklos übernommen und uns mit dicker Tinte hinter die Ohren geschrieben, wo sie bei passender Gelegenheit selbst nach Jahren noch lärmen. Anders gesagt: Der kleine Mann im Ohr hat in der Regel ein uns gut vertrautes Gesicht, und natürlich kann dieses einer Frau gehören. Nur wenn das Kind Glück im Unglück hat, schwächt eine andere wichtige Bezugsperson, etwa die Mutter oder die Oma, den bösen Fluch des Vaters noch rechtzeitig ab, bevor er sich auf Dauer einnisten kann. Ein solcher Mensch wirkt wie ein Gegengift und erteilt dem Kind gewissermaßen die Erlaubnis, nicht auf den Unsinn zu hören, wonach nichts aus ihm werden kann.[7]

Wer durch guten Zuspruch nicht früh gegen grob unfaire oder gar gehässige Aussagen gefeit worden ist, hat später große Mühe, sich selbst von seiner Liebenswürdigkeit und Daseinsberechtigung zu überzeugen. Psychosomatische Kliniken sind voll von depressiven, essgestörten oder überängstlichen Menschen, deren geheime Drehbücher besser von begabteren und gnädigeren Autoren verfasst worden wären. Zum Beispiel von solchen, die ihren Kindern zärtlich einflüstern: »Du schaffst das schon!« oder »Ich weiß, du kannst das!« oder einfach nur: »Probier es halt noch mal, mein Schatz, dann wird es schon klappen!« Denn Menschen machen Fehler, und fast alle von uns kochen nur mit Wasser. Zu dumm nur, dass so viele Eltern ihre Kinder für unerkannte Genies halten, jedenfalls für hochbegabt, wofür die Kleinen dann durch Leistungen büßen sollen, die sie überfordern.

Fixiert auf den abzuliefernden Erfolg, entgeht uns das wahre Wesen unserer Kinder. Wir sehen nicht sie, sondern gehorchen bloß unserem inneren Auftrag, prächtige Töchter oder Söhne vorweisen zu können, die oft nur das bewerkstelligen sollen, wozu wir selber nie imstande waren. Wenn wir das begriffen haben, »dann treiben wir (unsere Kinder) nicht zu Höchstleistungen im Ballett oder Sport, dann sitzen wir ihnen nicht im Nacken, damit sie die Gymnasialempfehlung auf Biegen und Brechen schaffen, dann freuen wir uns einfach nur am Licht ihrer Existenz.«[8] So drückte es der leider viel zu früh verstorbene Erziehungswissenschaftler Wolfgang Bergmann in einem Buch darüber aus, was Väter und Mütter vom jüdischen Wanderprediger Jesus von Nazareth lernen könnten, der nach christlichem Glauben mit seinem Erscheinen die Dunkelheit auf Erden vertrieben hat. Und er fügte hinzu: »Wir sind das Licht unserer Kinder. Oder ihre Finsternis. Wir haben die Verantwortung, wir haben die Wahl.« Man muss nicht an Gott glauben, um zu verstehen, was der Familientherapeut damit meinte.

Beim Bewerten von Kindern würde Eltern, Lehrern und Erziehern eine Portion Demut gelegentlich gut zu Gesichte stehen. Erst spät gelangte Dieter Proksch zu dieser Haltung, aber er schaffte es, und das ist keine geringe Leistung. Vor Jahren hatte Proksch darüber zu entscheiden, ob Marco Maurer aus der 6. Hauptschulklasse auf die Realschule wechseln sollte. Der Lehrer im bayerisch-schwäbischen Lauterbach riet der Mutter des Schülers davon ab: »Marco sollte auf der Hauptschule bleiben, Frau Maurer, die Realschule ist nichts für ihn.« Die Mutter, eine frühere Volksschülerin und gelernte Friseurin, war unsicher und fragte zurück: »Meinen Sie wirklich, Herr Proksch?« Jawohl, das meinte er. Der Lehrer verwies auf die Noten des Jungen und ließ sich auch nicht von der »schwierigen Zeit daheim« durch Umzüge, Schulwechsel und die Trennung der Eltern beeindrucken. »Er wird das nicht schaffen«, urteilte Proksch. In einem ungemein lesenswerten Zeitungsbeitrag hat Marco Maurer ausführlich geschildert, wie dieses Verdikt des Lehrers seine weitere Kindheit und Jugend überschattete, und von ähnlichen Fällen berichtet.[9]

Während akademisch gebildete Eltern nicht selten mit allen legalen Mitteln darum kämpfen, dass ihre Kinder doch noch das Gymnasium besuchen dürfen, genügten bei Marcos Mutter »ein paar Worte des Lehrers, um den Zweifel an meiner Leistungsfähigkeit zu säen«. Dieser Zweifel sollte den Jungen »jahrelang begleiten«. Der Hauptschüler wider Willen wurde später doch noch Realschüler, dann Berufsschüler und Molkereifachmann. Doch das reichte ihm nicht, er wurde so nicht glücklich, denn eigentlich wollte er für Zeitungen schreiben. Also nahm er am Bayernkolleg Augsburg das Abitur in Angriff und schaffte es. Anschließend studierte er Germanistik, Journalistik und Politologie und absolvierte die Deutsche Journalistenschule in München. Heute arbeitet er als freier Journalist für angesehene Blätter und den Hörfunk. Seinen früheren Lehrer hat der Sohn eines

Kaminkehrers für die Geschichte über seinen Werdegang eigens noch einmal besucht, nach 21 Jahren. Er konfrontierte den Ruheständler mit dessen niederschmetternder Aussage von damals. Und Dieter Proksch bewies menschliche Größe und sagte Ungewöhnliches: »Da muss ich mich bei dir und deiner Mutter entschuldigen. Ich bin sprachlos, das ist eine schlimme Sache.« In diesem Fall immerhin ist sie gut ausgegangen.

Übrigens auch im Falle Albert Einsteins, dem 1922 der Nobelpreis für Physik verliehen wurde. Als Neunjähriger war der in München aufgewachsene Junge von der Volksschule auf das damalige Münchner Luitpold-Gymnasium gewechselt. In den Naturwissenschaften glänzte Einstein schon als Schüler, doch er ließ sich nicht alles gefallen und hatte Schwierigkeiten mit dem autoritären Geist der Schule und mit dem Gehabe einiger Lehrer. Der Respektlosigkeit gescholten, verließ er das Gymnasium 1894 ohne Abschluss und folgte seiner bereits nach Mailand umgezogenen Familie. Das Urteil über ihn hatte einer seiner Lehrer da schon längst gesprochen: Es werde »nie in seinem Leben etwas Rechtes aus ihm werden«.[10] In *einem* Sinne stimmte das allerdings sogar: Der Vater der Relativitätstheorie stand politisch eher links.

Wenn du nicht genug schläfst, leidet die Schule darunter!

Natürlich ist es nicht die Lehranstalt selbst, sondern der *Schulerfolg*, um den sich Mütter und Väter sorgen, wenn ihr 13-jähriger Sohn um 22:30 Uhr nach wie vor Musik hört. Oder wenn die 14-jährige Tochter selbst um 23 Uhr noch beteuert, sie könne ohnehin nicht einschlafen und deshalb ebenso gut noch weiterlesen. Die meisten Eltern dürften ihrem Kind am Abend schon wohlmeinend eingeschärft haben, es möge doch »bitte zeitig zu Bett« gehen, gerne ergänzt um den mehr geseufzten als gesprochenen Zusatz: »Wenigstens heute einmal!«

Doch genau das – früh schlafen gehen – können die meisten
Pubertierenden und jungen Erwachsenen bis etwa zum 25. Lebensjahr einfach nicht.[11] »Sie folgen einem biologischen, vermutlich hormonell gesteuerten Nachtaktivitätsprogramm und
vertreiben sich die Zeit oft bis weit nach Mitternacht«, berichtet der Neurobiologe Peter Spork in seinem Buch über den
Schlaf.[12] Entsprechend spät am Morgen würden die zur Geis-
terstunde Entschlummerten dann von selbst aufwachen – wenn
man sie denn ließe. Doch dazu kommt es nicht, zumindest
nicht von montags bis freitags. An diesen Tagen zwingen Schulen und Universitäten, aber auch Firmen und Handwerksmeister ihre gähnende Kundschaft zum sozialen Jetlag: Die äußere
Uhr gibt den Takt vor, und die innere Uhr soll kuschen.

Morgenstund hat hier überhaupt kein Gold im Mund, sondern ist regelrecht ungesund. Wer junge Menschen zwischen
ungefähr zwölf und zwanzig Jahren nämlich um 6 oder 7 Uhr
aufzustehen zwingt, weckt sie nach Ansicht von Schlafexperten
»mitten in der Nacht«.[13] »Keine Gruppe in unserer Gesellschaft
baut deshalb ein stärkeres chronisches Schlafdefizit auf als ältere Schulkinder«, sagt Peter Spork. Und »niemand schläft an
Wochentagen so viel weniger als am Wochenende«, zumindest
wenn Eltern dies gestatten und den Nachwuchs nicht samstags
und sonntags schon um 8:30 Uhr zum Frühstück antreten lassen. Der systematische Schlafentzug bei Jugendlichen kann sogar zu Unfällen führen, auf der Straße wie auch an Maschinen,
an denen Lehrlinge hantieren.

Weniger spektakulär, auf Dauer aber äußerst gravierend sind
zwei Folgen fürs Lernen. Wer zu wenig Schlaf abbekommt,
kann sich zum einen schlecht konzentrieren und hat schon deshalb Probleme, dem Unterricht oder einer Rede zu folgen. Viel
schwerer wiegt ein zweiter Effekt: Wenn wir nachts zu wenig
schlafen, kann unser Gehirn all jene Eindrücke nicht sinnvoll
verarbeiten, die wir am Vortag bewusst oder unbewusst in uns
aufgenommen haben. Schlafmangel torpediert nämlich das Bemühen unserer Schaltzentrale, aus lediglich aufgenommenen In-

formationen echtes Wissen zu machen, auf das wir auch in vier Wochen oder Monaten noch zurückgreifen können. All das, was wir zum Beispiel am Montag lesen, hören oder erlebt haben, wird zunächst im seepferdchenförmigen Hippocampus des Gehirns lediglich zwischengespeichert. Erst in der Nacht auf Dienstag, wann immer wir tief schlafen, zapft die Großhirnrinde diesen Speicher an und wandelt die Informationen daraus so um, dass wir sie später jederzeit aktiv abrufen und auf ähnliche Probleme anwenden können. Kinder lernen auf diese Weise während der Nachtruhe sogar noch wirksamer als Erwachsene – offenbar eine Folge davon, dass sie größere Teile der Nacht im Tiefschlaf verbringen.[14] Wenn dann der Wecker klingelt und das Hirn bei seiner Feinarbeit unterbricht, kann sich Erfahrenes nicht so gut in Gelerntes verwandeln und im Oberstübchen festsetzen wie bei Menschen, die ausschlafen dürfen. Doch am optimalen Lernen sollte unser Bildungssystem höchstes Interesse haben, zumal in einem Staat wie Deutschland, dessen wichtigste nachwachsende Ressource junge Gehirne sind. Genau deshalb werden Schlafforscher auch nicht müde, einen späteren Schulstart am Morgen zu fordern. Denn es könne doch nicht sein, dass »gerade diejenigen, die am meisten lernen sollen, nicht genug schlafen dürfen«, ärgert sich Peter Spork. Aufgeweckte Menschen sollten auch richtig wach sein dürfen.[15]

Wenn sich an dieser noch immer wenig bekannten Misere etwas ändern soll, müssen vor allem Lehrer mitziehen und für einen späteren Unterrichtsbeginn gewonnen werden; allerdings auch solche Eltern, denen der frühe Schulstart morgens aus unterschiedlichen Gründen – etwa wegen starrer Arbeitszeiten – gut in den Kram passt, zum Beispiel weil sie ihr Kind auf dem Weg zur Arbeit abliefern und möglichst zeitig am Nachmittag wieder zu Hause begrüßen möchten. Die Schulordnungen selbst gewähren beachtlichen Spielraum: Nach dem nordrhein-westfälischen Schulgesetz zum Beispiel muss die erste Stunde irgendwann zwischen 7:30 und 8:30 Uhr beginnen. Innerhalb dieses Rahmens können die Schulen sich festlegen, wobei der

Schulträger – meist die Kommune – einen Vorschlag macht, der möglichst auch mit dem Bus- und Bahn-Angebot harmoniert. Die abschließende Entscheidung trifft jedoch die Schulkonferenz.[16] In anderen Bundesländern gelten teils andere Regelungen. In Sachsen zum Beispiel soll der Unterricht in Grundschulen zwischen 7:30 und 9 Uhr, an Gymnasien zwischen 7 und 9 Uhr starten. Er kann dort also für ältere Schüler sogar früher (!) anfangen als für jüngere, die morgens noch zeitiger von selbst wach werden, wobei auch für sie ein Schulbeginn um 8:30 Uhr oder später gesünder wäre. Jugendliche hingegen sollten vor 9 Uhr oder gar 9:30 Uhr gar nicht unterrichtet werden.[17]

Die jeweilige Lehrerschaft hat in Sachsen – und nicht nur dort – großen Einfluss auf den Beginn der ersten Schulstunde.[18] Sehr häufig beginnt der Unterricht deshalb früh am Morgen, was Eltern wie Annette und Dirk Lindackers wütend macht. Ihr elfjähriger[19] Sohn Nikolai besucht in Radebeul bei Dresden die 5. Klasse des Lößnitzgymnasiums und muss bereits um 7:15 zur ersten Stunde antreten – als Fünftklässler immerhin nur drei- statt fünfmal pro Woche.[20] »Dazu steht er um 5:45 Uhr auf, wäscht sich, frühstückt und schleppt sich, trotz eines zeitigen Zubettgehens, wortkarg und im Winterhalbjahr frierend durch die Dunkelheit«, ärgert sich seine Mutter. Hin und wieder verabschiede er sich von ihr sogar mit Worten, die tief blicken lassen, nämlich so: »Gute Nacht, schlaf gut.« Ein gemeinsames Frühstück gebe es wochentags nicht für die Familie, was auch andere Eltern der Schule bemängeln. Der Beginn der ersten Stunde werde letztlich von den Lehrern der Schule festgelegt, durchaus im Sinne mancher Eltern. »Es geht nicht um die Kinder; es geht darum, die Lebensumstände der Erwachsenen zu optimieren«, hält Annette Lindackers dem entgegen. »In jedem Fall handelt man erwiesenermaßen gegen das körperliche und geistige Wohl der Schüler.« Die Eltern des zehnjährigen Justus aus Sachsen kritisieren für ihr Kind den frühen Start am Morgen zum Beispiel auch deshalb, weil in der ersten Stunde »nicht allzu selten auch Klassenarbeiten« geschrieben würden.

Hier geht es dann schnell ungerecht zu, weil Schüler, die von Natur aus morgens eher als andere wach und rege sind, sich leichter konzentrieren können und deshalb bessere Noten einfahren. Dass geborene Frühaufsteher die Schule auch mit besseren Abschlussnoten beenden, konnte der Biologe Christoph Randler zeigen. Sein entscheidender Befund: Bekennende Frühaufsteher (auch unter Jugendlichen gibt es solche) hatten das Gymnasium mit deutlich besseren Abschlusszeugnissen verlassen – für unser Schulsystem, das auf größtmögliche Gerechtigkeit zielt, ein unrühmlicher Befund. Denn dieser beweise ja keineswegs, dass Frühaufsteher »intelligenter sind und systematischer oder disziplinierter gelernt« hätten. Es belege nur, »dass diese jungen Leute das Glück hatten, in jenen Stunden des Tages herausgefordert zu werden, in denen sie munter waren«.[21] Dabei wäre Abhilfe so einfach. Selbst ein zwanzig Minuten späterer Schulbeginn um 8 Uhr statt um 7:40 Uhr lässt Schüler bereits deutlich ausgeruhter sein und bewirkt, dass sie dem Unterricht munterer folgen.[22] Man darf vermuten, dass davon auch die Lehrer profitieren würden. Denn wer unterrichtet schon gerne vor einer gähnenden Meute Schlaftrunkener?

Wenn diese doch nur mehr Mitsprache hätten! Wie heißt es doch so schön in der Schulordnung des Oldenburger Herbartgymnasiums: »Unsere Schule ist eine große Gemeinschaft, in der sich alle Beteiligten wohl fühlen sollen.«[23] Aber nur wenige Sätze weiter steht eben auch: »Unterrichtsbeginn ist um 7:50 Uhr.« Also: Rasch noch mal gähnen und dann Augen auf, liebe Kinder!

Nimm endlich die Schule ernst!

Den meisten Eltern sind die Schulzeugnisse ihrer Kinder nicht einerlei. Diese wissen das und kehren am Tag der Wahrheit freudig oder bange nach Hause zurück – je nachdem, wie der berüchtigte Giftzettel ausgefallen ist. Gute Noten gelten als Beweis dafür, dass ein Schüler oder eine Schülerin das Lernen nicht auf die leichte Schulter genommen und sich bemüht hat, in Mathe, Deutsch oder Erdkunde möglichst gut abzuschneiden. Nur einer sehr kleinen Minderheit fliegen gute Zensuren einfach zu. Leider kann ein schlechtes Zeugnis Väter und Mütter sehr verunsichern. Erstens, weil viele Eltern die Zukunft ihres Sprösslings reflexartig in Gefahr wähnen, wenn die Noten ins Taumeln geraten. Zweitens stellen sie sich selbst dann rasch die Vertrauensfrage als Erzieher: Haben wir etwas falsch gemacht? Hat das schlechte Abschneiden von Maike oder Johannes etwas mit unseren Eheproblemen zu tun oder mit der belastenden Arbeitslosigkeit des Vaters?

Ältere Kinder, denen die Pubertät mir ihren Hormonstürmen zusetzt, geben ihren Erziehungsberechtigten oft noch weitere Anlässe zur Sorge: Hausaufgaben werden nicht gemacht oder auf rätselhafte Weise vergessen, wiederholt wird der Bus verpasst, oder die Klassenlehrerin bittet dringend zum Elterngespräch, weil das Kind zu viele Fehlstunden angesammelt hat, noch dazu etliche unentschuldigte. »Schwänzt unser Sohn etwa die Schule? Droht unsere Tochter den Anschluss zu verlieren?«, fragen sich die mal mehr, mal weniger überraschten Mütter und Väter. Schnell liegen dann die Nerven blank, und die Eltern beginnen ihren Kindern Vorwürfe zu machen. Ein sehr üblicher ist, ihre verliebten oder auf andere Weise verpeilten Pappenheimer hätten wohl »nur noch Flausen im Kopf« und nähmen »die Schule nicht mehr ernst«.

Leider kann schon eine Unterstellung wie diese dazu führen, dass der zurechtgewiesene Junge oder das so attackierte Mädchen künftig noch weniger als bisher für die Schule arbeitet. Selbst wer Anlass dazu hat, am Einsatzwillen seines Sprösslings zu zweifeln, sägt mit Sprüchen wie diesem am Vertrauensverhältnis zwischen Eltern und Kind. Motivation zum Lernen sieht jedenfalls anders aus. »Außerdem lohnt in solchen Fällen ein Blick auf die Zeugnisse der Eltern; die hatten nämlich oft selber schlechtere Noten als ihr Kind«, sagt Malte Mienert von der European New University im niederländischen Kerkrade. Davon abgesehen müsse man »viel eher fragen, ob die Schule von heute ihrerseits die Kinder und Jugendlichen ernst nimmt«. Der Entwicklungspsychologe hat da so seine Zweifel. Ihm kommt bei dieser Frage ein Spruch in den Sinn, der im deutschsprachigen Netz meist so zitiert wird: »Wir sind die Schüler von heute, die in der Schule von gestern, mit den Lehrern von vorgestern und Methoden aus dem Mittelalter auf die Probleme von morgen vorbereitet werden.«

Das ist natürlich starker Tobak und trifft auf deutsche Erziehungsanstalten selbstverständlich unter keinen Umständen zu! Nur würde man diese Aussage weniger ironisch formulieren, wenn erstens der Unterrichtsbeginn hierzulande eher auf die Schlafbedürfnisse der älteren Schüler zugeschnitten wäre als auf jene der Lehrer und Eltern (mehr dazu im vorangegangenen Kapitel). Und wenn zweitens, bei allen löblichen Fortschritten in jüngerer Zeit, die Interessen der Schüler den Schulstoff stärker prägen dürften. Denn eines gerät oft in Vergessenheit, wenn über die Qualität unserer Lehranstalten gesprochen wird: Kinder, die unter halbwegs förderlichen Umständen aufwachsen, sind im Grunde wissbegierig. »Sie möchten von selbst etwas lernen, wenn sie Spaß an der Sache haben und von ihr überzeugt sind«, sagt Malte Mienert. »Es ist aber sehr schwer, sie zum Lernen zu motivieren, wenn ihnen der Stoff fremd ist und nichts mit ihrer Lebenswirklichkeit zu tun hat.«[24] Wenn 14-jährige Teenager tagtäglich im Badezimmer mit chemisch zum Teil hochkomplexen Kosmetika hantieren, wäre es keine schlechte Idee, auf den einen oder anderen im Lehrplan vorgesehenen Laborversuch zu verzichten und den Pubertierenden stattdessen zu veranschaulichen, womit sie da regelmäßig ihre Haut einreiben oder ihr Haar besprühen. Hut ab natürlich vor Lehrern, die das längst tun, und vor Lehrplanern, die es ihnen gestatten!

Viele Pädagogen leisten in ihrem Knochenjob mit bewundernswertem Einsatz unter oft schwierigsten Umständen eine Menge. Doch eine größere Lehrerschar vor kleineren Klassen mit umsichtig abgespeckten Lehrplänen sowie mehr Zeit und Muße könnte viel mehr erreichen, auch wenn das die deutschen Steuerzahler mehr kosten würde.

Ein beziehungsstiftendes Unterrichtsklima sollte uns das allerdings wert sein. Denn »Schulen scheitern daran, dass es Lehrern und Schülern über weite Strecken nicht mehr gelingt, eine Unterrichtssituation herzustellen, die erfolgreiches Lernen überhaupt erst ermöglicht«, urteilt der Freiburger Mediziner und Neurobiologe Joachim Bauer. Dazu nämlich müssten Lehrer und Schüler imstande sein, »konstruktive, das Lernen befördernde Beziehungen« zueinander aufzubauen, die geprägt sind von beiderseitigem Respekt und Wertschätzung füreinander.[25] Das aber setzt nicht nur gut ausgebildete und obendrein talentierte und charakterlich befähigte (!) Pädagogen sowie überschaubare Klassengrößen voraus. Es braucht dazu auch mehr oder minder seelisch gesunde Schüler, die ihren jugendlichen Übermut bis zur großen Pause zähmen können, statt ihrer Zappeligkeit und aufgestauten Aggressionen während des Unterrichts freien Lauf zu lassen. Viele Lehrer ähneln eher überforderten Löwenbändigern, deren Raubtiere immer häufiger verhaltensauffällig sind, immer früher regelmäßig Alkohol trinken und erschreckend oft auch Marihuana oder andere Drogen konsumieren, selbst auf dem Schulhof.

Nicht geringer werden solche Probleme dadurch, dass immer mehr Lernstoff in immer kürzerer Zeit in die jungen Köpfe gezwängt werden soll – für sich genommen schon ein aussichtsloses Unterfangen. Die Bildung in Deutschland sei eine Art »intellektuelle Druckbetankung«, hat der Kölner Psychologe und Trendforscher Stephan Grünwald einmal bemängelt.[26] Kreativitätsfördernd ist das zwar nicht, doch die Eltern seien überängstlich, dass ihre Töchter und Söhne irgendetwas verpassen könnten, sodass »nichts wird« aus ihnen. Doch weder sind Schulen Abfüllanlagen für Mathe-Formeln, Oxidationsvorgänge und Goethe-Verse, noch dürfen Kinder wie Aktenordner behandelt werden, in die »man Blatt für Blatt Wissensinhalte einheften kann«.[27] Vielmehr sind Schüler biologische Wesen mit einem Gehirn, das im guten Sinne beziehungssüchtig ist, weil es nach Kontakt und Spiegelung im Mitmenschen geradezu giert. Deshalb müssen Lehrer, die zum Lernen und Mitphantasieren anstiften wollen, ihre Kundschaft zunächst einmal wertschätzen und dies spürbar vermitteln.[28] Leicht ist das aus den erwähnten Gründen nicht, vor allem an Hauptschulen. Doch wie jeder aus seiner eigenen Schulzeit weiß, erkennen Schüler die Autorität von Erziehern noch am ehesten an, wenn diese nicht nur über Fachwissen verfügen, sondern auch über menschliche Qualitäten wie Einfühlsamkeit, Freundlichkeit und Interesse für andere. Nur wenn das erfüllt ist, können Lehrer und Schüler einen Draht zueinander finden. An förderlichen Beziehungen im Klassenraum wie auch zu Hause zu arbeiten bedeute keineswegs, den Nachwuchs »in Watte zu packen«, betont Joachim Bauer. »Gerade weil sie die Anerkennung suchen, sollen Kinder auch eine klare Auskunft darüber haben, was wir von ihnen erwarten.« Entscheidend sei hierbei, nicht das zu hegen und zu pflegen, »was uns bequem ist oder uns ein Gefühl von Macht gibt, sondern das, was *das Leben* von ihnen fordern wird«.[29]

Schule kann die Schüler nicht immer begeistern, doch Sinn stiften sollte sie stets. Wer lernen soll, muss wissen, wofür. Unser Gehirn lechzt nun einmal nach Belohnungsreizen für unser Tun. Nervenbotenstoffe wie Dopamin werden immer dann ausgeschüttet, wenn wir mit Freude oder wenigstens Interesse bei der Sache sind oder Lob erfahren. Von diesem guten Gefühl wollen wir dann mehr, und je kräftiger der Nachschub rollt, umso enger knüpft unser Hirn jene Nervenzellverbindungen, die unsere Lust nach weiteren stimulierenden Reizen künftig noch weiter anheizen werden. Gerade Kinder suchen erfüllende Bestätigung im Leben, so will es ihre Natur. Doch bleibe »der Bedeutungshunger des Heranwachsenden ungestillt, dann passiert etwas Fatales«, warnt Bauer. Entweder entwickle das Kind dann seelische Symptome wie Angst oder eine depressive Verstimmung. Oder es geschehe, was derzeit bei vielen jungen Menschen zu erkennen sei: »Der Körper sucht sich Ersatzreize«, um auf diese Weise doch noch »an die lebensnotwendigen Botenstoffe heranzukommen«.[30] Dummerweise können diese Ersatzreize das Leben eines Menschen sehr beeinträchtigen und schlimmstenfalls zerstören. Sie bahnen nämlich den Weg in Süchte, die ihrerseits nach immer stärkeren Stimuli verlangen – nicht unbedingt nach stofflichen wie im Falle von Alkohol oder Drogen. Wer beim Musizieren, beim Handball oder im Elternhaus keinen Widerhall erfährt, der fühlt sich womöglich bei elektronischen Ballerspielen am Rechner bestätigt und anerkannt oder verspürt das zwanghafte Verlangen nach virtuellem Kontakt in den Tiefen des weltweiten Netzes. Er flüchtet dann dorthin, wo er *jemand sein* kann, wo man ihn kennt und für seine tatsächlichen oder vorgeflunkerten Eigenschaften schätzt. Auch hier macht die Dosis das Gift.

Zum Glück gibt es wirksame Gegenmittel. In Wahrheit nämlich brauchen Kinder und andere junge Leute vor allem reale Menschen, die ihnen gewogen sind und dabei helfen, etwas ganz Wesentliches zu entwickeln: »so etwas wie ein fernes Ziel, eine Vorstellung davon, weshalb sie auf der Welt sind, wofür es sich lohnt, sich anzustrengen, eigene Erfahrungen zu sammeln, sich möglichst viel Wissen, Fähigkeiten und Fertigkeiten anzueignen«. Denn wer keinen blassen Schimmer hat, wohin die Reise gehen könnte, »der weiß auch nicht, was er sich besorgen und in seinen Koffer stecken soll«, findet der Hirnforscher Gerald Hüther.[31] Vor allem aber brauchten junge Menschen »echte Aufgaben, an denen sie wachsen können«.

Genau hier setzt auch die reformpädagogische Idee Hartmut von Hentigs an, der 13- bis 15-jährige Mittelstufenschüler am liebsten vom klassischen Unterricht befreien (»entschulen«) würde, um ihnen Zeit für ein Lebensexperiment einzuräumen.[32] Das sei viel sinnvoller, als dass sie weiterhin die Schulbank drücken, während ihr Hirn im großen Stil umgebaut wird. Für die Dauer von zwei Jahren sollten die Jungen und Mädchen lieber Erfahrungen im richtigen Leben sammeln: in Altenheimen, bei Handwerkern oder als Helfer bei archäologischen Ausgrabungen. Sie könnten ein Bauernhaus renovieren, einen Spielplatz planen und Geld für seinen Bau einwerben, alten Menschen den Computer und das Internet näherbringen oder im Zoo helfen, natürlich stets kundig angeleitet. »Währenddessen wird von der Schulpolitik aber das genaue Gegenteil vorgegeben«, bemängelt die Kölner Psychologin Elisabeth Raffauf die wenig förderliche Schulrealität. »Die Kinder erleben heute, nicht zuletzt durch das G8, besonders starken Druck in einer Zeit, in der eigentlich etwas anderes angesagt ist: nämlich sich bewähren und erfahren und ausprobieren.«[33]

Doch dazu wäre mehr Zeit erforderlich, die ein Land wie Deutschland seinen Kindern nicht gewähren will; schließlich wartet ja der Arbeitsmarkt auf sie. Oft aus Unsicherheit stehen viele Eltern Gewehr bei Fuß und schieben nach Kräften mit, wenn ihr Kind bockt, die Schule nur noch bescheuert findet und lieber *chillen* (also sich abkühlen oder entspannen) möchte, ohne jemals glühenden Eifer und die wohlige Hitze des Tatendrangs gespürt zu haben. Dieser Wunsch nach Ruhe und Ausspannen bei 14-Jährigen mag befremden. Doch womöglich hat von Hentig ja Recht, und wir erwarten von Schülern der zentralen Mittelstufe schlicht das Falsche: sich nämlich für Dinge zu erwärmen, die sie naturgemäß kaltlassen.

Gleichzeitig spüren Schüler die Nervosität ihrer Eltern, die hinter jeder schlechten Drei in Mathe oder einer Vier in Englisch den drohenden sozialen Abstieg ihrer Kinder wittern und versuchen, mit Druck das Steuer herumzureißen. Dann wird die Spielkonsole für drei Wochen einkassiert, der Zugang zum Computer erschwert oder der Partybesuch am Wochenende gestrichen. Meist nutzt das wenig, verdüstert aber die Stimmung zu Hause weiter. Ein Wunder ist das nicht, denn derlei wirke auf die Kinder »wie Erpressung, wie eine inhaltsleere Machtdemonstration«, urteilt Raffauf, die immer wieder Eltern Pubertierender berät. Zudem rauben drakonische Maßnahmen oft noch die letzte Motivation zum Lernen, weil die Kinder dadurch nicht wirklich Einsicht in die Folgen ihres Schlendrians entwickeln, »sondern sich lediglich einer höheren Macht beugen«.[34] Vor allem aber leidet darunter die »gute menschliche Beziehung« zwischen Eltern und Kind, die am ehesten über die turbulente Zeit der Pubertät hinwegzutragen vermag.

Viel sinnvoller wäre es, dem heranwachsenden Kind zwar seine Mitverantwortung für den Schulerfolg in ruhigen Worten zu verdeutlichen, ansonsten aber seine guten und liebenswerten Seiten zu loben und seine Stärken nicht nur zu erwähnen, sondern zu fördern. Und wenn der Geschichtsunterricht »echt nur noch abtörnt«, können vielleicht spannend erzählte Historienfilme etwas bewirken oder auch eine interessante Geschichtszeitschrift mit ansprechenden Bildern, die man probeweise abonniert. Gut möglich, dass Kinder, die auf diese Weise ernst genommen werden, irgendwann auch wieder die Schule schätzen. Nun ja, wenigstens ein bisschen.

Lerne lieber was Anständiges!

Darüber, womit sie später ihr Geld verdienen wollte, dachte Doris immer wieder nach. Doch jeden Berufswunsch, der in dem Mädchen aufkeimte, bügelte der Vater mit der Bemerkung nieder: »Da muss man für geboren sein.« Das Unerwartete geschah, als Doris – um ihren alten Herrn zu ärgern – irgendwann behauptete, eine Lehre als Fleischerei-Fachverkäuferin antreten zu wollen. Prompt entgegnete ihr Vater: »Mach sofort die Bewerbungsunterlagen fertig!« Wurst und Schnitzel zu verkaufen erschien ihm offenbar als geziemende und ausreichend handfeste Lebensaufgabe für seine Tochter. Doch dafür wollte die junge Frau kein Leben versäumen, das ihr angemessener erschien, und wurde Sozialtherapeutin. Inzwischen, nach über drei Jahrzehnten, sagt sie über ihren Vater: »Ich kann mich nicht erinnern, dass er mich je ernst genommen hätte. Aber in dem

Moment, als er es ausnahmsweise einmal *nicht* tun sollte, nahm er meinen geflunkerten Berufswunsch doch tatsächlich für bare Münze.«

Seit junge Menschen Berufe ergreifen, möchten ihre Eltern, dass sie die richtige Wahl treffen, wenigstens eine gut passende. Das Problem ist nur, dass Väter und Mütter oft keine guten Ratgeber in dieser Sache sind. Zumindest dann nicht, wenn sie sich dabei vorwiegend von eigenen Wünschen leiten lassen. Sich diese ehrlich und selbstkritisch vor Augen zu führen kann sehr unangenehm sein, aber auch ungeheuer erhellend. Im besten Fall versuchen die Eltern zunächst, Interesse und Neigungen, aber auch die persönlichen Grenzen ihres Kindes zu erkennen; erst dann machen sie Vorschläge dahingehend, welche Ausbildung einen genaueren Blick wert wäre, und setzen entsprechende Anreize. Das ist schon viel, und mehr ist auch nicht zu tun. Denn Talente, die gedüngt werden, erblühen in aller Regel, während fehlende nicht einmal verdorren können. Ein Ingenieur wider Willen mag vielleicht sein Auskommen finden; glücklich aber wird er kaum werden. Denn er dürfte weit unter jenen Möglichkeiten bleiben, die er in einem anderen Beruf mit Lust und Eifer entwickelt und genutzt hätte.

Wenn ein Kind großes Pech hat, verfolgen seine Eltern eigensüchtige Pläne mit ihm. Drei verschiedene Beweggründe sind hier denkbar: Entweder soll der Sohn oder die Tochter möglichst genau so werden wie der anbetungswürdige Vater oder die erfolgreiche Mutter und deshalb auch denselben Beruf ergreifen. Vorstellbar ist hier zum Beispiel die Erwartung, die elterliche Arztpraxis zu übernehmen oder das bereits dreimal vererbte Familienunternehmen weiterzuführen – und nicht selten sind die Fußstapfen der Altvordern für den eher lustlosen oder nur halbwegs geeigneten Nachfolger zu groß. Anders liegen die Dinge im zweiten Fall, denn hier lautet die Vorgabe: Erreiche unter gar keinen Umständen mehr und werde keinesfalls besser als wir, deine Eltern! Das trifft jene Kinder, die unter ihren Möglichkeiten bleiben sollen, damit es Vater oder Mutter erspart bleibt, mit all dem schmerzlich in Kontakt zu kommen, was sie selbst nie erreicht haben oder erst gar nicht anpacken durften. Bekannter aber ist die umgekehrte, dritte Möglichkeit: Der Sohn oder die Tochter soll *auf jeden Fall* etwas werden, was die Eltern nie zustande gebracht haben, damit Mama und Papa sich im Glanze ihres Sprösslings tüchtig sonnen können. Hier übertragen die Eltern ihr persönliches Ich-Ideal aufs Kind. Dessen vornehme Aufgabe besteht ausschließlich darin, ihre unerfüllten Sehnsüchte zu erfüllen oder ungenutzte Anlagen doch noch Früchte tragen zu lassen – quasi im zweiten Anlauf. Indem die Eltern »sich dabei mit dem Kind identifizieren, erleben sie eine Entschädigung für den drückenden Mangel im eigenen Selbstwertgefühl«.[35] Wahrlich kein Ruhmesblatt, aber auch das ist menschlich und kommt häufig vor.

Zwei eindrucksvolle Fälle hat der 2011 verstorbene Mediziner und Psychoanalytiker Horst-Eberhard Richter skizziert: Da wird ein neunjähriger Junge, obwohl motorisch grob ungeschickt, »von seiner männlich-ehrgeizigen Mutter mit Stepptanz-Unterricht drangsaliert«, nur weil sie nicht verwinden konnte, dass ihre eigene tänzerische Begabung, die man ihr angeblich früher nachgesagt hatte, »ungenützt verkümmert war«. Eine andere Mutter sah ihr höchstes Ziel darin, »ihren äußerst schüchternen, introvertierten Sohn unbedingt als ›Star‹ Gedichte vor Publikum aufsagen zu sehen«. Jahr für Jahr drängte sie ihn energisch dazu, »sich bei den Weihnachtsspielen in der Schule um eine dekorative Rolle zu bemühen. In jedem Jahr litt der Junge vom Herbst an Qualen der Angst, da er einerseits den größten Widerwillen gegen den Zwang zum ›Schauspieler‹ empfand, andererseits den einseitig auf dieses Ziel orientierten Ehrgeiz der Mutter zu kränken fürchtete.«[36]

Kaum anders verhalten sich jene Väter, die von der Seitenlinie aus schon fünf- oder sechsjährige Fußball-Knirpse anfeuern, als gälte es, dem kleinen Sohn noch innerhalb der laufenden Spielzeit zu einem Vorvertrag als künftiger Profi zu verhelfen. Wer sie je dabei beobachtet hat, wie sie ihren Kindern alles Verspielte abgewöhnen und sie stattdessen zu fehlerfreiem Kicken und mindestens zwei Toren nötigen wollen, für den ist die psychologische Ursache mit Händen zu greifen: Der kleine Mann soll jene Traumpässe spielen, die der große nie zuwege gebracht hat. Wenn dann der Mannschaftsbetreuer es wagt, den künftigen Fußballstar auszuwechseln, offenkundig blind für dessen gewaltiges Talent, hat er den Vater an der Gurgel.

Abschließend ein Wort zur *Anständigkeit* als Kriterium bei der Berufswahl: Sie führt nicht allzu weit, abgesehen von der überschaubaren Zahl jener Fälle, in denen Kinder unanständige Berufe wie Bankräuber, Waffenhändler oder Autodieb anstreben. Aus dem als ehrbar phantasierten Versicherungskaufmann kann leicht der ruchlose Abzocker werden, aus dem gesellschaftlich akzeptierten Metzgerlehrling der geldgierige Wurstpanscher mit fünf Fabriken und 150 dürftig bezahlten Angestellten. Demgegenüber kann der angeblich »nichtsnutzige Straßenmusikant« später als Berufsmusiker gutes Geld verdienen – womöglich sogar als glücklich entdeckter Popstar Millionen Menschen mit seinen Liedern erfreuen oder zu Tränen rühren. Und das könnte dann auch das harte Vorurteil der Eltern erweichen.

Ohne Fleiß kein Preis!

»Damit sich Leistung wieder lohnt«: So tönen nicht nur Politiker gerne, sondern all jene, die den Eindruck erwecken wollen, wer sich anstrenge, werde irgendwann dafür auch die Ernte einfahren können. Unklar bleibt, was mit Leistung eigentlich gemeint ist. Geht es um Einsatz, Können, Mühe? Oder doch eher um messbare Ergebnisse, und sei es die Lautstärke von Applaus, der hinaufschallt zur Bühne einer Oper oder Stadthalle? Wie auch immer: Die weit überwiegende Mehrheit der Menschen wird das Sprichwort vom fleißabhängigen Lohn so verstehen, dass Erfolg nur einfährt, wer sich ordentlich dafür angestrengt hat. Doch dafür mussten erst einmal die politischen Umstände geschaffen werden. Zwar dürften auch im Mittelalter und zu Zeiten des Absolutismus solche Bäcker die besseren Brote und Kuchen gebacken haben, die sich Mühe gaben und ihre Sache verstanden. Doch gesellschaftlichen Erfolg im Sinne eines Aufstiegs aus einfachen Verhältnissen in eine echte Machtposition hatten seinerzeit nur wenige Menschen – von reichen Kaufleuten und Bankiers wie den Fuggern in Augsburg einmal abgesehen, bei denen sich sogar Kaiser verschuldeten. In aller Regel herrschten der Adel und dessen Günstlinge, da konnten sich Bauern und Handwerker noch so sehr um mehr Einfluss bemühen. Macht wurde vererbt, nicht erackert.»Das änderte sich mit dem Aufstieg des Bürgertums. Nun war es möglich, durch eigene Leistung auf sich aufmerksam zu machen: als Künstler, Denker, Wissenschaftler, Erfinder, Entdecker, Unternehmer, Staatsmann oder Revolutionär.«[37] Mit dem Aufblühen von Industrieunternehmen im 19. Jahrhundert wurden Männer wie Alfred Krupp (1812–1887) aus Essen zu Galionsfiguren des Industrie- und Geldadels, der auf ähnlich großem Fuße leben konnte wie zuvor nur Fürsten. Plötzlich konnten es auch Normalblütige zu etwas bringen, jedenfalls viel eher als in den Jahrhunderten davor. Namen wie Siemens, Benz, Thyssen oder Daimler haben bis heute weltweit Geltung. Auch wenn viele Menschen durch harte Arbeit am Erfolg solcher Ikonen des Wirtschaftslebens entscheidend mitgewirkt haben: *Geleistet* haben diese Unternehmensgründer etwas. Nicht nur ihr Geld, sondern auch ihr Können trug reiche Früchte.

Heute allerdings werden selbst Menschen zu Stars, die sich in Wohncontainern beim Fummeln filmen lassen, in Dschungel-Camps Kakerlaken verspeisen oder es bei Gesangs-Wettbewerben vor laufender Kamera ertragen müssen, von einer Jury wegen ihres schrillen Vortrags gedemütigt zu werden. Das mehr oder minder schadenfrohe Publikum findet so etwas derart zum Johlen, dass sich die Bohlen biegen. »Während früher Talent, unbedingter Glaube an eine Sache und Fleiß notwendig waren, um berühmt zu werden«, sei das »heute deutlich einfacher«, urteilt der Publizist und studierte Psychologe Jens Bergmann in einem Buch über die bedenklichen Auswüchse des Promikults, der zunehmend Nachahmer auch im Pulk der Zuschauer findet. Schon wer ausreichend dreist, schamlos und bereit dazu ist, sein Ego kräftig zu polieren, wird im Fernsehen herumgereicht. Viel können muss man dazu immer seltener.

Berühmt oder wenigstens eine Zeit lang bekannt werden wollen folglich immer mehr Menschen mit eher durchschnittlichen Talenten. Wer nichts Vorzeigbares zu leisten weiß, kann immer noch etwas Bildfüllendes in die Kamera halten. In Frage kommt sehr gerne formschönes Silikon im Doppelpack. Die damit üppig präparierte Ramona Drews wusste sich im Jahr 2000 sehr spritzig zu inszenieren, indem sie während eines Fernsehinterviews auspackte und eine ihrer Brüste molk – angespornt dazu von ihrem Gatten, dem Schlagersänger Jürgen Drews, der um den geldwerten Markteffekt solcher Enthüllungen selbstredend weiß. Im Jahr darauf ließ Dieter Bohlens Expartnerin »Naddel« vor laufender Kamera ihre linke Brust wiegen, auch wenn sie dabei nicht sonderlich glücklich wirkte. Das immerhin noch von einem Büstenhalter verhüllte Körperteil wog übrigens 1,35 Kilo, ein gewichtiges Argument für weitere Fernsehauftritte, die unweigerlich folgten.

Schlimm an solchen Szenen ist das fatale Vorbild, das von ihnen ausgeht. Während der Ulmer Kriminalbeamte Uwe-Kurt Schweigert bei Wim Thoelkes »Großem Preis« vor vierzig Jahren noch wirklich immens viel über Säugetiere wusste, also ein echter Experte war, hätte er im Fernsehen heute allenfalls noch eine Chance, wenn er die Penisse sämtlicher Affenarten am Geruch oder Afrikas Raubkatzen an ihrem typischen Kopulationsgeräusch erkennen würde. Die Grenzen des Erlaubten fallen wie die Hüllen. Kein Wunder, wenn junge Mädchen versessen darauf sind, nahezu anstrengungslos berühmt zu werden, indem sie sich im Beisein Heidi Klums zum nächsten deutschen Spitzenmodel küren lassen – so zumindest ihr Plan. Und wer nur ordentlich an der Börse zockt oder als Banker mit dem Geld anderer Menschen jongliert, angetrieben von obszönen Bonus-Versprechungen, der kann es innerhalb von Tagen zu einem Reichtum schaffen, für den Unternehmer vor fünfzig Jahren noch ein halbes Leben brauchten. Warum also noch fleißig auf der Baustelle oder auch in seriösen Banken klotzen, wenn der große Preis so nahe liegt und allenfalls ein paar lästige Skrupel kostet? Ist es da noch ein Wunder, dass laut einer repräsentativen Umfrage im Auftrag der Bertelsmann-Stiftung im Herbst 2011 »weniger als 40 Prozent« von gut tausend befragten Bundesbürgern der Ansicht waren, dass Leistung sich noch lohne?[38]

»Ohne Arbeit gibt es keinen Kuchen«, so sagen die Eltern in Tschechien und der Slowakei, wenn sie ihren Kindern verdeutlichen wollen, dass erst einmal Mehl, Eier, Milch und Zucker zusammengerührt und der Ofen angeheizt werden müssen, bevor es ans Schlemmen geht.[39] Das stimmt auch bis heute. Das Problem ist nur: Wer im Fernsehen dabei zuschauen kann, wie man mit Glück und gesundem Halbwissen eine Million Euro gewinnen oder dank eingeölter Pobacken und eines tiefen Ausschnitts über Nacht zum Stadtgespräch werden kann, der dürfte zögern, bevor er bereit ist zum Gewaltmarsch des beruflichen Aufstiegs. Und jede Durststrecke unterwegs wird doppelt schmerzen. Fernsehbilder vermitteln seit jeher allzu leicht den Eindruck, ein Olympiasieger brauche lediglich 400 Meter weit flinker als die Konkurrenz zu rennen oder einmal über die Hochsprunglatte zu hüpfen, schon winke ihm oder ihr neben jahrelangem Ruhm ein fetter Werbevertrag. Wer sieht schon die Mühen im Vorfeld, die oft jahrelange, zermürbende Plackerei, den Kampf gegen ein Rudel innerer Schweinehunde?

Fachleute wissen, dass der Wunsch, ein großes Ziel zu erreichen, nicht einmal die halbe Miete ist. Anders ausgedrückt: Motivation ist schön und gut, doch Beweggründe reichen bei Weitem nicht. »Wir unterscheiden zwischen Motivation und Volition, was wir als Wille übersetzen«, sagt die Sportpsychologin Anne-Marie Elbe von der Universität Kopenhagen. »Motiviert zu sein heißt lediglich, dass ich etwas gerne möchte, zum Beispiel mit dem Rauchen aufhören oder Gewicht verlieren.« Doch das reiche nicht aus. Nötig seien »auch die Willenseigenschaften, um das Vorhaben in die Tat umzusetzen«. Gemeint ist buchstäblich das Zielstreben. »Wenn ich zum Beispiel eine olympische Goldmedaille beim 100-Meter-Lauf gewinnen möchte, brauche ich nicht nur diesen Wunsch als Antrieb, sondern auch die Fertigkeiten, auf das Ziel hinzuarbeiten – so zum Beispiel die Selbstdisziplin, jeden Tag zu trainieren; die Kraft, Ablenkungen zu widerstehen, Rückschläge zu verkraften und alle anderen Dinge dem einen großen Ziel unterzuordnen; außerdem die Fähigkeit, mir immer wieder gut zuzureden und dafür zu sorgen, dass es mir nicht an Energie mangelt, ich mich also vor allem ausreichend erhole nach einer Anstrengung.«

Eltern wissen, wovon hier die Rede ist. Gute Schulnoten hätten alle Kinder gerne. Doch sich auf den Hosenboden zu setzen und Vokabeln zu pauken ist etwas ganz anderes, zumal dann, wenn auf Facebook unaufhörlich neue Nachrichten locken oder das immer wieder summende Handy zum viel lustigeren Plausch mit Freunden einlädt. Auch die um sich greifende Ansicht, die Schule müsse Kindern und Jugendlichen über weite Strecken Spaß bereiten, damit sie aufmerksam sind und willig lernen, ist nicht durchweg hilfreich – jedenfalls nicht bei dem Bemühen, dem Hirn die Flötentöne oder alles andere beizubringen, was Lehrpläne an großenteils unvermeidbaren Zumutungen für die Schüler bereithalten. »Die Schule hat einfach nicht die Aufgabe, Spaß zu machen«, sagt – durchaus im Kontrast zu anderen Bildungsexperten – die Züricher Lehr- und Lernforscherin Elsbeth Stern. Vielmehr sei sie dazu da, »Kompetenzen zu vermitteln«. Die Kinder müssten auf der Schulbank erfahren, »was sie können und was nicht, sie brauchen ein angemessenes Selbstbild«. Exakt auf dieses realistische Kompetenzerleben hätten alle Schüler sogar »ein Recht«.[40]

Der Freiburger Psychiater und Neurobiologe Joachim Bauer wird noch deutlicher: Wer den Eltern, vor allem aber den Schülerinnen und Schülern selbst verschweige, dass sie »sich – neben der Freude, die sie haben sollen – auch erheblichen Anstrengungen unterziehen müssen, der belügt sich, die Kinder und die Eltern«. Wenn es nicht gelinge, jungen Menschen deutlich zu machen, »dass sie eine altersgemäße Bereitschaft entwickeln müssen, sich anzustrengen, werden sie spätestens beim Übertritt von der Schule in den Beruf sehr unangenehme und ernüchternde Erfahrungen machen«.[41] Wer Sprachen, eine Kunst oder eine Sportart erlernen möchte, für den gilt unweigerlich: Vokabeln, Flötengriffe oder Figuren beim Bodenturnen müssen regelmäßig geübt und wiederholt werden, damit sie in Fleisch und Blut übergehen, genauer natürlich: in die Gedächtnisspeicher des Hirns. Auch deshalb ist es so wichtig, dass Kinder bei ihren Eltern und älteren Geschwistern klare Hinweise auf Selbstdisziplin und Fleiß erleben, allerdings auch die Bereitschaft, sich wieder zu erholen und Stunden der Muße zu genießen.

Die Preisfrage für Eltern, Lehrer und andere Erzieher lautet nun: Wie bloß lassen sich Kinder davon überzeugen, dass man ohne Fleiß zwar für ein paar Tage oder Wochen ein Rauschen im Blätterwald entfachen, aber auf Dauer niemanden berauschen kann? Zunächst einmal sollte Lernen Sinn stiften. Dazu sind Kinder bei ihren Vorerfahrungen abzuholen, denn auf ihnen muss jede Lehre aufbauen, um zu fruchten. Folglich müssten Lehrkräfte »eine Idee davon haben, was ihre Schüler bereits wissen«, meint Elsbeth Stern. »Solange sie das nicht herausgefunden haben, brauchen sie gar nicht anzufangen, etwas zu erklären.«[42] Praxisnahe Beispiele aus der Lebenswelt der Lernenden erleichtern das Verständnis, sind aber nicht immer möglich. Versüßen lässt sich die Mühe, wenn Eltern, Lehrer und Erzieher den Kindern aus eigenem Erleben berichten, warum sich Fleiß mit der Zeit zunehmend lohnen wird und wie sich allmählich Stolz auf das bereits Erreichte entfaltet und dazu anspornt, die nächstschwierige, aber noch lösbare Aufgabe in Angriff zu nehmen. Da jedes Kind selbst schon Erfolge erzielt hat, wenn man sie denn sehen möchte, lässt sich am allerbesten an ihnen anknüpfen: »Üben muss man, Jenny, und das dauert halt seine Zeit. Das war doch bei deinem Aufschlag genauso, und heute freust du dich jedes Mal riesig, wenn du ein Ass schlägst!« Oder man erinnert den am Klavier verzweifelnden Jungen daran, wie sich die ganze Familie darüber gefreut hat, wie toll ihm die Pfannkuchen beim vierten Versuch gelungen sind, nachdem er schon hatte aufgeben wollen. »Weißt du noch, wie der Papa und selbst deine große Schwester am liebsten noch einen verdrückt hätten?« Aber sicher weiß er das noch! Und sein Herz wird hüpfen.

Qualität muss nicht »von Qual« kommen, wie der bekannte Publizist und Journalistenausbilder Wolf Schneider nicht müde wird zu behaupten. Solche Sätze klingen nach Exerzierhof; sie können zudem Angst machen, und diese schadet beim Lernen immer. Aber bemühen muss man sich schon, mitunter bis an die persönlichen Grenzen – und leider ohne Garantie für messbaren Erfolg. Das gilt zum Glück und in jeder Hinsicht auch für echte Stars, die am Ruhmeshimmel länger leuchten als ein paar mickrige Nächte.

Du musst dich halt anstrengen!

Es gab schon Tage, an denen Hanno lieber aus der Schule nach Hause gekommen ist. Diese verdammte »gute Fünf« in Mathe! Das Pluszeichen hinter der bösen Ziffer kommt dem 15-Jährigen vor, als wolle die Lehrerin ihn verhöhnen. Dabei hat er doch für die Arbeit gründlich gelernt, mehr jedenfalls als sonst. Sogar die ungeliebten Hausaufgaben hat er zuletzt regelmäßig gemacht, obwohl ihm Gleichungssysteme nun wirklich nicht liegen. Mühe lohnt sich also auch nicht, so scheint es jedenfalls. Was Mutter wohl wieder sagen wird, wenn sie ihn beim Mittagessen nach den Klausur-Ergebnissen fragt? Na ja, er kann es sich schon denken: Sie wird ihre Lieblingsplatte abspielen. Und tatsächlich ermahnt sie ihn wenig später einmal mehr: »Du musst dich auch anstrengen, Junge! Warum gibst du dir denn nicht wenigstens Mühe?« Aber das habe er doch gemacht, entgegnet Hanno entrüstet. Die Mutter schüttelt nur ratlos den Kopf. Seit ihr Mann gestorben ist, lastet die Erziehung ihres einzigen Sohnes alleine auf ihr. Die beiden jüngeren Mädchen machen sich ja ganz ordentlich in der Schule. Aber Hanno – was soll sie nur machen mit ihm? Das Abitur schafft er niemals, wenn das so weitergeht.

In der Pubertät ist fast alles wichtiger als die Schule: die erste Liebe oder die erste Trennung, das Aussehen natürlich und die neue Filiale von Hollister in der Stadt. Von Facebook ganz zu schweigen. Es gibt so viel Reizvolles zu tun und so viel Langweiliges zu lassen. Eltern können einem Teenager wirklich den letzten Nerv töten mit ihren ewigen Fragen danach, wie es in der Schule war und ob die letzte Englischarbeit besser ausgefallen ist als die völlig verbockte davor. So sehen es die Jugendlichen. Ihre Väter und Mütter hingegen sind besorgt – ohnehin die Lieblingsbeschäftigung vieler Eltern. Wie sollen sie aber auch wissen, ob die beiden Fünfen hintereinander bloß Ausdruck eines Formtiefs sind oder ein erster klarer Hinweis darauf, dass es mit Abitur und Studium nichts werden wird? Gerne würden sie ja darauf vertrauen, dass ihr Kind die Kurve schon noch kriegen wird. Doch wenn es gar nicht vorangeht, kann einen das ganz schön ratlos machen. Sie wisse einfach nicht, »wie ich damit umgehen soll, dass unsere Tochter so schlecht in der Schule ist und gleichzeitig sagt, sie sei eigenverantwortlich, was ich auch finde«, räumt eine nervös gewordene Mutter ein. Sie habe schon alle Phasen hinter sich: Kontrolle, Hilfe, Nachhilfe, Selbsthilfe und seit ungefähr einem halben Jahr auch Rückzug, doch sie merke einfach, dass es »sehr grenzgängerisch« ist, was ihre Tochter macht; die 16-Jährige könnte sogar »von der Schule verwiesen werden«.[43] Die Mutter zweifelt, ob sie sich »richtig« verhält, indem sie ihr Kind wie zuletzt einfach machen lässt. Wenn es blöd läuft, kann so etwas ins Auge gehen.

Eltern denken an diese Gefahr, zum einen, weil ihre Töchter

und Söhne ihnen selten gleichgültig sind, dann aber auch, weil sie selbst während der Pubertät ihrer Kinder »schwierig werden«, und das ist kein blöder Witz: Für ihre Kinder werden sie nicht selten zur Plage. All das darf man den Eltern mildernd anrechnen, nur macht es einen Spruch wie »Streng dich endlich an!« nicht weniger problematisch. Faulpelze gibt es auf dieser Welt, doch die wenigstens von ihnen entwickeln Tatendrang, indem man ihnen vorhält, sie schöben eine ruhige Kugel. Langzeitarbeitslosen kürzt der Staat mitunter Sozialleistungen, wenn sie ihren Pflichten nicht nachkommen, doch bei Jugendlichen wäre es der falsche Weg, ihnen das Taschengeld zu streichen, nur weil sie die Schule schleifen lassen. Sie müssen Selbstverantwortlichkeit erst lernen und begreifen, dass es um *ihr* Leben geht, das mit einem missglückten Abitur oder nach zwei abgebrochenen Lehren etwas schwieriger verlaufen dürfte als nötig. Es ist *ihre* Zukunft, nicht die ihrer Eltern. Diese hatten ihre Chance bereits.

Die erwähnte 16-Jährige mit dem ungünstigen Schulverlauf spürt Grenzen in sich. Sie könnte mehr für ihre Noten tun, doch sie ist nicht bereit dazu, zumindest derzeit nicht. Womöglich hat sie einfach keinen Bock zu lernen. Vielleicht aber vertraut sie auf sich, dass sie es schon noch schafft, das Steuer noch herumreißen kann. Auch wenn dem so ist, wird sie die besorgte Mutter von ihrer Gewissheit nicht überzeugen können. Was wäre dieser zu raten? Vielleicht ja dieses, zumindest hat das der dänische Familientherapeut Jesper Juul getan: »Man kann sich als Eltern entscheiden und sagen, es liegen zwei Dinge auf dem Tisch: Es gibt unsere Tochter, und es gibt unser Projekt, dass unsere Tochter besser werden sollte in der Schule. Im Moment haben wir keinen Erfolg mit unserem Projekt gehabt, also hören wir jetzt auf damit und machen kein Projekt mehr daraus. Unsere Tochter ist intelligent, und wir können ihr das *einmal* sagen: Wenn du Hilfe brauchst, bist du herzlich willkommen.«[44] Mehr sei nicht zu tun im Augenblick. Und ja: Kein Mensch wisse, ob das reichen wird. Gut möglich, dass die Tochter Schiffbruch erleiden wird mit ihrer Ansicht, dass ihr aktuelles Abschneiden in der Schule doch »kein großes Problem« darstelle, wie sie sagt. Tritt dieser ungünstige Fall tatsächlich ein, wird sie ihre Eltern doch noch brauchen. Keinen Vater und keine Mutter allerdings, die dann alles besser gewusst und »ja immer schon gesagt« haben, dass man sich anstrengen muss im Leben. Sondern Eltern, die durchaus traurig und enttäuscht sein dürfen darüber, dass ihre Tochter das Wissen und die Erfahrung der Älteren nicht in dem Maße genutzt hat, wie es angeboten wurde, die aber trotzdem bereit sein werden, nach Kräften zu helfen.

Noch eines ist wichtig: Ob ein Kind sich anstrengt in der Schule oder im Sportverein, ist nicht immer leicht zu beurteilen; es sei denn, man hockt ihm bei den Hausaufgaben unentwegt im Nacken und ist über die Handy-Kamera im Klassenraum stets live zugeschaltet. Ihm vorzuwerfen, es gebe sich keine Mühe, mag den Nagel auf den Kopf treffen. Es kann aber auch bedeuten, ihm etwas Falsches zu unterstellen. Davon einmal abgesehen mache Anstrengung »ohnehin nur einen Teil des Erfolgs aus, und mehr Anstrengung bringt nicht per se mehr Erfolg«, sagt der Entwicklungspsychologe Malte Mienert. Mitentscheidend seien das persönliche Talent, förderliche oder ungünstige Lebensverhältnisse, die objektive Schwierigkeit der Aufgabe sowie das Lernumfeld des Kindes: von der Qualität der Lehrer bis hin zu störenden Sitznachbarn im Klassenraum. Etwa ab dem elften Lebensjahr wüssten auch die Kinder, dass Erfolg diverse Ursachen hat und auch »ein bisschen Glück« einschließt. »Eltern, die nur auf die Anstrengung pochen, argumentieren strenggenommen weniger fundiert als ein Elfjähriger«, urteilt der Experte für Lernmotivation.

Statt blindlings auf mehr Einsatz und bessere Noten zu pochen, könnten Eltern überdies einmal selbstkritisch hinterfragen, welche innere Haltung sie gegenüber ihrem Kind eigentlich einnehmen: Geht es ihnen einfach darum, dass *ihr* Kind bessere Noten hat, weil dieser Glanz immer auch ein wenig auf sie selbst abstrahlt? Oder interessieren sie sich wirklich für diesen jungen Menschen mit seinen Eigenarten und Wünschen, Stärken und Schwächen? »Kinder und Jugendliche haben feine Antennen dafür, was ihren Eltern am wichtigsten ist«, sagt Mienert. Sie spürten sehr genau, ob sie selbst es sind, die zählen, oder doch eher ihr Zeugnisdurchschnitt. Schaden kann es auch nicht, die Frage für sich zu klären, welche Rolle der Leistungsgedanke als Richtschnur der Erziehung spielt. Eltern, die dem Leistungsprinzip huldigen, haben es nicht nur selber schon früh gelernt, sich bei allem und jedem anzustrengen; sie beginnen auch bei ihren eigenen Kindern meist schon früh mit dieser Lektion. Ihre Kinder dürfen mit ihren Bauklötzen nicht einfach munter herumprobieren, sondern müssen dabei stets den Grundstein für einen rekordverdächtigen Turm legen. Gerade Väter ertappen sich immer wieder dabei, wie sie dem anfangs unbeholfenen Hantieren ihres Sprösslings nicht geduldig zuschauen oder diesem bloß die Bausteine reichen können – sie möchten dem Kind und seinem Bauwerk auf die Sprünge helfen und möglichst bald Richtfest feiern. »Schau mal, so musst du das machen!«, geben sie vor, oder sie sagen: »So wird der Turm doch viel höher!« Die Grenze zwischen förderlicher Ermunterung und schädlichem Druck ist fließend.

Leicht geschieht es in solchen Fällen, dass der kleine Baumeister die Lust an einem Spiel verliert, das im Grunde gar keins ist, sondern ein ernstes Projekt mit festen Zielvorgaben. Wird ein Mensch »bereits im Kindesalter übermäßig auf Leistung und Effizienz getrimmt«, könne das für das Gehirn »langfristig fatale Folgen haben«, urteilt der Göttinger Hirnforscher Gerald Hüther.[45] Denn Fertigkeiten, die mit dem inneren Anspruch erworben wurden, es darin stets möglichst weit oder gar zur Perfektion zu bringen, werden in unserer Kommandozentrale oft lebenslang mit abträglichen Gefühlen verkoppelt, so etwa mit Angst, Verunsicherung, Ohnmacht und Selbstabwertung. Diese Emotionen brechen immer dann hervor, wenn die von Eltern, Lehrern oder anderen einflussreichen Bezugspersonen eingetrichterte Zielmarke verpasst wird. Leider seien frühe

Erfahrungen mit Leistungsdruck die »schlechtesten Voraussetzungen für die weitere Entfaltung von Offenheit, Interesse, Kreativität«.[46] Ganz ähnlich wirkt ein Satz wie »Du musst dich auch anstrengen!«. Er macht Druck, wo zunächst Verständnis nötig wäre und dann womöglich das Angebot von Hilfe. Solche Signale der Einfühlung würden Vertrauen schaffen und so den Stress lindern, den schlechte Schulnoten oder anderes Versagen fast immer bedeuten. Und darauf gründet alles Weitere.

Mach erst schön die Hausaufgaben!

Nach Ansicht vieler Kinder und Jugendlicher sind Hausaufgaben eine Zumutung. Umstritten sind sie obendrein, seit Lehrer sie ihren Schülern aufbrummen.[47] Auch Pädagogen hatten immer wieder Bedenken, ob das Nacharbeiten oder Vorbereiten des Schulstoffs zu Hause wirklich sinnvoll ist. So schrieb der Stettiner Schuldirektor Karl Gottfried Scheibert im Jahr 1853: »Schüler, Lehrer, Eltern, Aufseher und Nachhelfer, alle seufzen gleicherweise bei diesem Thema; ja selbst politische Zeitungen bemerken es lobend, wenn eine Schule diese häuslichen Aufgaben beschränkt. Sie sind allen eine Plage, wie die Fliegen in den Sommermonaten.«[48] Dränge diese Aussage aus den Lautsprechern deutscher Pausenhöfe, würden wohl landesweit Jubelschreie aus jungen Kehlen laut.

Dass Übungen zu Hause – also ohne den möglichen Beistand eines Fachlehrers – überhaupt nützlich sind, bezweifelt Hans Gängler spätestens, seit er vor einigen Jahren etliche Lehrer und Schüler an Ganztagsschulen zu dem leidigen Thema befragte. Bei Schularbeiten handele es sich eher um ein pädagogisches Ritual als um eine sinnvolle, weil Erfolg versprechende Maßnahme. »Gute Schüler werden durch Hausaufgaben nicht unbedingt noch besser, und schlechte Schüler begreifen zu Hause durch bloßes Wiederholen noch lange nicht, was sie schon am Vormittag nicht richtig verstanden haben«, findet der

Dresdener Erziehungswissenschaftler. Egal wann und wie oft Hausaufgaben gemacht werden: Ihr Effekt auf die Zeugniszensuren sei nach Meinung der meisten Schüler und Lehrer »gleich null«. Viele Pädagogen sagten unumwunden: »Bei drei Vierteln meiner Schüler bringen Hausaufgaben überhaupt nichts.« Jeder dritte von Gängler befragte Lehrer räumte indessen ein, gar nicht einschätzen zu können, ob Hausaufgaben etwas bewirken.

Auf keinen Fall sollten Lehrer versuchen, im Unterricht nicht bewältigten Stoff über die Hausaufgaben zu vermitteln – wozu kürzere Schulzeiten, zusätzliche Schulfächer und wachsende Stofffülle verleiten könnten. Davor warnte bereits der einflussreiche Pädagoge Johann Friedrich Herbart im Jahr 1835, indem er schrieb: »Derjenige Lehrer, welcher häusliche Aufgaben aufgibt, um sich in der Schule die Mühe zu sparen, verrechnet sich ganz; die Mühe wird ihm bald desto saurer werden.«[49]

So kritisch Gängler die heutige Praxis der Hausaufgaben sieht, so wenig will er allerdings missverstanden werden: »Gegen Übungen habe ich überhaupt nichts; etwas einzuüben ist ein grundlegender Vorgang beim Lernen.« Natürlich müsse ein mit Kopf oder Körper Lernender schwierige Prozeduren, Griffe oder Schritte wiederholend trainieren. Es komme aber darauf an, dass die Schüler nicht alleine üben, damit sie bei Bedarf umgehend kundige Hilfe bekommen – und zwar nicht durch die Eltern. Auch deshalb plädiert Gängler für Ganztagsunterricht, ergänzt allerdings um sehr gute Förderangebote. Sinnvoll fände er zum Beispiel eine Kombination aus Vermittlungs- und Übungsstunden, ähnlich wie an Universitäten. »Das wäre effizienter als die heutige Praxis, denn so würden die Lehrer schnell sehen, wo etwas missverstanden worden ist und wo noch etwas vertieft werden muss.« Zudem hätten sich die Eltern dann nicht mehr mit überforderten Schülern herumzuplagen, ohne selbst wirklich helfen zu können, gerade in Fächern wie Mathematik, Chemie oder Physik. Schließlich wäre das praktische Üben an Ganztagsschulen auch gerechter. Werden die Hausaufgaben nämlich zu Hause gemacht, geraten viele Schüler aus einkommensschwachen und bildungsferneren Schichten ins Hintertreffen. Eine bis anderthalb Milliarden Euro pro Jahr geben besorgte Eltern in Deutschland alljährlich für Nachhilfe aus.[50] Schön, wenn das Geld hierfür bereitsteht, doch ärmere Eltern können sich den Nachhilfelehrer oft nicht leisten – auch das ein Grund für mangelnde Chancengerechtigkeit im Bildungsbereich.

Solange es Hausaufgaben noch gibt, werden sich viele Mütter und Väter fragen, *wann* die Schularbeiten am sinnvollsten erledigt werden sollten. Viele Eltern halten ihr Kind dazu an, sie möglichst direkt nach dem Mittagessen oder jedenfalls nach der Heimkehr von der Schule in Angriff zu nehmen, und begründen dies gerne mit dem Sprichwort »Erst die Arbeit, dann das Vergnügen«. Dabei vergessen sie allerdings, dass ihr Kind ja gerade erst von seiner Arbeit zurückgekehrt ist. Die Maxime, das Vergnügen als Lohn für tatkräftiges Schaffen aufzufassen, entstammt dem Arbeitsethos des frühen 19. Jahrhunderts. Damals verlor die Arbeit den Ruch, nur etwas für sogenannte kleine Leute und Hungerleider zu sein; stattdessen entdeckte auch die besser gestellte Bürgerschaft in ihr etwas, auf das man stolz sein durfte. Hiervon künden weitere sprichwörtliche Redensarten, so etwa: »Arbeit kommt vor dem Spiel«, »Nach getaner Arbeit ist gut ruhn« oder auch Goethes Verse »Tages Arbeit! Abends Gäste! Saure Wochen! Frohe Feste!«[51] Auch die Maxime »Was du heute kannst besorgen, das verschiebe nicht auf morgen« zielt in diese Richtung und wird von Vätern und Müttern gerne dann zitiert, wenn das Schulkind darauf verweist, die Englisch-Aufgaben dem Lehrer ja erst *übermorgen* vorlegen zu müssen; heute bleibe also Zeit zum Skateboardfahren oder zum schon länger versprochenen Kinobesuch.

Hier treffen also zwei Bedürfnisse aufeinander: einmal das der Eltern, ihren Sprösslingen eine grundsätzlich sinnvolle Lehre zu erteilen (»Die Pflicht ruft, also folge ihr möglichst bald, dann hast du den Kopf frei für Hobbys und Entspan nung«); zum anderen das Bedürfnis der Kinder, nach der anstrengenden Schule erst einmal auszuruhen und etwas Spaß zu haben. Wenn es aber Eltern darum geht, ihre Kinder mehr und mehr darüber mitentscheiden zu lassen, wie sie ihren Arbeitseinsatz selbst organisieren können, gehört dazu auch die Frage, wann am besten die unangenehmen Dinge zu erledigen sind. Entscheidend ist nur, *dass* die Hausaufgaben, ähnlich wie kleinere Pflichten im Haushalt, mit der nötigen Sorgfalt bewältigt werden. Insofern gibt es keine *beste* Zeit für die Schularbeiten, sondern nur eine individuell am ehesten passende. Der jeweils günstigste Zeitpunkt hänge nun einmal »sehr stark davon ab, wann das Kind nach Hause kommt, ob es eine längere Erholungspause benötigt, was es am Nachmittag sonst noch vorhat und wie umfangreich und schwierig die Hausaufgaben sind«, meint Britta Kohler, Autorin eines einschlägigen Ratgebers.[52]

Natürlich spiele auch das Alter eine wichtige Rolle. So sollten vor allem Grundschulkinder in der Regel »eher früh am Nachmittag beginnen, vor allem bei schwierigen und umfangreichen Aufgaben«; auch deshalb, weil sie deren Ausmaß und den nötigen Zeitaufwand noch nicht so gut übersehen können wie ältere. Hilfreich sei es, wenn Eltern mit einem jüngeren Kind ab und an gemeinsam überlegen, »ob es die Hausaufgaben lieber gleich oder erst etwas später erledigen möchte, damit es sich darin übt, über sein Lernen nachzudenken«. Schulanfänger, die das Lernen ja erst noch lernen müssen, benötigten bei der Zeitplanung mehr Hilfe als erfahrenere Schüler, denen eine Unterstützung in Sonderfällen reicht, etwa nach einer Stundenplanänderung oder vor einer zeitraubenden Geburtstagsfeier. Nichts spricht aus Sicht der Tübinger Schulpädagogin dagegen, das Schulkind ausnahmsweise einmal mit seinem Zeitbudget experimentieren zu lassen. »Wenn es zum Beispiel meint, es wolle heute unbedingt zuerst spielen und später die Hausaufgaben anfertigen, und es muss feststellen, dass es seine Konzentrationsfähigkeit und Ausdauer zwischen 17 und 18 Uhr falsch eingeschätzt hat, so bietet auch diese Erfahrung eine gute Lernchance.« Grundsätzlich sei das eigenständige Nachdenken des Kindes über seine Arbeitsweise für die Schule sehr erstrebenswert, denn das helfe »ihm dann auch später, wenn es sein Lernen zunehmend selbstständig planen und überwachen muss« – und natürlich auch zunehmend so verfahren möchte, denn »ältere Schülerinnen und Schüler schätzen es ja zumeist nicht so sehr, wenn die Eltern zu viel mit- und hineinreden wollen«.

Aus pädagogischer Sicht sind überengagierte Eltern ohnehin ein Problem. Grundsätzlich sollten Hausaufgaben alleine von den Kindern erledigt werden, übrigens auch im Hort. Übermäßig besorgte oder besonders leistungsorientierte Eltern tun leider häufig viel zu viel des vermeintlich Guten: Nicht nur unterstützen sie ihre Kinder bei den Schularbeiten regelmäßig (nach einer neueren, seriösen Umfrage fast zwei Drittel aller Eltern), sondern sie pauken auch mit ihnen für Klassenarbeiten und feilen zusammen mit Tochter oder Sohn an Referaten (etwa drei Viertel der Mütter oder Väter).[53]

Auf diese Weise gefährden Helikopter-Eltern, die fortwährend wie Beobachtungshubschrauber über ihrem Kindlein kreisen, dessen Eigenmotivation und schmälern oft sogar seinen Lernerfolg. Zudem rauben sie ihm die mögliche Freude über eine gute Note. Es ist ja dann auch *ihre* Zensur, und nicht selten heißt es dann aus dem Mund solcher Mütter oder Väter: »*Wir* haben diesmal eine Zwei in Mathe!« Und schließlich täuschen gemeinsam bearbeitete Hausaufgaben den jeweiligen Lehrer über den Leistungsstand seiner Schüler, wodurch sinnvolle Hilfe auszubleiben droht. Bei den Aufgaben unterstützen sollte man sein Kind deshalb in der Regel nur auf dessen ausdrücklichen Wunsch. Und bittet der Sohn oder die Tochter in jüngster Zeit auffallend oft um Hilfe oder brütet das Kind seit Wochen deutlich länger als üblich über seinen Heften und kommt nicht voran, empfiehlt sich ein klärendes Gespräch mit dem betreffenden Fach- oder Klassenlehrer. Ansonsten darf gelten: Schularbeiten gehören zu den Aufgaben der Schülerinnen und Schüler. Eltern haben eigene.

Lehrjahre sind keine Herrenjahre!

Selbst ein vielbeschworener Titan unter den Torhütern hat einmal bescheiden angefangen. Als Oliver Kahn 1987 beim Karlsruher SC seine an Erfolgen reiche Profi-Laufbahn begann, musste er zunächst »die Koffer schleppen« und seine »Kickschuhe selber putzen«. Außerdem war der dreimalige Welttorhüter »als junger Profi froh, die Trainingseinheiten unbeschadet überstanden zu haben«, denn im Training gab es »Konkurrenzkampf pur und die Jungen liefen wie die Hasen über den Platz, um nicht zu sehr auf die Knochen zu kriegen«.[54] Zu Kahns Erfahrungen passt, dass es auf Bolzplätzen gerne gesehen wird, wenn ein neu hinzukommender Kicker erst einmal das ungeliebte Tor hütet, bevor er auf Torjagd gehen darf.

Sprichwörtliche Redensarten, die von der Unerfahrenheit des Anfängers künden, gibt es eine ganze Reihe: Ohne Fleiß winke kein Preis, Übung mache den Meister, und vor den Erfolg hätten die Götter den Schweiß gesetzt, heißt es. Auch muss im übertragenen Sinne »Lehrgeld zahlen«, wer als noch Ungeübter folgenreiche Fehler macht, wobei in früheren Jahrhunderten die Eltern des Lehrlings den Meister tatsächlich für Unterkunft, Kost und Lehre etwas zahlen mussten. »Jeder fängt einmal klein an«, lautet ein anderes Sprichwort, was trösten soll, obwohl es natürlich nicht in jeder Hinsicht stimmt, denn wer von der Mutter eine Firma erbt oder vom Vater einen namhaften Adelstitel samt großem Landbesitz, beginnt auf der Karriereleiter von einer ziemlich hohen Sprosse aus zu klettern. Stimmiger ist da schon die Floskel von den Lehrjahren, die keine Herrenjahre sind, weil selbst die Eigner großer Unternehmen gut daran tun, den Sohn oder die Tochter mit der Führung der Firma nicht schon zu betrauen, solange ihr Nachfolger »noch feucht hinter den Ohren« ist.

Dass Lehrjahre ihre Tücken haben, hat Udo Fleckenstein erlebt. Vor etwa dreißig Jahren ließ sich der Redakteur des Internetportals »Hauptsache Bildung« zum Kfz-Mechaniker ausbilden und erinnert sich noch sehr lebhaft an seine Zeit als Stift, wie die Lehrjungen seinerzeit häufig genannt wurden. Typischerweise begann ein Arbeitstag für den Neuling »mit der Aufnahme der Frühstücksbestellung für die Gesellen«, berichtet Fleckenstein. »Oft wurden etwas skurrile Bestellungen aufgegeben, um den Stresspegel der Lehrlinge gleich am Morgen auf ein etwas höheres Level zu bringen.«[55] Auch die Nachmittage hatten es offenbar in sich und sorgten dafür, dass die neuen Lehrlinge bald außer sich waren. Wenn nämlich gerade einmal weniger zu tun war, wurden die Stifte nach der Mittagspause »zu völlig unsinnigen Besorgungen losgeschickt«. Aufzutreiben waren sonderbare Ersatzteile wie Siemens-Lufthaken, Kupplungstreiber oder auch Bremsöl. »Die Lagermitarbeiter der Firma, zu der man dafür gehen musste, waren natürlich eingeweiht und drückten dem armen Lehrling einen Sack mit Altmetall oder Backsteinen in die Hand, den er dann unter allgemeinem Gelächter zurück in seine eigene Firma schleppen musste.« Herrenjahre waren das offenkundig nicht. Erst »ab dem zweiten Lehrjahr wurde ich mit eigenen Reparaturaufträgen bedacht, und ab diesem Zeitpunkt hat es überwiegend Spaß gemacht«.

Um Mobbing zu rechtfertigen, sollte das Sprichwort von den noch fernen Herrenjahren niemals dienen. Davon abgesehen aber kann es tröstlich wirken, wenn Eltern, Freunde oder auch Ausbilder es mitfühlend aussprechen. Schärfer im Ton eignet es sich auch, um Lehrlinge zurechtzuweisen, die es schon als Zumutung empfinden, kurz vor Feierabend die Werkstatt aufzuräumen oder Malerpinsel zu säubern. Das Maulen über solche Aufgaben scheint sich in jüngerer Zeit zu häufen, wie etwa Richard Schildgen zu berichten weiß. Er führt in Köln-Sülz einen Elektroinstallationsbetrieb und bemängelt die oft zu lasche Arbeitshaltung der jungen Leute in seinem Handwerk. Damit meint der Lehrlingswart der Kölner Elektriker-Innung nicht nur, dass viele Auszubildende unpünktlich zur Arbeit oder zur Berufsschule erscheinen oder morgens bei Arbeitsantritt den Meister und ihre Kollegen nicht grüßen. Zu viele von ihnen folgten der Marschroute, aufgetragene Arbeiten wie das Kehren des Hofs oder das Wegbringen der Post mit minimalem Einsatz und ziemlich schleppend zu erledigen. Ihm scheine, dass das Gefühl, Geld fürs Bummeln zu bekommen, »für viele Lehrlinge schöner ist als das Gefühl, eine Leistung erbracht zu haben«. Offenbar versäumten es die Eltern der Betreffenden, ihren Kindern Leistungswillen, Zielstrebigkeit und andere beruflich günstige Werte zu vermitteln. Das aber könne nicht die Aufgabe der Handwerksmeister sein, die lediglich einen Ausbildungsauftrag hätten. Die Erziehung hingegen »sollte abgeschlossen sein, wenn die Lehre beginnt«, findet Schildgen.

Seine Erfahrungen scheinen nicht ungewöhnlich zu sein. »Es hat sich in den vergangenen 15 Jahren, die ich gut überblicken kann, unter den Lehrlingen eine gewisse Gleichgültigkeit ihrer Arbeit gegenüber breitgemacht«, sagt auch Dirk Feiler, Lehrlingswart der Kölner Dachdecker- und Zimmerer-Innung. Früher zum Beispiel seien die Lehrlinge zur Gesellenprüfung in ihrer Arbeitsjacke, mit geputzten Schuhen und einer sauber gewaschenen Hose erschienen, und in der Hose steckten ein Zollstock und zwei bis drei gespitzte Bleistifte. »Heute kann es passieren, dass der Prüfer gefragt wird, ob er eine Klinge dabeihat, um schnell noch einen Bleistift spitzen zu können«, berichtet der Inhaber eines Dachdeckerbetriebs in der Domstadt. Außerdem sei in jeder Prüfung immer einer dabei, der verpennt habe und ein paar Stunden zu spät komme – von ein paar Minuten rede schon keiner mehr. »Vier Stunden! Wo gibt es das denn?«, wundert sich Feiler. Schlendrian wie dieser sei inzwischen »deutlich weiter verbreitet als früher«.

Auch die Autorität des Meisters werde kaum noch anerkannt, man bekomme dauernd Widerworte, und Arbeitsanweisungen würden nicht befolgt, schon weil manche Lehrlinge gar nicht richtig zuhörten und lieber mit ihrem Mobiltelefon herumspielten. Oft seien die Lehrlinge zwar körperlich präsent, geistig aber ganz woanders. »Wenn man sie runter zum Auto schickt, um drei Werkzeuge oder Teile zu holen, haben sie immer eines vergessen, wenn sie zurück auf dem Dach sind.«

Wer mit Schildgen und Feiler spricht, gewinnt rasch den Eindruck, dass andere Handwerksmeister Ähnliches zu Protokoll geben würden. Werte oder Eigenschaften wie Pflichtbewusstsein, Fleiß und ja: auch eine Portion Demut gegenüber Menschen mit viel größerer Erfahrung, von denen Etliches zu lernen wäre, scheinen sich zumindest in Teilen der Gesellschaft weithin verflüchtigt zu haben. Das liegt natürlich auch daran, dass die Lehrlinge heute im Durchschnitt von zu Hause aus schlechtere Startbedingungen mitbringen als ihre Vorgänger in den 1970er- oder 1980er-Jahren. Die besten Hauptschüler gehen inzwischen eher selten ins Handwerk, dessen Ruf offenbar schon einmal besser war und von dem es früher hieß, es habe goldenen Boden. »Die Lehrlinge kommen sich im Vergleich zu Akademikern vor wie Menschen zweiter Klasse oder wie Übriggebliebene, die es nicht geschafft haben«, sagt Richard Schildgen. Der Beruf des Handwerkers sei »weithin verpönt«. Es heiße, »ein Handwerker macht Dreck und Krach, und so erfahren es auch schon die Kinder.« Es scheint schwerer geworden zu sein, als Handwerker Ehrgefühl aufzubauen.

Wenn Eltern es schaffen, ihren Söhnen und Töchtern zu vermitteln, wie froh Arbeitgeber jeder Branche über gute Umgangsformen, Lernbereitschaft und Interesse am Beruf sind und wie sehr solche Eigenschaften Stellenbewerber über viele ihrer Konkurrenten hinausheben, dann haben sie schon einen Gutteil des nötigen Bodens für beruflichen Erfolg bereitet. Das glaubt spätestens, wer einen Mann wie Dirk Feiler hat schwärmen hören von einem Lehrling, der erkennbar hinzulernen möchte und der ihn immer wieder anruft, wenn noch eine Frage offen oder etwas nicht verstanden ist. Genau so nämlich gehen spätere Herren in die Lehre – ob nun tatsächlich in die Werkstatt oder an die Universität.

Über Geld spricht man nicht!

Mein erstes, wenn auch unregelmäßig fließendes Taschengeld waren 50-Pfennig-Stücke. Seltsam genug, nannte mein Vater sie »Füchschen«, obwohl sie silbern waren und nicht etwa annähernd fuchsrot wie die kupferfarbenen 1- oder 2-Pfennig-Münzen. Dann und wann sorgte mein Vater dafür, dass sich in seiner Geldbörse ein, zwei oder auch mal drei Fünfziger befanden und forderte mich dann dazu auf, dort einmal nachzusehen. Mein Füchschen-Geld besserte ich schon frühzeitig auf, indem ich auf unserem Fußballplatz leere Bier- und Limoflaschen einsammelte und zurück zur Trinkbude hinterm Nordtor brachte. Stolze 10 Pfennig gab es für eine Flasche, wofür man sich als Kind zu Beginn der 1970er-Jahre nicht nur bückte, sondern auch mal halb um den Sportplatz lief. Denn für zehn oder zwölf Groschen bekam man in Herrn Fröhlichs Spielzeugladen bereits eine Schachtel mit kleinen Plastiksoldaten, für 15 Groschen sogar einen anständigen kleinen Panzer – sofern Panzer freilich anständig sein können.[1]

Um eine zusätzliche Einnahmequelle zu erschließen, gründete ich mit einem Spielkameraden ein Zweimannunternehmen zur Säuberung von Straßenrinnen, gestützt auf mein Tretauto, vor das wir einen alten Besen banden. Die Sache lief vielversprechend an; ein paar gerührte Leute warfen uns aus ihren Fenstern tatsächlich den einen oder anderen Groschen zu.

Doch schon am zweiten Tag fiel mein Kompagnon aus, weil er auf waghalsige Weise mit Nähmaschinenöl experimentiert hatte: Dieses brannte zu seiner Überraschung selbst auf seinem Unterarm. Den Ausfall eines Gründers überstand unsere kleine Firma leider nicht. Bald danach wurde mein Taschengeld zum Glück deutlich erhöht und regelmäßig ausgezahlt, doch weil eine Modelleisenbahn auch schon damals ein kostspieliges Hobby war und Weihnachten wie auch Geburtstage viel zu selten vorkamen, musste ein ausgefallener Sonderwunsch auf andere Weise finanziert werden – notgedrungen durch Putzen. Etwa 75 Mark waren erforderlich. So viel nämlich kostete die ersehnte Diesellok der Baureihe 216, und bis das verdient war, mussten Omas Küche und unser Balkon sehr oft gewässert und anschließend gescheuert werden. Nach ein paar Monaten war es endlich geschafft. Auf wenig bin ich bis heute so stolz gewesen wie auf den endlich möglichen Kauf der kleinen roten Lokomotive. Doch warum erzähle ich das alles?

Geld ist schon für Kinder wichtig, für Erwachsene ohnehin. Es ist das Schmiermittel der Wirtschaft, in jedem Sinne dieses Wortes. Wir alle brauchen es, und die wenigsten glauben, genug davon zu haben. Und doch redet man in Ländern wie Deutschland nicht gerne über Geld, zumindest nicht über das eigene. Man kann hierzulande selbst das munterste Gespräch unter Freunden einfrieren, wenn man sich bei einem von ihnen nach dem Jahresgehalt erkundigt. Das wäre in einem Land wie Schweden keine sonderlich große Sache. Denn dort kann man sich per Post den jeweils lokalen »Taxeringskalender« bestellen und in dem Verzeichnis nachschlagen, wie viel der Freund, die Tante oder der Nachbar so verdient. Steuerbescheide gehören als behördliche Akten seit vielen Jahren zum Allgemeingut.[2]

Anders bei uns: Hier demonstriert das Antlitz eines nach seinem Gehalt oder Vermögen Befragten, wozu 26 Gesichtsmuskeln imstande sind, wenn sie außer Kontrolle geraten. Denn wer sein Jahresgehalt preisgäbe, würde damit zwei Risiken eingehen: Ist es mickrig im Vergleich zum Verdienst der anderen am Tisch, muss der Offenherzige womöglich beschämt schlucken. Ist es aber sehr beträchtlich, könnten seine Freunde neidisch werden. Oder sie hätten plötzlich eine Art Messlatte, mit deren Hilfe sie im Stillen (und geräuschvoller später zu Hause) sein finanzielles Gebaren bewerten: »Wie geizig ist denn der Karl? Verdient 130000 im Jahr und spendet für den neuen Schulgarten gerade mal 30 Euro!«, könnten sie dann zischen. Oder auch: »So was! Diese Ute bekommt 10000 im Monat und läuft in abgewetzten Jeans herum.« Bei unbekannten und unscheinbar lebenden Millionären kann man ja noch verstehen, dass sie hinterm Berg halten mit ihrem Vermögen, denn wer will schon seine eigenen Kinder ohne Not ins Visier möglicher Entführer rücken. Doch für den großen Rest der Menschen gilt: Viele zeigen zwar gerne, *was* sie sich alles leisten können, doch Näheres zum Vermögen oder monatlichen Einnahmen geht niemanden etwas an. Diese Zurückhaltung sitzt bei den Älteren im Lande so tief, dass früher so manche Hausfrau nicht wusste, wie viel ihr Mann pro Monat nach Hause brachte. Geld war eben schon immer auch ein Machtmittel.

Ihren Töchtern und Söhnen jedenfalls helfen Eltern sehr beim Einstieg ins Leben, wenn sie die Kinder in verständlichen Schritten schon früh an den Umgang mit Geld und seinen wahren Wert gewöhnen, gerne auch an den Warenwert. Denn nicht nur regieren Geld und Besitz auf ärgerliche Weise die Welt, was man lieber früher als später durchschauen lernen sollte. Obendrein droht, wer mit seinen Penunzen nicht haushalten kann, im Handumdrehen in größte Schwierigkeiten zu geraten. So waren im Jahr 2013 rund 6,6 Millionen Bundesbürger »überschuldet und nachhaltig zahlungsgestört«, wie es die Wirtschaftsauskunftei Creditreform ausdrückte.[3] Ein wesentlicher Grund für die Geldprobleme ist seit Jahren »unangebrachtes Konsumverhalten«. Will heißen: Viele Schuldner gaben für Wünschenswertes, aber nicht Erforderliches Geld aus, das sie gar nicht hatten. Auch deshalb raten viele Experten seit Jahren zu einem Schulfach »Wirtschaft«, denn Deutschland sei »in Sachen Finanzkompetenz ein weißer Fleck auf der Landkarte«, bedauert der Mainzer Wirtschaftspädagoge Klaus Breuer.[4] Einmal dahingestellt, ob die Menschen in anderen Staaten finanzkundiger sind als wir: Gut scheint es Studien zufolge um das praktische Wirtschaftswissen der Mehrheit hierzulande nicht zu stehen.

Dabei wüssten viele Menschen gerne mehr über Geld, Steuern, Anlageformen und Staatsfinanzen, wenn man es ihnen nur ansprechend präsentieren würde, vor allem zugeschnitten auf ihre Bedürfnisse. Nach einer seriösen und alle drei Jahre wiederholten Erhebung wünschen sich drei von vier befragten Jugendlichen und jungen Erwachsenen, dass Wirtschaftsthemen an der Schule einen höheren Stellenwert erhalten sollten als bisher.[5] Etwa 68 Prozent stimmen sogar für ein eigenständiges Schulfach. Gäbe es ein solches, wüssten vielleicht endlich ein paar mehr als bloß 30 Prozent der jungen Befragten, was man unter Rendite versteht (nämlich die tatsächliche Verzinsung des Kapitaleinsatzes), was die Inflationsrate angibt (den jährlichen Kaufkraftverlust durch steigende Preise) oder auch, was an der Börse geschieht. Letzteres können nur 40 Prozent dieser Altersgruppe gut erklären. Über grundlegende wirtschaftliche Sachverhalte wie diese sollten durchschnittlich gebildete Jung-Sparer und jeder Lohn- und Gehaltsempfänger Bescheid wissen, sonst bleiben viele Nachrichten ein Rätsel.

Stärker unterrichtet werden sollten wirtschaftliche Zusammenhänge auf jeden Fall. Denn je mehr man darüber weiß, desto mehr möchte man zusätzlich erfahren: Während nach der erwähnten Umfrage von jenen jungen Menschen, die sehr gut informiert sind, sich 41 Prozent stark oder sehr stark für Wirtschaft interessieren, sind es von den weniger kundigen nur 9 Prozent. Gerade diese jungen Leute aber hätte allen Grund, sich besser auszukennen – zum Beispiel indem sie verstehen, dass ein mit lediglich einem Prozent verzinstes Sparkonto bei einer Inflationsrate von 2 Prozent jedes Jahr ein Prozent an Kaufkraft einbüßt und also eine lausige Geldanlage ist, anders als solide Aktien. Und dann wüssten sie auch, dass ein Fernsehgerät deutlich teurer ist, wenn man es per Ratenkauf erwirbt, und dass die überall angepriesene »Null-Prozent-Finanzierung« hinterlistige Augenwischerei ist, weil der Festpreis natürlich längst um die anfallenden Kreditzinsen erhöht ist. Es sind genau diese eher wenig begüterten Menschen, die dafür blechen müssen, dass die Verkäufer den finanziell potenteren Barzahlern teils kräftige Rabatte gewähren. »Ein kostenloses Mittagessen gibt es nicht«, lautet eine dazu passende Finanzweisheit aus den USA: »There is no such thing as a free lunch!«[6]

Eltern können auf spielerische Weise versuchen, ihre Kinder an den Umgang mit Geld zu gewöhnen, sobald diese sich ein wenig mit Zahlen auskennen. Im Laden können sie die Kleinen dazu ermuntern, die günstigste Milch zu finden. Und wer mag, kann ihnen dann erklären, was dafür spricht, der etwas mehr kostenden Bio-Milch dennoch den Vorzug zu geben. So lernt das Kind ganz nebenbei, dass es neben dem objektiven Preis auch noch einen schwer bezifferbaren, subjektiven Wert gibt. Auf diese Weise erfahren junge Menschen, dass es einem sehr wohl etwas wert sein kann, nicht das Preisgünstigste zu kaufen – und dass es sogar verschwenderisch sein kann, das Billigste zu nehmen, weil ein »unschlagbar günstiger« Wäscheständer womöglich schon nach einem Jahr den Geist aufgibt, während der doppelt so teure zehnmal so lange gehalten hätte. Genau das ist praktische Wirtschafts- und Verbraucherkunde!

Dasselbe gilt für einen Preisvergleich, den schon ältere Grundschüler schaffen: »Schau mal, Marie, was billiger ist: die 250-Gramm-Packung Müsli oder doch die 500-Gramm-Tüte?« Viele Kinder kann man mit solchen Aufgaben locken. Gerne spielen viele von ihnen auch mit dem Kaufladen oder einer Kinder-Post und dem jeweils dazugehörigen Spielgeld. Außerdem kann, wer am Geldautomat sein Portemonnaie nachlädt, seinem Kind erklären, woher die bunten Scheine kommen und was dadurch auf dem Konto passiert. »Es gibt Kinder, die halten den Bankautomaten für eine Gelddruckmaschine«, sagt die Kölner

Erzieherin Anke Schmucker, die beim Netzwerk Finanzkompetenz Nordrhein-Westfalen mitmischt und Lehrmaterial zum Thema Geld für Grundschul-Pädagogen mitentwickelt hat.[7]

Es gibt jeden Tag zig Gelegenheiten, das Wissen der Kinder über Geld zu mehren. Viele von ihnen mit bereits stark entwickelter sozialer Ader lieben es auch, einem Obdachlosen oder Straßenmusikanten etwas in den Hut zu werfen – ein schöner Anlass, beiläufig über wahre Bedürfnisse, milde Gaben und den Unterschied zwischen Arm und Reich zu sprechen. Für schon etwas ältere und verständige Kinder wäre es hingegen sehr lohnend, sie könnten an einer Art Familien-Wirtschaftsgipfel teilnehmen, der mehr oder minder regelmäßig und zusätzlich aus besonderem Anlass einberufen wird. Hier kann vieles auf den Tisch kommen, was die Einnahmen, die Ausgaben und das gegenwärtige Auskommen der Familie betrifft. Es kann auch über das verfügbare Budget für den nächsten Urlaub gesprochen werden; oder darüber, dass und warum er dieses Jahr leider entfallen muss. Jeder kann bei solchen Treffen Sparvorschläge machen oder Ideen einbringen, wie sich vielleicht noch etwas Geld erwirtschaften lässt, und sei es durch den Verkauf von Büchern oder Altkleidern auf dem nächsten Flohmarkt. Nur reden muss man miteinander, auch und gerade über die Moneten.

Lieber den Spatz in der Hand als die Taube auf dem Dach!

Wir schießen mit Kanonen auf Spatzen, wenn wir bei Gegenmaßnahmen übertreiben; wir haben Spatzen unterm Hut, wenn wir Unsinn erzählen; und wir haben Spatzen gefrühstückt, wenn wir übellaunig sind: Könnte der Haussperling (*Passer domesticus*) uns Menschen verstehen oder – schlimmer noch – lesen, was alles über ihn geschrieben worden ist, würde er sich hierzulande höchstwahrscheinlich noch rarer machen als zuletzt. Wobei er ja nach wie vor nicht selten ist: Nach dem Buchfink, der durch jeden Laubwald trällert, ist der Spatz mit etwa fünf bis elf Millionen Brutpaaren vermutlich noch immer der zweithäufigste Vogel in Deutschland. Doch vielerorts ist er in den letzten Jahrzehnten deutlich seltener geworden, so etwa in München, Hamburg und anderen Großstädten – und zwar unter anderem dadurch, dass moderne, sanierte und wärmegedämmte Bauwerke viel weniger Nischen, Klüfte und Hohlräume und damit mögliche Brutplätze aufweisen als Gebäude vor 40, 50 oder noch mehr Jahren. Obwohl die Spatzen noch immer manche Binsenweisheit von den Dächern pfeifen (noch so eine Schmähkritik), haben sie es inzwischen auf die amtliche Vorwarnliste der gefährdeten Brutvögel geschafft.[8] Dort tschilpen sie munter bis heute.

Dass Hausperlinge nicht gerade erlesene Vögel sind, zeigt auch der Spruch, wonach man sich mit einem von ihnen in der Hand bescheiden möge, statt immer nach der Taube auf dem Dach zu schielen. Das Sprichwort hat allerdings, wenn man so will, auch schon ein paar Jährchen auf dem Buckel; gut erkennbar daran, dass Tauben nur noch vereinzelt im Kochtopf landen, von Feinschmecker-Kreisen einmal abgesehen. Seltener als früher dienen sie auch als Briefboten und Übermittler eiliger Nachrichten, von denen das Schlachtenglück abhängen konnte. Längst gelten zumindest die unzähligen Stadttauben als lästige Ratten der Lüfte, die mancherorts vergiftet, beschossen oder mit untergeschobenen Plastikeiern zum fruchtlosen Brüten gezwungen werden. Nur wenige Menschen jedenfalls nähmen sie heute noch lieber in die Hand als einen kleinen Spatz. Die Zeiten ändern sich eben rascher als die Sprichwörter. So weit der kleine Exkurs in die Vogelkunde.

Überdauert hat der Wunsch vieler Eltern, ihren Kindern mit Verweis auf die nahen Spatzen und fernen Tauben die Tugend der Bescheidenheit zu vermitteln. Die Botschaft ist letztlich stets dieselbe: »Greif nicht nach den Sternen, Kind, sondern gib dich mit Vorhandenem oder wenigstens Erreichbarem zufrieden.« Das klingt weise. In der Tat führt ein sicherer Weg ins

Unglück darüber, sich unentwegt mit anderen Menschen zu vergleichen und mehr zu wollen, als man für ein auskömmliches und zufriedenes Leben braucht. Und beim Brauchen im Sinne von Benötigen geht es zunächst einmal um echte Bedürfnisse, nicht um verzichtbare oder wenigstens aufschiebbare Wünsche.

Allerdings hat die Sache mindestens zwei Haken: Erstens könnte der immerzu Bescheidene lockende Chancen verpassen − etwa die, durch allzu große Mäßigung sich selbst den Wind aus den Segeln zu nehmen und niemals über sich hinauszuwachsen. Denn: Wissen wir wirklich immer und genau, wozu wir imstande sind? Haben wir unsere Möglichkeiten konsequent ausgereizt? Immerfort brav und bescheiden zu sein kann uns auch in Ketten legen, dahinkümmern und klein beigeben lassen, wo Aufblühen gut möglich wäre. So verstanden würden Eltern, die ihren Kindern stets nur Spatzen schmackhaft machen, größere Genüsse auf Dauer versagen. Die leckeren Tauben lassen sich dann die Kühneren schmecken, die Dreisteren ohnehin.

Der zweite Haken ist grundlegender. Auf ihn verweist Andreas Oehler von der Forschungsstelle »Verbraucherfinanzen & Verbraucherbildung« der Universität Bamberg. Er nämlich versteht den Spatzen-Spruch weniger als Appell an die Bescheidenheit. Viel eher gehe es dabei um die »weit verbreitete Neigung, die Gegenwart überproportional stark der Zukunft vorzuziehen«. Viele Menschen unterschätzten nämlich, was das Leben an finanziellen Herausforderungen noch auftischen kann, und geben ihr Geld lieber rasch für eher unwesentliche Dinge aus. Ein Grund dafür kann sein, dass diesen Kurzentschlossenen schlicht die Vorstellung fehlt, welches ansehnliche finanzielle Polster sich würde erwirtschaften lassen, wenn sie auf den einen oder anderen Konsumartikel heute verzichteten und den dafür aufgewandten Betrag stattdessen sinnvoll ansparten. Indem sie also nach dem leicht erreichbaren Spatz greifen, geht ihnen manch fette Taube durch die Lappen.

Besonders weit verbreitet ist dieses kurzfristige Denken im Bereich der Altersvorsorge. »Zu leicht rechnet man den künftigen Finanzbedarf hier schön – im Sinne von schön niedrig –, statt heute manchmal auf eine Anschaffung zu verzichten«; vorausgesetzt natürlich, man habe am Monatsende »überhaupt etwas übrig«, um es auszugeben oder auf die hohe Kante zu legen, merkt der Finanzwissenschaftler an. Doch selbst mit nur 10 Euro, die man monatlich anspart, lässt sich beginnen, schließlich macht auf Dauer auch Kleinvieh einigen Mist. Wie man es auch wenden mag: Wer irgendwann eine stattliche Taube schlachten möchte, wird auf manchen heute schon verfügbaren Spatzenbissen verzichten müssen. Insofern findet Andreas Oehler das weise klingende Sprichwort ziemlich zweischneidig. Es kommt halt darauf an, wie man es auslegt.

Gib nicht immer alles aus!

Als den Kumpels und Stahlarbeitern an Ruhr und Saar ihr Geld noch in der Lohntüte überreicht wurde, also bis vor etwa sechzig Jahren, postierten sich wohlweislich die Frauen am Zahltag vor dem Werkstor, um ihre Männer in Empfang zu nehmen, oder vielmehr: deren Geld. Sie versuchten der Penunzen habhaft zu werden, damit die Malocher nicht schnurstracks zur nächsten Kneipe stiefelten und ihren Lohn schneller versoffen, als er verdient worden war, denn schließlich musste die Familie auch am Ende der Woche oder des Monats noch Lebensmittel kaufen können. »Gib nicht immer alles aus«, ermahnte deshalb so manche leidgeprüfte Arbeiterfrau ihren sorglosen Mann. Die gegen Ende der 1950er Jahre auf breiter Front eingeführten Giro- oder Gehaltskonten haben dieses Problem immerhin gelindert, wenngleich der bargeldlose Zahlungsverkehr bald schon neue Löcher in die privaten Haushalte riss und weiterhin reißt. Die Lasten der Lastschrift erfahren heute auch viele Jugendliche.

Selbst wenn für die Wirtschaft das wachsende Heer älterer und alter Menschen immer wichtiger wird: Finanzielle Begehrlichkeiten weckt längst auch der Nachwuchs. Entsprechend emsig buhlen der Spielzeug-, Klamotten- und Musikhandel um Kinder und Jugendliche, die Handy-Hersteller und Mobilfunk-Anbieter sowieso. Sinnvoll ist das Werben um ihre Gunst und ihren Zaster nur, weil über sechs Jahre alte Kinder nach dem Bürgerlichen Gesetzbuch (BGB) bereits eingeschränkt geschäftsfähig sind und deshalb in gewissen Grenzen Kaufverträge abschließen, mithin Geld ausgeben dürfen.[9] Über solches verfügt der Nachwuchs mehr denn je: Zählt man Taschengeld, kleine Verdienste durch Helfen in Haushalt und Garten sowie Geldgeschenke zusammen, kommen allein die gut 5,9 Millionen sechs- bis dreizehnjährigen Schulkinder in Deutschland auf regelmäßige Einnahmen von über 2,6 Milliarden Euro pro Jahr – das sind mehr als 2 600 Millionen, gelegentliche Geldgeschenke bei Besuchen, für gute Noten oder Hilfe im Haushalt nicht mitgezählt. »Eltern lassen ihre Kinder am Wohlstand teilhaben«, sagt Ralf Bauer vom Egmont Ehapa Verlag in Berlin, in dessen Auftrag die Umfrage jährlich erfolgt. »Und sie sind zunehmend bereit, Markenwünsche beim Nachwuchs zu erfüllen.«[10]

Trotzdem reicht das Geld bei so manchem Kind hinten und vorne nicht – vor allem hinten, am Wochen- oder Monatsende, bevor Nachschub folgt. Überall verlockt Begehrtes zum Erwerb, und wer soll unterscheiden, was davon man *haben muss* und was man lediglich *gerne hätte*? Und zu allem Überfluss sitzen einem dann auch noch die Eltern im Nacken mit ihren schlauen Sprüchen: »Halt deine Groschen zusammen!«, »Spare in der Zeit, dann hast du in der Not!« Und natürlich auch mit dem Klassiker, mit dem schon die eingangs erwähnten Arbeiterfrauen klagten. Kinder denken dann gerne: »Ja, ja, Mutti, red' du nur daher! Ich mache sowieso, was ich will. Wofür hab ich das Geld denn sonst?«

Und Recht haben sie, einerseits. Taschengeld ist schließlich Spielgeld, oder genauer: Lernspiel-Geld. Die damit verknüpfte

Lehre lautet: »Kinder sollten lernen, dass finanzielle Mittel meist begrenzt sind und dass es sinnvoll ist, nach Möglichkeit einen Teil des Einkommens für Notzeiten zurückzulegen«, sagt der Finanzwissenschaftler Andreas Oehler. Dazu gehöre die Einsicht, Urlaubsreisen, den Fernseher oder andere Konsumgüter möglichst nicht auf Pump zu kaufen. »Dennoch – oder sogar gerade deswegen – gehört es zu den wichtigen Erfahrungen eines Kindes, sein Taschengeld auch einmal zu schnell ausgegeben zu haben und sich für den Rest der Woche oder des Monats nichts mehr kaufen zu können.« Zu lernen ist also: Was weg ist, ist weg, und so schnell wird es keinen Ersatz geben! »Zumindest im Wiederholungsfall sollten Eltern deshalb auch kein Geld mehr nachschießen, allenfalls mit Ausnahme eines kleinen Überbrückungsbetrages am Monatsende, der mit dem nächsten Taschengeld verrechnet wird«, rät der Finanzfachmann. Grundsätzlich sollten glaubwürdige, an verlässlichen Regeln orientierte Eltern ihrem Kind zeigen, dass es nun gilt, bis zum nächsten Zahltag durchzuhalten, »auch wenn dies für das Kind nicht leicht und für die Eltern anstrengend ist«.

Man darf sich also nichts vormachen: Die meisten Kinder werden quengeln. Je mehr Erfolg sie damit haben, zu desto größerer Meisterschaft bringen sie es beim Betteln und Manipulieren ihrer Geldgeber. Doch das wäre die falsche Lehre. Zu lernen ist ein Bedürfnisaufschub in zweifacher Hinsicht: erstens insofern, als ein Batzen Geld für die komplette Nutzungsdauer aufzuteilen ist; und zweitens, indem auf Nachschub warten muss, wer zu Monats- oder Wochenbeginn nicht hat maßhalten können. Wer ehrgeizige und außergewöhnlich einsichtsfähige Sprösslinge hat, kann die Nachschub fordernden Quengler vielleicht mit folgender Erkenntnis überzeugen: Kinder, die es bei einem Experiment schafften, einen vor ihnen liegenden, süßen Zuckerschaum vorerst zu verschmähen, weil dann ein zusätzlicher Marshmallow lockte, hatten später nachweislich bessere Schulnoten als Schleckermäuler, die nach dem dargebotenen Leckerbissen griffen, kaum dass die Versuchsleiterin den Raum verlassen hatte.[11] Der Verzicht auf schnellen Genuss mit der Aussicht, später dafür doppelt belohnt zu werden, trainiert nämlich die Fähigkeit, Handlungsimpulse zu kontrollieren, sich also beherrschen zu können. Geschult wird so auch die innere Bereitschaft, Frustrationen wenigstens zeitweise auszuhalten. Wer dies nicht schafft, wird leicht zum Opfer jedweden Sonderangebots, das zum Beispiel so beworben wird: »Profitieren Sie noch heute! Lassen Sie sich das nicht entgehen! Nur gültig, solange Vorrat reicht!« Gegen die Verlockungen der Konsumwelt wenigstens etwas abgehärtet zu werden kann Kindern wahrlich nicht schaden.

Haste was, biste was!

Der US-Amerikaner Mike Jeffries steht wie nur wenige andere Unternehmer für den Versuch, schiere Äußerlichkeit geschickt zu vermarkten und so viel Geld zu verdienen. Der 69-jährige scheidende Chef der US-Modefirma Abercrombie & Fitch (A&F) mit seiner in Deutschland deutlich stärker vertretenen Ladenkette Hollister will in seinen halb abgedunkelten, dezent parfümierten Boutiquen möglichst nur hübsch anzuschauende, schlanke Menschen sehen. Seine Waren lässt Jeffries gerne von durchtrainierten Jungmannen mit Waschbrettbäuchen präsentieren und begründet das in einer Offenheit, die in manchen Ohren unverschämt klingen mag. Seine überwiegend jungen Kunden sollen beim Einkauf eine ganz entscheidende »emotionale Erfahrung« machen. »Deshalb beschäftigen wir nur gutaussehende Mitarbeiter. Denn sie ziehen andere nett anzuschauende Menschen an.« Nur an solche wolle man Kleidung verkaufen. Für pummelige oder gar dicke Teenager mit vielen Selbstzweifeln, aber wenig Facebook-Kontakten sind die schicken Läden nicht gedacht. »Sie haben in unserer Kleidung nichts verloren«, räumt Jeffries unumwunden ein. Wer alle bedienen wolle, die Jungen und Alten, die Fetten und Mageren, der »schreckt zwar niemanden ab, doch in Erregung versetzen kann er auch keinen«.[12] Zu jemandem, der in den Klamotten der schönen, neuen Welt umherläuft, kann man also mit Fug und Recht sagen: »Du bist echt 'ne Marke.« Und was für eine!

Nach dem Gefühl vieler Menschen jeden Alters kommt es in westlich geprägten Gesellschaften nicht nur darauf an, viel zu besitzen, sondern auch das Richtige. Zeig mir, was du drauf hast (auf dem Körper, dem Konto und dem Grundstück), dann sage ich dir, wer du bist! Denn die vielbemühten inneren Werte sieht man dummerweise nicht, oder es dauert, und wer hat heutzutage so viel Zeit? Überdies erhält man keine zweite Chance, einen ersten Eindruck zu hinterlassen, und vor allem dieser zählt. So ist der Mensch seit alters her. Das weiß auch die Werbewirtschaft und preist nach diesem Grundsatz alles für den schönen Schein an – mit der immer gleichen, wenn auch geschickt variierten Botschaft: »Sei stylish! Sei hip! Sei trendy!« Und vor allem: »Greif zu! Wir wollen doch nur dein Bestes!« Dass damit Geld gemeint ist, muss ja niemand wissen.

Kein Wunder, dass der Spruch, nach dem nur etwas darstellt, wer etwas hat, den Bamberger Finanzwissenschaftler Andreas Oehler an ein Sprichwort erinnert, in dem es ebenfalls um Klamotten geht: »Kleider machen Leute«. Und auch dieser Spruch hat etwas Zwiespältiges, beschreibt er doch einerseits eine Realität, provoziert aber andererseits auch moralisch fundierte Kritik, weil eine austauschbare Fassade niemals den ganzen Menschen ausmacht. Deshalb erscheint es Oehler ratsam, Kindern zu vermitteln und vorzuleben, dass man »sich nicht durch den bloßen Anschein blenden lassen sollte«. Auf der anderen Seite könne man »nicht früh genug dafür sensibilisiert werden«, dass Verkäufer, Makler oder Vertreter sehr wohl eigene Interessen verfolgen, auch und gerade rund ums Geld. »So lernen Kinder, zunächst einmal skeptisch zu sein und nicht schon auf den ersten Schein hereinzufallen – zum Beispiel auf Menschen, die ihren Reichtum zur Schau oder in Aussicht stellen.« Eine weitere sinnvolle Lehre wäre, dass materielle Güter wie Geld oder Haus- und Grundbesitz »nur einen begrenzten Wert haben und dass stimmige soziale Beziehungen das Wesentliche im Leben sind«, sagt Oehler.

Schlaue Kinder könnten darauf freilich entgegnen: »Siehste, Mutti, *genau* deshalb brauche ich ja immer die neuesten Fummel von Hollister! Sonst habe ich nämlich bei meinen Freunden rein gar nix mehr zu melden. Und du sagst doch selbst, wie wichtig Freundschaft ist.« Ein Argument, das nicht von schlechten Eltern sein muss. Und dennoch kann man ihm gute Gründe entgegenhalten: »Was ist Freundschaft wert, wenn sie auf tollem Aussehen beruht? Und sollen Kinder, die nicht genug Geld bekommen, um teure Trendklamotten zu kaufen, etwa schon deshalb ausgeschlossen sein aus eurem supertollen Freundeskreis?«

Am Ende könnte es auf einen Kompromiss hinauslaufen: Die Eltern kaufen nur an Weihnachten eines der gewünschten Kleidungsstücke, sozusagen ausnahmsweise, sonst im Jahr jedoch Anziehsachen, die ihr Geld auch halbwegs wert sind. Oder sie geben ihrem anspruchsvollen Kind einen Sockelbetrag für die ersehnte Hose, für die man auch eine sogenannte »vernünftige« bekäme – den Rest muss die Tochter oder der Sohn vom Taschengeld oder Sparkonto beisteuern. Ein dritter Weg könnte in einen Laden mit günstiger Kleidung aus zweiter Hand führen; auch dort hängen nicht selten bekannte Marken. Auch dann nämlich hätte man, was man sein möchte – was immer nun davon zu halten ist.

WO SOLL DAS NUR ENDEN?

Gute Elternschaft mündet stets in die Freiheit der Kinder.
Hans-Joachim Maaz, *Die narzisstische Gesellschaft. Ein Psychogramm*[1]

Viele Kinder, aber auch etliche Erwachsene kennen die Geschichten Sven Nordqvists, der mittlerweile stramm auf die siebzig zugeht. Vor dreißig Jahren schrieb und zeichnete der Schwede das erste seiner wunderbaren Bücher über den alten Pettersson und seinen quirligen Kater Findus – und natürlich über die seltsamen Mucklas, die verborgen hinter Brettern und in Spalten von Petterssons Häuschen sowie im Tischlerschuppen leben und ständig irgendetwas verschwinden lassen. Gemessen am Erfolg seiner phantasievollen Werke scheint Nordqvist ganz gut zu wissen, wie Kinder ticken, und wenn er früher nur halb so gelassen als Vater war, wie es Pettersson gegenüber dem umtriebigen Findus meist bleibt, dann hatten die beiden erwachsenen Söhne des Kinderbuchautors zumindest eine entspannte Kindheit. Der kleine Kater jedenfalls darf sich geborgen fühlen, trotz all seiner Streiche und seiner bisweilen schwer erträglichen Wuseligkeit.

Womöglich ist es genau das, was deutsche Kinder so sehr in ihrem eigenen Leben vermissen: dass sie als weniger anstrengend empfunden und in ihrem Kindsein angenommen werden. Die deutschen Mütter und Väter seien sehr »pädagogisch« in allem, hat Sven Nordqvist 2013 in einem Interview geäußert, anders als schwedische Eltern. »Wir lassen die Kinder laufen, sagen nicht immer, was sie tun sollen oder was zu tun ist. Sie sind freier, wir passen schon auf sie auf, aber wir wünschen uns, dass sie aufwachsen zu Individuen. Sie sollen selbst denken.« Erhellend auch, was Nordqvist dem hinzufügte: »Ich glaube nicht, dass die schwedischen Eltern wünschen, dass die Kinder so werden wie sie. Sie sind, wie sie sind. Man soll ihnen die Möglichkeiten zeigen, die sie haben.« Das Erziehungsmotto laute: »Lass sie laufen, und wenn sie nahe an die Grenzen kommen, lauf hin und fang sie auf.«[2] Das klingt so, als seien Kinder im Norden Europas einfach kleine Menschen und nicht etwa große Projekte.

Wir alle wollen als Eltern, im Rahmen unserer jeweiligen Möglichkeiten, das Beste für unsere Kinder, von wenigen tragischen Ausnahmen abgesehen. Doch manchmal, zum Beispiel im Übereifer, verlieren wir aus den Augen, worum es beim Erziehen im günstigsten Falle geht. Erziehung lasse sich »verstehen als Sorge, die der Selbstsorge dort, wo der Drang zu ihr erkennbar ist, Raum gibt, sie ermutigt und unterstützt«, schreibt der Philosoph Wilhelm Schmid. Dort, wo Kinder keinen Drang erkennen lassen, sich ihrem Wesen gemäß zu entwickeln, sei es hilfreich, Anreize und Anstöße zur Selbstsorge zu bieten. Wenn alles gut gehe, sei Erziehung eine »Anleitung zur Freiheit, die den Freiraum gewährt, sich auszuprobieren und sich dort zu entfalten, wo die Faszination am größten ist«.[3] Auf den Punkt bringt es der Schweizer Kinderarzt Remo Largo: »Wir sollten eine Erziehung anstreben, in der das Kind seine Stärken entwickeln kann und lernt, seine Schwächen anzunehmen.«[4] Sein Wort in unser aller Ohr!

Mit dem, was wir unseren Kindern vorleben, aber eben auch damit, was wir immer wieder sagen, eröffnen wir ihnen Spielraum oder engen ihn ein. In einem ihrer Bücher berichtet die Sterbeforscherin Elisabeth Kübler-Ross von Joshua, einem Graphiker, der Kunst studiert hat und nun für Druckereien arbeitet. Er entwirft Visitenkarten, obwohl er seit Langem davon geträumt hat, Maler zu werden. Doch leider ist es beim Traum geblieben. »So bin ich eben«, redet der 35-Jährige sich ein. »Ich bin nicht der Typ, der Erfolg hat.« Genauso hatte es bereits sein Vater gehalten, der ausreichend Talente und Geschick im Um-

gang mit Menschen besessen hätte, um seine Träume zu verfolgen, doch auch er tat es nicht. »Er hätte alles machen können,
was er wollte, aber er hat es nie versucht«, bedauert sein Sohn.
Der Vater sei »eine Art Versager« gewesen, so wie auch er selbst
einer geworden sei. Wiederholt habe der alte Herr gesagt: »In
unserer Familie geht immer alles schief.« Selbst als er im Sterben lag, hatte Joshuas Vater zwar daran gedacht, Kontakt zu
einem alten Jugendfreund aufzunehmen, aber er ging es nicht
an, »weil er meinte, der Betreffende würde nach so langer Zeit
nichts mehr von ihm wissen wollen«. Und in diesem Glauben
starb der Mutlose dann.[5]

Schwer zu sagen, was sich als verhängnisvoller erwies: die
Selbstbeschränkung, die Joshua Erzeuger sich auferlegt hatte,
oder seine *eigene* von den Vatersprüchen mitverursachte, die ihn
vermutlich bis heute hemmt. Diese Anekdote beschreibt sicher
und leider keinen Einzelfall, wie auch der US-amerikanische
Familientherapeut John Bradshaw weiß. In seinem streng ka-
tholischen Elternhaus gab es die fatale Familienregel: »Wenn
du nichts Nettes sagen kannst, sag lieber gar nichts!«[6] Ein schöner Spruch für künftige Duckmäuser, Leisetreter und Speichel-
lecker. Bradshaw immerhin hat die Kurve noch bekommen,
nachdem er sowohl seine Trunksucht als auch den Priesterberuf
abgelegt hatte, mit dem er nie warm geworden war.

Eine der schwierigsten, aber auch vornehmsten Aufgaben
von Eltern ist es, sich selbst zu erkennen. Nur dann gelingt es zu
unterscheiden, ob man seinen Kindern im Wesentlichen eigene
Werte und Haltungen vorlebt oder doch eher elternhausge-
machte oder von anderen wichtigen Menschen übernommene.
Viele von uns haben Väter und Mütter, die ihrerseits von ihren
Eltern nicht ausreichend selbstlos geliebt und in ihrem Wesens-
kern angenommen und bestätigt worden sind. Solche schuld-
los fehlgeprägten Erzieher nennen Fachleute wie der Psychiater
Hans-Joachim Maaz »narzisstisch bedürftig«: Sie benutzen ihre
Kinder – selbst noch die erwachsenen – auf vielfältige, aber
meist problematische Weise dazu, ungestillte seelische Bedürf-

nisse zu sättigen und möglichst jene traurigen Gefühle nicht zu spüren, die anzunehmen und zu verarbeiten den alten Schmerz alleine lindern könnte. Dies zu wagen wäre in der Tat sehr unangenehm. Denn Liebe zu gewähren, die man selbst vor zwanzig oder dreißig Jahren vermisst hat wie die Luft zum Atmen, bringt einen leicht in Kontakt mit einem Mangel, an den sich zu erinnern man lange kunstvoll verdrängt hat. Häufig ginge es dann auch darum, den eigenen Kindern Freiheiten einzuräumen, die man selbst nicht genoss. Doch wenn beides gelänge, wären dies wohl die größten und liebevollsten Geschenke an unsere Söhne und Töchter.

Hingegen machen ungebremst »narzisstisch bedürftige Eltern (…) ihren Kindern, selbst wenn diese schon längst erwachsen sind, stets Vorwürfe, sich nicht genug um sie zu kümmern«, urteilt Maaz.[7] Häufig äußert sich dies in gebetsmühlenartig wiederholten Klagen: »Das habe ich nicht verdient!«, »Was ist aus dir nur geworden!«, »Warum rufst du nicht an?«, »Das hätte ich nicht erwartet von dir!« Oder sie empfangen noch ihre Enkel (wie höchstwahrscheinlich schon ihre Söhne) wie meine Großmutter und jammern darüber, so oft alleine zu sein – statt sich selbst auf den Weg zur ersehnten Verwandtschaft zu machen, notfalls eben im Taxi. Doch um solche Initiative geht es narzisstisch Bedürftigen ja gerade nicht: Sie wollen vielmehr besucht, angerufen und beachtet *werden*.

Sabine Unger hat Erziehungsfloskeln, die Schaden anrichten können, treffend als »Bannbotschaften« aus Kindertagen bezeichnet. »Sie hemmen, machen unglücklich und kosten viel Energie«, findet die Sozialpädagogin. Mögen uns andere Menschen noch so oft sagen, dass wir gut und liebenswert sind: »Wenn die Bannbotschaft ihren Auftritt hat, zählt das alles nicht mehr!«[8] Wer von engen Bezugspersonen oft genug gehört hat, bloß »zwei linke Hände« zu haben, kriegt mit einiger Wahrscheinlichkeit zeitlebens nichts Rechtes mehr zustande. Solche Sprüche sind Zeitbomben mit Langzeitzünder, oder genauer: Sprengsätze, die sehr lange zünden. Wenn Eltern den Verdacht haben, dass sie das Leben ihres Sohnes oder ihrer Tochter bereits vermint haben könnten, rät Unger dazu, dies offen anzusprechen, natürlich kindgemäß und in einer ruhigen, innigen Stunde. Folgende Fragen schlägt sie vor: »Glaubst du, dass ich Sachen an dir nicht mag? Findest du mich manchmal zu streng? Mache ich dir manchmal Angst?«[9] Wenn das Kind seinen Eltern im Großen und Ganzen vertraut, stehen die Chancen gut, dass der einfühlsam fragende Vater oder die Mutter sehr Überraschendes, wenn auch womöglich Aufwühlendes zu hören bekommen wird. Doch Hauptsache, ein paar der Bomben werden rechtzeitig entschärft.

Aufschlussreich auch, was Malte Mienert über typische Erziehungsfloskeln denkt. »Sie haben im günstigen Fall für die Eltern funktioniert«, sagt der Entwicklungspsychologe. »Also empfehlen Mütter und Väter das, was sich für sie selbst bewährt hat. Dabei wissen sie aber gar nicht, wie die Zukunft ihrer Kinder aussieht und ob die Sprüche für diese dann noch sinnvoll sind.« Floskeln zum Beispiel, die unsere Kinder auf beruflichen Erfolg vorbereiten sollen, seien schon deshalb fragwürdig, weil sich Gesellschaft und Arbeitswelt in den vergangenen Jahrzehnten enorm geändert haben und weiterhin rasch ändern werden. »Dass eine gute Schulbildung fast automatisch zu einer guten Anstellung führt und diese die Startrampe für eine berufliche Karriere ist – diese früher so sichere Kette von Voraussetzungen und Wirkungen gibt es in dieser Form nicht mehr«, sagt Mienert. Schon deshalb benötigten Jugendliche heute etwas anderes als das, was angemessen für ihre Eltern oder gar Großeltern war. »Sie müssen stark gemacht werden für Unsicherheit, sie benötigen Selbstbewusstsein für unklare Situationen und müssen flexibel sein bei neuen Anforderungen.« Erziehung sollte deshalb aktuelle gesellschaftliche Bedingungen berücksichtigen. »Eltern können sich als Spiegelfläche für die Lösungsideen der Heranwachsenden anbieten, anstatt Ratschläge zu geben.« Sie könnten ihre Kinder zum Beispiel fragen: »Welche Ideen hast du? Was hast du in ähnlichen Situationen bereits probiert?

Was könnte für dich eine Lösung sein?« Oder auch nur der nächste Schritt? Sich auf diese Weise zu erkundigen zeige Interesse an den Lösungsbemühungen der Kinder. So würden diese auch erfahren, dass Mutter und Vater ihnen Antworten auf die eine oder andere wichtige Frage grundsätzlich zutrauen, was dann Hilfe beim weiteren Vorankommen ja nicht ausschließt.

Zum Glück können sich auch Mut machende Botschaften fest in Kinderköpfen verankern. Mit ihnen können wir die Ohren unserer Töchter und Söhne gar nicht oft genug erreichen. »Du schaffst das, mein Kind!«, das wäre so ein Spruch. »Du bist ein prima Mädchen!«, ein anderer. Und ein sehr sinnvoller dritter lautet: »Trau dich nur; ich bin ja bei dir, wenn du Hilfe brauchst.« Und dann geht's los, hinaus ins Leben ...

... gilt allen Fachleuten, die mir geholfen haben, die Wirkung typischer Elternsprüche einzuschätzen. Es waren viele, doch stellvertretend nennen möchte ich die Entwicklungspsychologen Malte Mienert und Hartmut Kasten, den Erziehungswissenschaftler Volker Ladenthin, den Finanzwissenschaftler Andreas Oehler, den Medizinischen Psychologen Uwe Berger, die Pädagogin Christa Wanzeck-Sielert, die Ernährungswissenschaftlerin Ines Heindl sowie die Pädagogische Psychologin Elke Wild. Ein großer Dank geht auch an Freunde und Bekannte, die bereit waren, Anekdoten aus ihrem Leben beizusteuern, denn alle Theorie ist grau. Ohne sie alle wäre dieses Buch niemals entstanden. Beim Eichborn Verlag danke ich Carmen Kölz für ihr Vertrauen – der freien Lektorin Dr. Ines Lauffer für ihre guten Ideen und die sehr hilfreiche Arbeit am Manuskript.

Walter Schmidt
Bonn, im Dezember 2013

ANMERKUNGEN

Warum wir die eigenen Eltern nachbeten

1 Hans-Joachim Maaz: *Die narzisstische Gesellschaft. Ein Psychogramm*, München: C. H. Beck 2012, S. 13.
2 Vgl. Walter Schmidt: *Morgenstund ist ungesund. Unsere Sprichwörter auf dem Prüfstand*, Reinbek bei Hamburg: Rowohlt 2012, S. 11.
3 *chrismon*, Heft 6/2012, S. 43.

Neunmalkluge Eltern

1 www.gutefrage.net/frage/hilfe-eltern-zwingen-mich-geige-zu-spielen, Eintrag vom 1. 2. 2012; Zugriff am 5. 3. 2013. Rechtschreib- und Zeichenfehler wurden der Leserlichkeit halber korrigiert.
2 Die Zitate stammen zum Teil aus der *Süddeutschen Zeitung* vom 27./28. 4. 2013 sowie aus gängigen Sammlungen im Internet; ihre Urheberschaft habe ich nicht weiter überprüft. Es finden sich zudem verschiedene Übersetzungen aus dem jeweiligen Originaltext.
3 *Süddeutsche Zeitung* vom 27./28. 4. 2013.
4 *Süddeutsche Zeitung* vom 3. 5. 2013.
5 Jean M. Twenge, Tim Kasser: »Generational Changes in Materialism and Work Centrality, 1976–2007. Associations With Temporal Changes in Societal Insecurity and Materialistic Role Modeling«, in: *Personality and Social Psychology Bulletin*, zuerst online erschienen am 1. 5. 2013, doi: 10.1177/0146167213484586.
6 So entstanden eher Eindrücke unterschiedlichster Lebenswelten, keine repräsentative Umfrage, doch diese war auch gar nicht das Ziel, da die Jugend viel zu inhomogen und vielfältig sei. Mehr dazu: Marc Thomas Calmbach et al.: *Wie ticken Jugendliche? 2012. Lebenswelten*

von Jugendlichen im Alter von 14 bis 17 Jahren in Deutschland, Düsseldorf: Verlag Haus Altenberg 2012.

7 »Sinus-Jugendstudie 2012 – ›Hart arbeiten und hart feiern‹«, Thomas Blecha interviewt Marc Calmbach: www.goethe.de/ges/mol/tre/pan/de9475285.htm, Zugriff am 3.5.2013. Alle Zitate von dort.

8 Gerhard Roth: *Persönlichkeit, Entscheidung und Verhalten. Warum es so schwierig ist, sich und andere zu ändern,* Stuttgart: Klett-Cotta 2012 (7.Aufl.), S.28.

9 Elsbeth Stern, Aljoscha Neubauer: *Intelligenz. Große Unterschiede und ihre Folgen,* München: DVA 2013; zitiert in: *Psychologie heute,* 6/2013, S.82.

10 *ZEIT Schule & Familie,* 2012/13, S.96ff.

11 *Der Tagesspiegel* vom 16.5.2013: www.tagesspiegel.de/wissen/fruehkindliche-bildung-dreijaehrige-als-akademiker/8205448.html, Zugriff am 16.5.2013.

12 Bundeszentrale für gesundheitliche Aufklärung (Hg.): »Jugendsexualität. Repräsentative Wiederholungsbefragung von 14- bis 17-Jährigen und ihren Eltern. Aktueller Schwerpunkt Migration«, 2010, S.8f. Die Studie berücksichtigte 1456 Mädchen und 1354 Jungen mit deutscher sowie 357 Mädchen und 375 Jungen mit ausländischer Staatsangehörigkeit sowie über 2000 Elterninterviews. Das PDF der Studie im Netz: www.tns-emnid.com/politik_und_sozialforschung/pdf/Jugend sexualitaet.pdf, Zugriff am 31.5.2013.

13 Christa Wanzeck-Sielert leitet das IQSH-Zentrum für Prävention (Gesunde Schule, Sucht- und Gewaltprävention) am Institut für Qualitätsentwicklung an Schulen Schleswig-Holstein (IQSH) in Kronshagen.

14 Thomas Ebers/Markus Melchers: *Praktisches Philosophieren mit Kindern. Konzepte, Methoden, Beispiele,* Berlin, Münster u.a.: Lit-Verlag 2006 (2.Aufl.).

15 Hans Werner Wüst: *Zitate und Sprichwörter,* München: Bassermann 2010 (Stichwort »Frauen«).

16 Radio Bremen online, 13.9.2012. Die Große Koalition erwägt ein Verbot von medizinisch nicht notwendigen Schönheits-OPs an Minderjährigen.

17 ddp, 12.9.2009/ WAZ-Der Westen: http://waz.m.derwesten.de/dw/panorama/partnerschaften/koerperkult-kann-bei-jungen-maedchen-gefaehrlich-werden-id171624.html?service=mobile, Zugriff am 13.2.2013.

18 Barry Harper: »Beauty, Stature and the Labour Market: A British Co-

hort Study«, in: *Oxford Bulletin of Economics and Statistics*, Vol. 62, Special Issue, December 2000, S. 771–800; *Süddeutsche Zeitung* vom 19.2.2011, S. 11; *The Economist*, 22.5.2003, »The right to be beautiful«.

19 Niclas Berggren, Henrik Jordahl, Panu Poutvaara: *The Right Look: Conservative Politicians Look Better and Their Voters Reward It*, Diskussionspapier Nr. 5513 des Forschungsinstituts zur Zukunft der Arbeit (Hg.), Februar 2011; darin auch weiterführende Literatur.

20 *Psychologie heute*, 03/2013, S. 24.

21 Bundeszentrale für gesundheitliche Aufklärung (Hg.): *Jugendsexualität. Repräsentative Wiederholungsbefragung von 14- bis 17-Jährigen und ihren Eltern. Aktueller Schwerpunkt Migration*, 2010, S. 8: www.tns-emnid.com/politik_und_sozialforschung/pdf/Jugendsexualitaet.pdf, Zugriff am 31.5.13.

22 *Süddeutsche Zeitung* vom 25.1.2013; auch alle weiteren Zitate Martins aus diesem von Malte Conradi und Hannah Wilhelm geführten Interview.

23 Jesper Juul: *Pubertät. Wenn Erziehen nicht mehr geht*, München: Kösel 2010, S. 80 ff; von dort auch alle folgenden Juul-Zitate.

24 Madeline H. Meier et al.: »Persistent cannabis users show neuropsychological decline from childhood to midlife«, in: *PNAS*, Band 109, Heft 40 (2012), S. 2657–2664; online veröffentlicht am 27.8.2012, doi:10.1073/pnas.1206820109.

25 Elke Wild hat ihre Doktorarbeit darüber verfasst, wie Jugendliche alterstypische Entwicklungsaufgaben bewältigen.

26 Das alles trug sich irgendwann zwischen 2005 und 2007 im Bundesamt für Naturschutz zu. Inzwischen ist Hartmut Vogtmann Präsident des Deutschen Naturschutzrings.

27 Walter Schmidt: *Dicker Hals und kalte Füße. Was Redensarten über Körper und Seele verraten*, München: Goldmann 2013, S. 61. Kölling war bis 2011 leitender Psychologe an der Hochgrat-Klinik im Allgäu.

28 Vgl. *Kluge – Etymologisches Wörterbuch der deutschen Sprache*, bearbeitet von Elmar Seebold, Berlin: de Gruyter 1999, S. 170.

29 Lesenswert hierzu: »Wiederkehr der Demut: Ergebt euch!«, in: *Spiegel online*, 2.5.2012: www.spiegel.de/panorama/gesellschaft/demut-die-wiederkehr-der-werte-a-829604.html, Zugriff am 3.4.2013.

30 »Mädchen probieren sich mit sexy Kleidung aus«, in: *Süddeutsche online*, www.sueddeutsche.de/leben/expertentipps-zur-erziehung-maedchen-probieren-sich-mit-sexy-kleidung-aus-1.1593979, Zugriff am 5.6.2013. Hieraus alle weiteren Zitate Raffaufs.

31 Persönliche Auskunft zweier Mädchen aus dem Rheinland an den Autor am 6.6.2013, Vornamen auf Wunsch der Eltern geändert.

32 Medienpädagogischer Forschungsverbund Südwest (Hg.): *JIM-Studie 2012. Jugend, Information, (Multi-)Media. Basisuntersuchung zum Medienumgang 12- bis 19-Jähriger in Deutschland*, November 2012, S. 52.

33 Diesen Begriff hat der englische Kinderheilkundler und Psychoanalytiker Donald Winnicott (1896–1971) geprägt.

34 Jochen Raue: »Nicht ohne mein Handy«, in: Frank Dammasch; Martin Teising (Hg.): *Das modernisierte Kind*, Frankfurt: Brandes & Apsel 2013. Alle weiteren Zitate Raues von dort.

35 Leslie Seltzer; Tony Ziegler; Seth Pollak: »Social vocalizations can release oxytocin in humans«, in: *Proceedings of the Royal Society B*, Bd. 277, Nr. 1694 (2010), S. 2661–2666, doi: 10.1098/rspb.2010.0567. Siehe auch: *Spiegel online*, 12.5.2010: www.spiegel.de/wissenschaft/mensch/ hormon-studie-ein-anruf-bei-mama-beruhigt-die-nerven- a-694334.html, Zugriff am 13.4.2013.

36 »Smartphone-Kids: Voll App-gedreht?«, psycheplus-Verbraucherinformation, 11.6.2013.

37 Sendung auf WDR 2 am 5.4.2013, der Erinnerung nach aus dem Englischen übersetzt durch den Autor.

38 *Süddeutsche Zeitung* vom 17.4.2013.

39 Medienpädagogischer Forschungsverbund Südwest (Hg.): »JIM-Studie 2012. Jugend, Information, (Multi-)Media. Basisuntersuchung zum Medienumgang 12- bis 19-Jähriger in Deutschland«, November 2012, S. 30. Von den 12- bis 13-Jährigen sind 68 Prozent mit Computer oder Laptop ausgestattet, bei den 18- bis 19-Jährigen sogar 89 Prozent.

40 Siehe hierzu das Kapitel »Wenn du nicht genug schläfst, leidet die Schule darunter!«

41 *SZ-Magazin*, Nr. 13, 28.3.2013.

42 Bundesanstalt für Arbeitsschutz und Arbeitsmedizin: »Stressreport Deutschland 2012. Die wichtigsten Ergebnisse«, Januar 2013, im Netz unter: www.baua.de/de/Publikationen/Fachbeitraege/Gd68.html, Zugriff am 10.4.20123. Grundlage ist die Befragung von fast 18 000 Erwerbstätigen (telefonisch durchgeführt von Oktober 2011 bis März 2012). Einbezogen wurden erwerbstätige Personen ab 15 Jahren, die einer bezahlten Tätigkeit von mindestens zehn Stunden pro Woche nachgingen.

43 Joachim Bauer: *Arbeit. Warum unser Glück von ihr abhängt und wie sie uns krank macht*, München: Blessing 2013, S. 46f. Hinweise auf entsprechende Studien dort.

44 *Süddeutsche Zeitung* vom 13.11.2013. Im Original-Interview sagte der Psychiater »den« Harz statt »das« Harz, meinte aber sicher nicht das Mittelgebirge. Te Wildt gilt in Deutschland als einer der Pioniere beim Erforschen der Medienabhängigkeit.

45 Gemeint ist das Spiel »Klopf an!« Vgl. www.testberichte.de/p/terzio-tests/klopf-an-fruehes-foerdern-am-pc-fuer-pc-testbericht.html, Zugriff am 3.4.2013.

46 Vgl. Bauer: *Arbeit*, S.198.

Gefahren

1 Vgl. dazu Gerald Hüther: *Bedienungsanleitung für ein menschliches Gehirn*, Göttingen: Vandenhoeck & Ruprecht 2001, S.12.

2 Vgl. Hartmut Kasten: *Keine Angst vor der Angst. Ängste im Laufe unseres Lebens*, Darmstadt: Primus 2004.

3 Anselm Grün: *Jeder Mensch hat einen Engel*, Freiburg: Herder 1999, S.21 ff; zitiert nach: Anselm Grün: *Dem Alltag eine Seele geben*, Freiburg: Herder 2003, S.70f.

4 Ebd.

5 Mein Neffe Philipp schaffte das jedenfalls – und empfahl sich auch sonst schon früh als gewiefter Autokenner!

6 Diese und weitere Informationen zu Rainer Brämers Studien finden sich auf der Seite www.natursoziologie.de.

7 An der Umfrage waren über 3000 Sechst- und Neuntklässler aller Schulformen aus sechs Bundesländern beteiligt.

8 »Ist das Reh die Frau vom Hirsch?« – Deutsche Wildtier Stiftung veröffentlicht forsa-Umfrage zum Naturwissen von Kindern, Pressemitteilung der Deutschen Wildtier Stiftung vom 28.4.2006.

9 Das gilt vor allem für jüngere Jugendliche, während ältere generell ihre Zeit eher in Innenräumen verbringen. Auch deshalb stagniert das Naturwissen erfahrungsgemäß in der Pubertät oder sinkt sogar; der Wendepunkt scheint nach Erkenntnissen des Biologie-Didaktikers Christoph Randler bei etwa 14 Jahren zu liegen. Mehr dazu in: Rainer Brämer: »Analphabeten in Sachen Natur? Empirische Befunde zur Präsenz von Natur im Alltagswissen«, in: *natursoziologie.de* 4/2010, S.11, Im Netz unter: www.wanderforschung.de/files/wissenstud128810 5981.pdf, Zugriff am 27.3.2013.

10 Rainer Brämer: »Varianten der Naturentfremdung. Auf dem Weg zu einer neuen Naturreligion?«, 2002, S.1, im Netz unter: http://www.

wanderforschung.de/files/natfremd-referathannover1342875583.pdf, Zugriff am 26. 3. 2013.

11 Rainer Brämer: »Das Bambi-Syndrom. Jugendreport Natur 1997«, 1997, online unter: www.wanderforschung.de/files/report971251094512. pdf, Zugriff am 26. 3. 2013. Befragt wurden über 2500 westdeutsche Kinder und Jugendliche der Klassenstufen 5 bis 12.

12 Brämer: »Varianten«, S. 2.

13 Es handelt sich um Spitz-, Berg- und Feldahorn (Felsen- und Schnee-ballblättriger Ahorn sind selten und wachsen nur lokal) beziehungs-weise Stiel- und Traubeneiche (weitere Arten sind u. a. Sumpf- und Flaumeiche).

14 Joseph LeDoux: *Das Netz der Gefühle. Wie Emotionen entstehen*, Mün-chen: Hanser 1998, S. 177, zitiert in: Hartmut Kasten: *Keine Angst vor der Angst. Ängste im Laufe unseres Lebens*, München: Primus 2004, S. 27.

15 David H. Rakinson: »Does women's greater fear of snakes and spiders originate in infancy?«, in: *Evolution and Human Behavior*, November 1 (2009); 30(6): 439–444, doi:10.1016/j.evolhumbehav.2009.06.002.

16 Persönliche Auskunft an den Autor am 27. 3. 2013. Blick ist Vorstands-mitglied der Europäischen Arachnologischen Gesellschaft (www.eu-ropean-arachnology.org) und arbeitet für das Forschungsinstitut Sen-ckenberg. Und was die immer mal wieder erwähnten Todesfälle durch Spinnenbisse anlangt, rät der Zoologe und Spinnen-Fachmann Wolf-gang Nentwig von der Universität Bern zu Skepsis. Die meisten Vor-fälle ließen sich nicht sauber überprüfen. »Es gibt zahlreiche Belege, dass trotz Diagnose Spinnenbiss die Ursache etwas ganz anderes war.« Spinnen seien, unterm Strich, weitaus weniger gefährlich als Bienen und Wespen.

17 Vgl. »Unerklärliche Angst vor grusligen Krabblern«, Pressemitteilung der Universität Würzburg vom 27. 11. 2008.

18 Statistisches Bundesamt: »Auszug der Kinder aus dem Elternhaus. Thematische Sonderaufbereitung – Nesthocker, Ergebnisse des Mi-krozensus 2011«, Wiesbaden 2012. Ein möglicher Grund für das Zu-hausewohnen sind neben hohen Mieten allerdings auch längere Aus-bildungszeiten.

19 Wolfgang Bergmann: *Lasst eure Kinder in Ruhe! Gegen den Förderwahn in der Erziehung*, München: Kösel 2011, S. 33.

20 Statistisches Bundesamt: »Die Zahl der Haushalte steigt auf 40,4 Mil-lionen«, Mikrozensus-Daten, Zugriff am 11. 4. 2013.

21 Bergmann: *Lasst eure Kinder in Ruhe!*, S. 35.

22 Markus J. Ege, Melanie Mayer, Anne-Cécile Normand et al.: »Exposure to Environmental Microorganisms and Childhood Asthma«, in: *New England Journal of Medicine*; 24. Februar 2011, Band 364, Nr. 8, S. 701–709; sowie: Douwes, S. Cheng, N. Travier, C. Cohet, A. Niesink et al.: Farm exposure in utero may protect against asthma, hay fever and eczema, Eur. Respir. J., Sep 2008; 32: 603–611, DOI:10.1183/09031936.00033707.

23 Psychologie heute, 03/2013, S. 63.

24 »Hammer und Säge in Kinderhand«, NDR-Sendung »Hallo Niedersachsen« vom 28. 1. 2013: http://www.ndr.de/fernsehen/sendungen/hallo_niedersachsen/hallonds12877.html, Zugriff am 20. 2. 2013.

25 Christa Wanzeck-Sielert ist Autorin des vergriffenen *Kursbuchs Sexualerziehung* und leitet das IQSH-Zentrum für Prävention (Gesunde Schule, Sucht- und Gewaltprävention) am Institut für Qualitätsentwicklung an Schulen Schleswig-Holstein (IQSH) in Kronshagen.

26 Alice Miller: *Das Drama des begabten Kindes. Eine Um- und Fortschreibung*. Frankfurt am Main: Suhrkamp 1997, S. 103 ff. Alle Zitate von dort. Hervorhebung durch den Autor.

Benehmen

1 Lutz Röhrich: *Lexikon der sprichwörtlichen Redensarten*, Freiburg: Herder 2003 (2. Aufl.), S. 1244.

2 Jesper Juul: *Pubertät – Wenn Erziehen nicht mehr geht. Gelassen durch stürmische Zeiten*, München: Kösel 2010, S. 13.

3 Vgl. Manfred Stelzig: *Krank ohne Befund. Eine Anklageschrift*, Salzburg: Ecowin 2013, S. 107.

4 Ebd., S. 108.

5 Juul: *Pubertät – Wenn Erziehen nicht mehr geht*, S. 19 f.

6 Daniel Goleman: *Emotionale Intelligenz*, München: dtv 1998 (8. Aufl.), S. 240.

7 Juul: *Pubertät – Wenn Erziehen nicht mehr geht*, S. 23.

8 Hans-Werner Rückert: *Entdecke das Glück des Handelns. Überwinden, was das Leben blockiert*, Frankfurt am Main: Campus 2004 (2., durchges. Aufl.), S. 272 f.

9 Ebd., S. 273 f.

10 Fritz Riemann: *Grundformen der Angst. Eine tiefenpsychologische Studie*, München: Reinhardt Verlag 2003 (36. Aufl.), S. 151.

11 *Neue Osnabrücker Zeitung*, 19. 2. 2011: www.noz.de/deutschland-und-

welt/kultur/fernsehen/51475384/den-mathelehrer-gehauen-daniel-bruehl-war-in-der-schule-der-laberheini, Zugriff am 28. 2. 2012.

12 Jens Junek: *Kommentierte Übersetzung und Erläuterungen zu dem Lied Oswald von Wolkensteins »Kein ellend tet mir nie so and« (Kl.30)*, Studienarbeit, München: Grin Verlag 2004.

13 Silke Birgitta Gahleitner; Hans Joachim Lenz (Hg.): *Gewalt und Geschlechterverhältnis*, Weinheim: Juventa 2007, S. 26.

14 Bürgerliches Gesetzbuch BGB, Paragraph 1631, Absatz 2.

15 *Der Spiegel*, 30. 4. 1979: www.spiegel.de/spiegel/print/d-40351630. html, Zugriff am 22. 8. 2013.

16 Dass in Teilen der USA (und nicht nur dort) Schüler noch immer geschlagen werden dürfen, wissen selbst viele Amerikaner nicht. 31 der 50 Bundesstaaten haben die Prügelstrafe an öffentlichen Schulen inzwischen verboten, zwei von ihnen auch an privaten. Verabreicht werden die Schläge vorwiegend mit dem sogenannten »paddle«, einer Art Holzklatsche in Form eines kleinen Brotschiebers mit kurzem Stiel. Mit diesem Utensil wird den Delinquenten, meist im Zimmer des Schulrektors, der Hintern versohlt, wobei in der Regel außer dem Schläger auch ein Zeuge anwesend sein muss. Mancherorts dürfen in die Schlagfläche Löcher gebohrt werden, was den Luftwiderstand verringert, den Aufbau eines bremsenden Luftpolsters hemmt und so den Schlag schmerzhafter macht. Allerdings können die Schüler in den betroffenen Bundesstaaten (meist solchen im Süden der USA) inzwischen oftmals andere Strafen wählen, und die Eltern müssen einer Körperstrafe vorab ausdrücklich zustimmen oder können sie im Falle des Falles ablehnen. Die Zahl der an Schulen Gezüchtigten in den USA ist zudem rückläufig; doch im Schuljahr 2005/2006 soll sie sich einer nicht amtlichen Hochrechnung zufolge noch auf über 220 000 Fälle belaufen haben, wie dem Portal »*Die Welt online*« am 25. 9. 2012 zu entnehmen war. Mitte des vergangenen Jahrzehnts waren allerdings laut einer Studie schon 77 Prozent der US-Amerikaner gegen körperliche Züchtigungen durch Lehrer. (Vgl.: Elizabeth T. Gershoff: *Report on Physical Punishment in the United States: What Research Tells Us About Its Effects on Children*, Columbus, OH: Center for Effective Discipline, 2008). Nach dieser Untersuchung gibt es kaum wissenschaftliche Belege dafür, dass Körperstrafen das Verhalten von Kindern langfristig verbessern, aber gewichtige Hinweise darauf, dass sie Kinder eher noch trotziger und aggressiver als zuvor machen – von körperlichen und seelischen Schäden ganz abgesehen.

17 Der Autor war einer der beiden und weiß es genau. Leider haben weder

er noch sein Mitschüler den promovierten Musikwissenschaftler, Religionslehrer und bekannten Abtei-Organisten beim Direktor angezeigt.

18 Thieme Informationsportal Tinnitus: http://tinnitus.thieme.de/tinnitus/was-ist-ein-knalltrauma.html, Zugriff am 25. 2. 2013. Beim Knalltrauma beträgt der Schalldruck etwa eine Millisekunde lang mehr als 140 Dezibel, ähnlich wie bei einem Gewehrschuss in einem Meter Entfernung vom Ohr.

19 *stern.de* vom 11. 3. 2008: www.stern.de/panorama/gewalt-gegen-kinder-ohrfeigen-muessen-zum-tabu-werden-613775.html, und: »Clever! Die Show, die Wissen schafft«, Thema »Harmlose Ohrfeige?«: www.sat1.de/comedy_show/clever/wissensbuch/content/27735/index.html; Zugriff in beiden Fällen am 1. 3. 2013.

20 *sueddeutsche.de*, 17. 5. 2010, Zugriff am 26. 3. 2013.

21 Forsa Gesellschaft für Sozialforschung und statistische Analysen, Umfragen »Gewalt in der Erziehung« 2007 und 2011.

22 *Zeit online* zitiert am 12. 03. 2012 den Gewaltforscher und Professor für Strafrecht Kai Bussmann von der Universität Halle: www.zeit.de/gesellschaft/familie/2012–03/erziehung-eltern-schlaege, Zugriff am 25. 2. 2013.

23 Deutscher Kinderschutzbund: »Gewalt gegen Kinder. Begleitmaterial zur Kampagne 2011 ›Kleine Seele. Großer Schmerz‹«.

24 Gastbeitrag Christian Pfeiffers in der *Süddeutschen Zeitung* vom 15. 1. 2012. All seine Zitate von dort.

25 Vgl. hierzu: Alice Miller: *Das Drama des begabten Kindes. Eine Um- und Fortschreibung.* Frankfurt am Main: Suhrkamp 1997, S. 173.

26 Elisabeth Kübler-Ross, David Kessler: *Geborgen im Leben. Wege zu einem erfüllten Dasein*, München: Knaur 2003, S. 39.

27 Wikipedia-Eintrag zu William Wallace: http://de.wikipedia.org/wiki/William_Wallace, Zugriff am 19. 3. 2012.

28 *Kluge – Etymologisches Wörterbuch der deutschen Sprache*, bearbeitet von Elmar Seebold, Berlin: de Gruyter 1999, S. 133.

29 »Angeboren, aber durch Erziehung verändert – US-Wissenschaftler erkunden Temperament«, Deutschlandfunk, *Forschung aktuell*, 20. 6. 2003: www.dradio.de/dlf/sendungen/forschak/121694, Zugriff am 19. 3. 2013.

30 Die Persönlichkeitsforscherin Jule Specht von der Freien Universität Berlin hält, vereinfacht ausgedrückt, dafür, »dass der genetische Effekt in etwa so groß ist wie der Erziehungseffekt. Ob ein Kind also ein kleiner Wildfang oder ein schüchternes, braves Kind ist, wird von beidem gleichermaßen beeinflusst.« Persönliche Auskunft an den Autor

am 20.3.2013. Vgl. hierzu auch: Gerhard Roth: *Persönlichkeit, Entscheidung und Verhalten. Warum es so schwierig ist, sich und andere zu ändern*, Stuttgart: Klett-Cotta 2012 (7. Aufl.), S. 19 ff.

31 Rüdiger Rogoll: *Nimm dich, wie du bist. Mit sich selber einig werden*, Freiburg: Herder 2008 (2., überarb. Aufl.), S. 134 f.

32 Kübler-Ross/Kessler: *Geborgen im Leben*, S. 47 f.

33 Ebd., S. 31.

34 Manfred Stelzig: *Was die Seele glücklich macht. Das Einmaleins der Psychosomatik*, Salzburg: Ecowin-Verlag 2009, S. 70.

35 So nennt zum Beispiel der Schweizer Psychoanalytiker Peter Schellenbaum das gefühlskluge Wissen über die eigenen Emotionen.

36 Statistisches Bundesamt, Pressemitteilung Nr. 253 vom 30. 7. 2013.

37 *Frankfurter Rundschau*, 22. 11. 2012.

38 Remo H. Largo; Monika Czernin: *Glückliche Scheidungskinder: Trennungen und wie Kinder damit fertig werden*, München: Piper 2011 (10. Aufl.), S. 8.

39 Schluss-Statement des 2. Männerkongresses am Uniklinkum Düsseldorf vom 22. 9. 2012: www.maennerkongress2012.de/index.php/schluss statement, Zugriff am 5. 4. 2013.

40 Presse-Info des Uniklinikums Düsseldorf vom 18. 9. 2012.

41 Peter S. Dietrich et al.: »Arbeit mit hochkonflikthaften Trennungs- und Scheidungsfamilien: Eine Handreichung für die Praxis«, München: Deutsches Jugendinstitut e.V. 2010, im Netz unter: www.dji.de/bibs/458_12244_scheidungsfamilien.pdf, Zugriff am 5. 4. 2013.

42 Diese Ansicht vertrat zum Beispiel der Düsseldorfer Psychiater und Neurologe Matthias Franz im September 2012 auf dem 2. Männerkongress zum Thema »Scheiden tut weh« am Uniklinikum Düsseldorf. Vgl. hierzu: *Frankfurter Rundschau*, 22. 11. 2012.

43 Horst-Eberhard Richter: Eltern, Kind und Neurose. Die Rolle des Kindes in der Familie, Reinbek bei Hamburg: Rowohlt 1995, S. 16.

44 *Süddeutsche Zeitung* vom 1. 2. 2013.

45 So drückt es der Kinderarzt Remo Largo aus, ein Fachmann für die Kindesentwicklung. Zitat aus: Remo Largo: *Kinderjahre. Die Individualität des Kindes als erzieherische Herausforderung*, München: Piper 2012 (23. Aufl.), S. 237.

46 *Forum – Das Wochenmagazin*, 8. 3. 2013, S. 106.

47 Telefonische Auskunft an den Autor am 8. 3. 2013.

48 Juul: *Pubertät – Wenn Erziehen nicht mehr geht*, S. 21.

49 Die anschauliche Szene verdanke ich dem Buch Rüdiger Rogolls *Nimm dich, wie du bist*, S. 135.

ANMERKUNGEN

50 *Zeit online*, 11.2.2010: www.zeit.de/2010/07/CH-Acklin, Zugriff am 26.3.2013.

51 Vgl. hierzu Werner Stangls Online-Lexikon für Psychologie und Pädagogik, im Netz unter http://lexikon.stangl.eu/7585/wortschatz-explosion, Zugriff am 8.4.2013, oder auch: Gerald Hüther; Cornelia Nitsch: *Wie aus Kindern glückliche Erwachsene werden*, München: Gräfe und Unzer 2011 (4. Aufl.), S.13.

52 Largo: *Kinderjahre*, S.13.

53 Noch am Abend nach diesem Spiel beendete ich meine Zeit als Amateur-Fußballer – nicht wegen dieses Ereignisses, aber doch ausgelöst dadurch. Anderes war mir wichtiger geworden als das Kicken, und ich fühlte mich im Fußballverein nicht mehr wohl.

54 Walter Schmidt: *Warum Männer nicht nebeneinander pinkeln wollen und andere Rätsel der räumlichen Psychologie*, Reinbek bei Hamburg: Rowohlt 2013, S.121.

55 Joachim Bauer: *Arbeit. Warum unser Glück von ihr abhängt und wie sie uns krank macht*, München: Blessing 2013, S.48, 230.

56 Largo: *Kinderjahre*, S.136.

57 Ebd.

58 Hüther/Nitsch: *Wie aus Kindern glückliche Erwachsene werden*, S.111.

59 Röhrich: *Lexikon der sprichwörtlichen Redensarten*, S.1211. Der König sagte wörtlich: »L'exactitude est la politesse des rois.«

60 Robert Levine: *Eine Landkarte der Zeit. Wie Kulturen mit Zeit umgehen*, München: Piper 2005 (11. Aufl.), S.185.

61 Gail D. Heyman et al.: »Instrumental lying by parents in the US and China«, in: *International Journal of Psychology* (2012);1 DOI: 10.1080/00207594.2012.746463.

62 *Wissenschaft aktuell*, 23.9.2009: www.wissenschaft-aktuell.de/artikel/Eltern_luegen_nicht___oder_etwa_doch_1771015586338.html; Gail D. Heyman; Diem H. Luu; Kang Lee: »Parenting by Lying«, in: *Journal of Moral Education*, Band 38, Heft 3 (2009), S.353–369.

63 Überwiegend sinnvolle Tipps für Eltern zum Thema Ordnung finden sich im Netz beispielsweise unter: www.familie.de/ordnung-kinder sowie www.familie-und-tipps.de/Kinder/Erziehung/Aufraeumen. html, Zugriff am 3.6.2013.

64 Juul: *Pubertät – Wenn Erziehen nicht mehr geht*, S.31f.

65 Ebd., S.32.

66 Stefan Knischek: *Lebensweisheiten berühmter Philosophen. 4000 Zitate von Aristoteles bis Wittgenstein*, Hannover: Humboldt 2009 (8. Aufl.), S.191.

67 Die Klinik begreift sich als Zentrum für Kinder, Jugendliche und Familien und behandelt ihre höchstens 18 Jahre alten Patienten medizinisch, psychotherapeutisch und psychosozial.

68 *Kluge – Etymologisches Wörterbuch der deutschen Sprache*, bearbeitet von Elmar Seebold, Berlin: de Gruyter 1999, S. 283.

69 Verena Kast: *Sich einlassen und loslassen. Neue Möglichkeiten bei Trauer und Trennung*«, Freiburg: Herder 2009 (19. Aufl.), S. 69.

70 Ebd., S. 143.

Essen

1 Stephanie Fromme: »Füttern will gelernt sein«, Fachbeitrag für den Verband für Unabhängige Gesundheitsberatung UBG, www.ugb.de/kinder-gesund-ernaehren/fuettern-will-gelernt-sein, Zugriff am 23.1.2013.

2 So urteilt der mit Essstörungen wohlvertraute Psychotherapeut Volker Bracke von der Helios-Klinik Bad Grönenbach.

3 Das Fallbeispiel findet sich auf einem Plakat zum Thema Rebellion, das Teil eines an der Universität Jena entwickelten Programms namens »PriMa« zur Prävention von Magersucht bei Mädchen der 6. Klasse ist. Das Fallbeispiel hat sich in etwa so zugetragen, Luisa hieß das betreffende Mädchen allerdings nicht, und auch seine Aussagen sind der Realität lediglich nachempfunden.

4 Hauptexporteur in die EU ist Indonesien. Vgl. hierzu: Pro Wildlife: »Das Froschschenkel-Desaster«, www.prowildlife.de/Froschschenkel, Zugriff am 23.1.2013.

5 Bracke therapiert in der Helios-Klinik Bad Grönenbach im Allgäu auch Essgestörte, vor allem Jugendliche.

6 Persönliche Auskunft der DGE-Ernährungswissenschaftlerin Sonja Fahmy an den Autor, 29.1.2013.

7 *Spiegel online*, 22.1.2006, http://www.spiegel.de/panorama/uebergewicht-thueringer-sind-die-dicksten-a-396699.html.

8 »Jung, dick und unglücklich«, Pressemitteilung der Universität Ulm vom 12.6.2013.

9 Thomas Rüther et al.: »Jung, gesund und Fit-fürs-Leben?«, in: *Impulse – Das Wissenschaftsmagazin der Deutschen Sporthochschule Köln*, 01 (2013), S. 16 ff.

10 Ausgeführt hat den Test die Redaktion von »Quarks und Co.« im Jahr 2007; TV-Beitrag vom 26.6.2007, www.wdr.de/tv/quarks/sendungsbeitraege/2007/0626/003_dickekinder.jsp.

11 Matthäus 12,34, sowie: Lutz Röhrich: *Lexikon der sprichwörtlichen Redensarten*, Freiburg: Herder 2003 (2. Aufl.), S. 705.

12 Dies empfahl der Bad Grönenbacher Psychotherapeut Volker Bracke gegenüber dem Autor.

13 Zu den eskimoischen Völkern zählen nicht nur die Inuit, sondern auch solche, die nicht Inuktitut sprechen. Auch ist inzwischen widerlegt, dass Eskimo in manchen Indianersprachen »Rohfleischesser« bedeutet. Nach Ansicht des Linguisten Ives Goddard steht es vielmehr für »Schneeschuhflechter«, nach Meinung seines Fachkollegen Jose Mailhot hingegen für »Anderssprachige«. Siehe hierzu: Ives Goddard in *Handbook of North American Indians*, vol. 5 (Smithsonian, 1984), p. 5–7, bzw. José Mailhot: »L'étymologie de ›esquimau‹ revue et corrigée«, in: *Études/Inuit/Studies*. 2, Nr. 2 (1978).

14 Die Angaben stammen vom Statistischen Amt der Europäischen Union (Eurostat) sowie vom Rheinischen Landwirtschafts-Verband (RLV), siehe unter: www.agrarheute.com/nahrungsmittelpreise bzw. www.agrarheute.com/budget.

15 Die Angaben stammen aus einer Studie der Universität Stuttgart von 2012, welche die Bundesregierung finanziert hat. Danach sind die privaten Haushalte für etwa 61 Prozent (oder 6,7 Millionen Tonnen) jener knapp elf Millionen Tonnen an Lebensmitteln verantwortlich, die in Deutschland jährlich auf dem Müll landen. Etwa 65 Prozent der privaten Lebensmittelabfälle wären ganz (47 Prozent) oder teilweise (18 Prozent) vermeidbar, wodurch sich zudem pro Kopf Ausgaben von etwa 235 Euro einsparen ließen. Die Studie wurde am 27. März 2012 in Berlin vorgestellt.

16 Hier sind die Ernährungswissenschaftlerin Ines Heindl sowie die Psychologen Volker Bracke und Uwe Berger einer Meinung.

Trösten

1 Vgl. Walter Schmidt: *Warum Männer nicht nebeneinander pinkeln wollen und andere Rätsel der räumlichen Psychologie*, Reinbek bei Hamburg: Rowohlt 2013, S. 188 f.

2 Egon Fabian: *Anatomie der Angst. Ängste annehmen und an ihnen wachsen*, Stuttgart: Klett-Cotta 2010, S. 276.

3 Ebd., S. 46.

4 Alice Miller: *Das Drama des begabten Kindes. Eine Um- und Fortschreibung*, Frankfurt am Main: Suhrkamp 1997, S. 106.

5 Elisabeth Kübler-Ross, David Kessler: *Geborgen im Leben. Wege zu einem erfüllten Dasein*, München: Knaur 2003, S. 160 bzw. S. 158.

6 Verena Kast: *Vom Sinn der Angst. Wie Ängste sich festsetzen und wie sie sich verwandeln lassen*, Freiburg: Herder 2013 (6. Aufl.), S. 45.

7 Vgl. Gerhard Roth: *Persönlichkeit, Entscheidung und Verhalten. Warum es so schwierig ist, sich und andere zu ändern*, Stuttgart: Klett-Cotta 2012 (7. Aufl.), S. 54.

8 Vgl. Gerald Hüther: *Bedienungsanleitung für ein menschliches Gehirn*, Göttingen: Vandenhoeck & Ruprecht 2001, S. 62.

9 So schrieb der Erziehungswissenschaftler Hans Brügelmann von der Universität Siegen in der Wochenzeitung *Die Zeit* Nr. 29 vom 13. Juli 2006: »Leistung ist doch, was der Einzelne aus seinen Möglichkeiten macht.« Vergleichend zu urteilen sei Unsinn, denn jede Bewertung müsse sich an den Fortschritten des einzelnen Schülers orientieren. Zitiert in *Zeit online* vom 13. 7. 2006, http://www.zeit.de/2006/29/Noten-29, Zugriff am 23. 8. 2013.

10 *Psychologie heute*, Juni 2013, S. 12. Dort zitierte Originalarbeit: Eddie Brummelman et al.: »On feeding those hungry for praise: Person praise backfires in children with low self-esteem«, in: *Journal of Experimental Psychology: General* (2013). Advance online publication, doi:10.1037/a0031917.

11 *Süddeutsche Zeitung* vom 18./19./20. 5. 13. Alle Toppmöller-Zitate von dort.

12 Luthers Zitat lässt sich nicht belegen und könnte ihm später in den Mund gelegt worden sein, vermutet Buchautor Volkmar Joestel (*Legenden um Martin Luther und andere Geschichten aus Wittenberg*, Berlin: Schelzky und Jeep 1992). Siehe dazu: www.luther2017.de/1299-luther-und-das-apfelbaeumchen; Zugriff am 23. 8. 2013.

13 Friedrich der Große, *Briefe*, Kapitel 42; zitiert nach: http://gutenberg.spiegel.de/buch/5327/42; Zugriff am 21. 5. 2013.

14 Sportfreunde Stiller, »Andere Mütter«, veröffentlicht auf dem Album *Burli*, 2004.

15 Nach Aussage des Hautmediziners Klaus-Michael Taube vom Universitätskrankenhaus Halle kann Liebeskummer »sogar hochgradigen Disstress« auslösen, also schädlichen Stress. E-Mail an den Autor vom 4.6 2013.

16 Walter Schmidt: *Dicker Hals und kalte Füße. Was Redensarten über Körper und Seele verraten*, München: Goldmann 2013, S. 16 ff. Nach einer Studie des Londoner Imperial College an Ratten aus dem Jahr 2012 ist der Herzkrampf mit zeitweiligem Herzversagen eine Art Schutz der

278

Blutpumpe gegen die Adrenalin-Flut im Blut, um von ihr nicht übermäßig stimuliert zu werden.

17 *Die Welt* vom 27. 2. 2009 sowie *Süddeutsche Zeitung* vom 6. 7. 2011.

18 *Süddeutsche Zeitung* vom 2./3. 3. 2013.

19 Oren Hasson: »Emotional Tears as Biological Signals«, in: *Evolutionary Psychology*, Band 7, Ausgabe 3 (2009), S. 363–370.

20 Ulrich Kropiunigg: *Indianer weinen nicht. Über die Unterdrückung der Tränen in unserer Kultur*, München: Kösel 2003, S. 92.

21 Ebd., S. 110 f. Alle weiteren Zitate Kropiuniggs von dort.

Erfolg

1 »Vergleichen macht unglücklich«, *Handelsblatt* vom 26. 6. 2010, sowie: Rolf Merkle: »Saboteur deines Glücks: Vergleiche dich stets mit anderen«, im Netz unter: www.psychotipps.com/mit-anderen-vergleichen.html, Zugriff am 19. 3. 2013.

2 Jakob Grimm, Wilhelm Grimm: »Märchen von einem, der auszog, das Fürchten zu lernen«, in: *Kinder- und Hausmärchen 1812–15*, online unter: www.sagen.at/texte/maerchen/maerchen_deutschland/brueder_grimm/dasfuerchtenzulernen.html, Zugriff am 21. 3. 2013.

3 Arno Gruen: *Der Verrat am Selbst. Die Angst vor Autonomie bei Mann und Frau*, München: dtv 1986, S. 93 f.

4 Zahl für 1974. Das Durchschnittsentgelt bemisst das mittlere Jahreseinkommen aller Sozialversicherten in Deutschland und wird vom Statistischen Bundesamt ermittelt.

5 Rüdiger Rogoll: *Nimm dich, wie du bist. Mit sich selber einig werden*, Freiburg. Herder 2008 (2., überarb. Aufl.), S. 83.

6 Der Begriff Nocebo ist lateinisch und bedeutet: »Ich werde schaden«, im Unterschied zum Placebo: »Ich werde gefallen«, im Sinne von nützen. Eine gute einführende Darstellung bietet der Radiobeitrag »Die Macht der bösen Gedanken« des DLR vom 14. 3. 2010 (im Netz unter: www.dradio.de/dlf/sendungen/wib/1137260/) oder folgendes Buch: Magnus Heier: *Nocebo – Wer's glaubt wird krank: Gesund trotz Gentests, Beipackzetteln und Röntgenbildern*, Stuttgart: Hirzel 2012 (3. Aufl.).

7 Ebd.

8 Wolfgang Bergmann: *Geheimnisvoll wie der Himmel sind Kinder. Was Eltern von Jesus lernen können*, München: Kösel 2010, S. 87 f.

9 Marco Maurer: »Ich Arbeiterkind«, in: *Die Zeit* vom 24. 1. 2013; daraus

auch alle Zitate. Marco Maurers Angebot im Netz: www.marcomaurer.de.

10 J. Stachel et al.: *The Collected Papers of Albert Einstein*, Bd. 1, Princeton 1987; zitiert nach: www.lernende-region-hamburg.de/index.php?id =71, Zugriff am 19.3.2013. Einstein holte das Abitur übrigens 1896 in der Schweiz nach.

11 Die Wende kommt bei Frauen etwa ab dem 20. Lebensjahr, bei Männern ein Jahr später. Von da an schlafen junge Erwachsene allmählich wieder früher ein und wachen morgens eher auf. Zwar werden aus biologisch so programmierten Nachteulen auch dann längst keine früh trällernden Lerchen. Doch ihr alkoholfreier Kater beim Aufwachen ist nicht mehr gar so groß.

12 Peter Spork: *Das Schlafbuch. Warum wir schlafen und wie es uns besser gelingt*, Reinbek bei Hamburg: Rowohlt 2007, S.158f.

13 So hat es zum Beispiel der Regensburger Biopsychologe Jürgen Zulley gegenüber dem Autor ausgedrückt.

14 Ines Wilhelm et al.: »The sleeping child outplays the adult's capacity to convert implicit into explicit knowledge«, in: *Nature Neuroscience* 16 (2013), S.391–393, doi: 10.1038/nn.3343.

15 Wenn Eltern oder Lehrer ihre älteren Kinder beziehungsweise Schüler als Faulpelze und Langschläfer bezeichnen, nur weil diese morgens nicht aus den Federn kommen, tun sie ihnen auch aus folgendem Grund Unrecht: Spätschläfer sind nämlich nicht unbedingt Langschläfer. Es kann gut sein, dass jemand erst um 1 Uhr nachts müde wird, aber um 8 Uhr frisch aus dem Bett hüpft, nach überaus gewöhnlichen sieben Stunden Schlummer. Hingegen kann ein Frühschläfer sehr wohl ein Langschläfer sein, nämlich dann, wenn er zum Beispiel gewohnheitsmäßig um 21 Uhr einschläft und erst um 6 Uhr morgens wieder die Äuglein öffnet, nach immerhin neun Stunden Nachtruhe. So viel übrigens brauchen ältere Kinder und Jugendliche mindestens und regelmäßig.

16 Persönliche Auskunft der Pressestelle des Kultusministeriums an den Autor am 11.3.2013.

17 So sieht es beispielsweise der Münchner Chronobiologe (»Biorhythmen-Forscher«) Till Roenneberg.

18 E-Mail-Auskunft des sächsischen Staatsministeriums für Kultus an den Autor vom 11.3.2013; darin heißt es: »Die Unterrichtszeiten werden von der Gesamtlehrerkonferenz im Einvernehmen mit der Schulkonferenz (Elternvertreter, Schulleiter, Lehrer und Schülervertreter) und dem Schulträger beschlossen.«

ANMERKUNGEN

19 Stand März 2013.

20 Auch das wieder eine, aus schlafmedizinischer Sicht, unsinnige Bevorzugung der jüngsten statt der ältesten Schüler; geschont gehören freilich alle Klassenstufen – und dies viel deutlicher!

21 »Eulen‹ und ›Lerchen‹. Das deutsche Schulsystem ist auf Frühaufsteher zugeschnitten«, Pressemitteilung der Universität Leipzig vom 1. 8. 2006. Randler lehrt inzwischen an der Pädagogischen Hochschule Heidelberg.

22 Pressemitteilung der Universität Basel vom 29. 1. 2013, Originalarbeit: Sakari Lemola et al.: »Sleep duration, positive attitude toward life, and academic achievement: The role of daytime tiredness, behavioral persistence, and school start times, in: *Journal of Adolescence* (2013) online, doi: 10.1016/j.adolescence.2012.11.008. Nach ihren Schlafgewohnheiten befragt wurden über 2700 Schülerinnen und Schüler im Alter von 13 bis 18 Jahren.

23 www.herbartgymnasium.de/schule/schulordnung/index.shtml,   Zugriff am 8. 3. 2013.

24 In den vergangenen Jahren ist hier vieles unbestreitbar besser geworden. Ein Beispiel sind die »Inhaltsfelder und fachlichen Kontexte« der Kernlehrpläne im Fach Chemie an nordrhein-westfälischen Gymnasien; mehr dazu unter: www.standardsicherung.schulministerium. nrw.de/lehrplaene/kernlehrplaene-sek-i/gymnasium-g8/chemie-g8/kernlehrplan-chemie/inhaltsfelder-und-fachliche-kontexte.

25 Joachim Bauer: *Lob der Schule. Sieben Perspektiven für Schüler, Lehrer und Eltern*, Hamburg: Hoffmann und Campe 2007, S. 11 f. Professor Bauer leitet auch das Gesundheitsinstitut des größten bayerischen Lehrerverbandes BLLV.

26 *Süddeutsche Zeitung* vom 23. 2. 2011.

27 Bauer: *Lob der Schule*, S. 13.

28 Vgl. hierzu: ebd., S. 19 f.

29 Vgl. hierzu: ebd., S. 20 f.

30 Ebd.

31 Wolfgang Bergmann; Gerald Hüther: *Computersüchtig. Kinder im Sog der modernen Medien*, Düsseldorf: Walter 2008 (5. Aufl.), S. 76.

32 Elisabeth Raffauf: *Pubertät heute. Ohne Stress durch die wilden Jahre*, Weinheim: Beltz 2011, S. 28.

33 Ebd.

34 Ebd., S. 31.

35 Horst-Eberhard Richter: *Eltern, Kind und Neurose. Die Rolle des Kindes in der Familie*, Reinbek bei Hamburg: Rowohlt 1995, S. 155.

36 Ebd., S. 172.

37 Jens Bergmann: *Ich, ich, ich. Wir inszenieren uns zu Tode*, Berlin: Metrolit 2013, S. 15.

38 Pressemitteilung der Bertelsmann-Stiftung vom 16. 11. 2011.

39 »Was Sprichwörter über die Vorstellung von Arbeit verraten«, Pressemitteilung der Friedrich-Schiller-Universität Jena vom 21. 3. 2013.

40 *Psychologie heute*, 03/2013, S. 61.

41 Joachim Bauer: *Arbeit. Warum unser Glück von ihr abhängt und wie sie uns krank macht*, München: Blessing Verlag 2013, S. 201.

42 *Psychologie heute*, 03/2013, S. 62.

43 Jesper Juul: *Pubertät. Wenn Erziehen nicht mehr geht*, München: Kösel 2010, S. 121 ff.

44 Ebd., S. 126 f.

45 Gerald Hüther; Cornelia Nitsch: *Wie aus Kindern glückliche Erwachsene werden*, München: Gräfe und Unzer 2011 (4. Aufl.), S. 85.

46 Ebd.

47 Schon die Bayreuther Schulordnung aus dem Jahr 1465 erwähnt das Phänomen »Hausaufgaben« und verweist »darauf, dass Hausaufgaben von Alters her Gewohnheit waren. Die Nördlinger Schulordnung schreibt 1512 als eine der ersten das Erteilen von Hausaufgaben vor.« Zitat aus: Ilse Nilshon: »Hausaufgaben und selbständiges Lernen«, Deutsches Jugendinstitut, 1999, S. 7.

48 Hans Gängler; Thomas Markert: »Hausaufgaben – ein Auslaufmodell im Zeitalter der Ganztagsschulen?«, in: *Schul-Management*, Heft 3 (2010). Scheiberts Klage stammt aus der *Pädagogischen Revue*.

49 Ebd. Herbarts Buch von 1835 aus dem Dieterich-Verlag trägt den Titel *Umriß pädagogischer Vorlesungen*.

50 *Süddeutsche Zeitung* vom 10. 10. 2012; zitiert wird eine Studie des Berliner Forschungsinstituts für Bildungs- und Sozialökonomie (FIBS). Eine Studie der Bertelsmann-Stiftung von 2010 gelangt zum Schätzintervall von etwa 1–1,5 Milliarden Euro, siehe im Netz unter: http://www.bertelsmann-stiftung.de/cps/rde/xchg/bst/hs.xsl/nachrichten_99657.htm, Zugriff am 21. 4. 2013.

51 Lutz Röhrich: *Lexikon der sprichwörtlichen Redensarten*, Freiburg: Herder 2003 (2. Aufl.), S. 96. Goethes Zeilen stammen aus der Ballade »Der Schatzgräber« von 1797.

52 Britta Kohler: *Hausaufgaben. Helfen – aber wie?*, Weinheim, Basel: Beltz 2003 (7. Aufl.).

53 Es handelt sich um eine repräsentative Umfrage der Universität Bielefeld, zitiert in: *FAZnet*, 23. 1. 2013, im Netz: http://www.faz.net/

aktuell/gesellschaft/familie/hausaufgaben-mami-hilf-mir-12031282. html, Zugriff am 16.4.2013. Der Artikel erschien im Januar 2013 zunächst in der *Frankfurter Allgemeinen Sonntagszeitung*. Nicht wenige Eltern, vor allem in den USA, gehen in ihrer als Fürsorglichkeit getarnten Überbesorgtheit um das schulische Abschneiden ihres Kindes gar so weit, Psychiater oder andere Ärzte zu drängen, ihm Ritalin oder andere Arzneien mit Methylphenidat zu verschreiben, damit es sich in der Schule besser konzentrieren kann und besser abschneidet, auch wenn der Junge oder das Mädchen »kaum Anzeichen von Hyperaktivität« zeigte, hat die Psychiatrie-Professorin Barbara Sahakian von der englischen Cambridge University erfahren. Siehe hierzu: *Süddeutsche Zeitung Magazin*, Heft 20, vom 17.5.2013.

54 »Bei Bayern zählt nur der erste Platz«, Interview in der *Süddeutschen Zeitung* vom 17.5.2013.

55 Das Internetportal »Hauptsache Bildung«, für das Udo Fleckenstein als Redakteur tätig ist, berichtet nach eigener Darstellung über Themen wie Weiterbildung, Fernstudium und Ausbildung sowie über aktuelle Bildungstrends. www.hauptsache-bildung.de, Zugriff am 7.6.2013. Alle Fleckenstein-Zitate von dort.

Vermögen

1 Zum Trost für zarte Gemüter: Meine damalige Vorliebe für Kriegsspielzeug hat nicht verhindern können, dass ich später aus sehr grundsätzlichen Erwägungen den Wehrdienst verweigerte. Womöglich hatte ich mich schlachtentechnisch auch einfach ausgetobt.

2 *Die Zeit*, 21.2.2008 sowie: www.taxeringskalender.com.

3 »Schuldner-Atlas Deutschland 2013. Überschuldung stagniert«, Creditreform-Pressemitteilung vom 6.11.2013.

4 »Finanzkompetenz der Deutschen wird beleuchtet«, Pressemitteilung der Universität Mainz vom 23.4.2013.

5 »Jugendstudie 2012 – Wirtschaftsverständnis und Finanzkultur«, Ergebnisbericht, im Netz unter: ttps://schulbank.bankenverband. de/jugendstudien/120712_Statement-Jugendstudie-2012.pdf, sowie: »Nur jeder zweite Jugendliche glaubt an die Zukunft des Euro«, Presse-Information des Bankenverbandes vom 12.7.2012. Bei der dreijährlich wiederholten Jugendstudie handelt es sich um eine repräsentative Meinungsumfrage – erhoben von der Nürnberger Gesellschaft für Konsumforschung (GfK) bei 14- bis 24-Jährigen. Nach

dieser Erhebung interessieren sich nur noch 22 Prozent stark oder sehr stark für die Wirtschaft; drei Jahre zuvor waren es noch 33 Prozent gewesen. Wirtschaftsinformationen finden allerdings immerhin noch 55 Prozent wichtig, doch auch hier waren es 2009 deutlich mehr, nämlich 73 Prozent. Nicht zum Besten steht es auch um die Wirtschafts- und Finanzkompetenz des Nachwuchses: 54 Prozent räumen ein, »sich in Geld- und Finanzfragen kaum oder gar nicht auszukennen. Sechs von zehn bekennen zudem, dass sie keine oder zumindest wenig Ahnung davon haben, was an der Börse geschieht.« Immerhin gibt es auch Lichtblicke: So spart die Hälfte der Jugendlichen und jungen Erwachsenen im Alter von 14 bis 24 Jahren regelmäßig, und im Vergleich zu 2003 waren deutlich weniger von ihnen schon einmal so stark verschuldet, dass sie ihren Kredit nicht zurückbezahlen konnten – nämlich 6 statt seinerzeit 14 Prozent. Laut dem anders zustande gekommenen Schuldneratlas 2013 der Wirtschaftsauskunftei Creditreform sind 213 000 junge Leute unter 20 Jahren verschuldet, 160 000 mehr als 2004. Die Schuldnerquote der unter 20-Jährigen beträgt damit rund 12,5 Prozent, vor allem wegen der wirtschaftlich relevanten Gruppe der 13- bis 19-Jährigen.

6 In den US-amerikanischen Bars und Saloons des 19. Jahrhunderts, die mit einem freien Mittagessen warben, sofern man ein Getränk bestellte, zahlten die dadurch angelockten Gäste am Ende ihr Essen dennoch. Vom stets kräftig gewürzten Essen durstig gemacht, bestellten sie oft mehrere Getränke. Bis in unsere Tage wird im Gasthaus das Essen mit Bier, Wein und Wasser quersubventioniert. Der Wirt kam und kommt also auf seine Kosten, und das muss er am Ende ja auch.

7 *Forum-Magazin*, 12. 10. 2012, S. 81. Das erwähnte Unterrichtsmaterial trägt den gewollt neuhochdeutschen Namen MoKi für »Money & Kids«; mehr Infos dazu unter: www.netzwerk-finanzkompetenz.de. Eine vom Bundesjugendministerium geförderte »Unterrichtshilfe Finanzkompetenz« hat das Präventionsnetzwerk Finanzkompetenz entwickelt: www.unterrichtshilfe-finanzkompetenz.de. Die vom Bundesfinanzministerium betriebene Seite www.finanzforscher.de führt Kinder und Jugendliche an die sperrigen Themen Finanzpolitik und Staatsfinanzen heran.

8 »In den meisten Bundesländern ging der Bestand zwischen 1980 und 2005 um 21 bis 50 Prozent, in Bremen sogar um mehr als 50 Prozent zurück. Nur in Berlin ist die Lage stabil, und in Schleswig-Holstein hat sie sich positiv entwickelt.« Zitat aus: *Die Welt online*, 16. 6. 2008:

www.welt.de/wissenschaft/article2122524/Dem-Spatzen-droht-die-Rote-Liste.html, Zugriff am 2.5.2013.

9 Das regelt der flapsig so genannte »Taschengeldparagraph« 110 des BGB mit dem sperrigen Titel »Bewirken der Leistung mit eigenen Mitteln«. Darin heißt es: »Ein von dem Minderjährigen ohne Zustimmung des gesetzlichen Vertreters geschlossener Vertrag gilt als von Anfang an wirksam, wenn der Minderjährige die vertragsmäßige Leistung mit Mitteln bewirkt, die ihm zu diesem Zweck oder zu freier Verfügung von dem Vertreter oder mit dessen Zustimmung von einem Dritten überlassen worden sind.« Zu Deutsch: Eltern können den Kauf einer Ware durch ihr Kind nicht mehr rückgängig machen, wenn der Händler davon ausgehen konnte, dass der oder die Minderjährige für den Kauf ein übliches und monatlich ausgezahltes Taschengeld verwendet. Der für den Kauf eingesetzte Betrag darf also im Prinzip nicht höher als das pro Monat erhaltene Taschengeld sein. Ein Beispiel: Bekommt ein Kind pro Monat 25 Euro und spart das Geld über sechs Monate komplett an, hat es 150 Euro zur Hand. Geht es damit ohne seine Eltern in den Laden und möchte ein Handy erwerben, ist der Händler gut beraten, das Geschäft abzulehnen, da 150 Euro als monatliches Taschengeld unüblich hoch sind. Tut er das nicht, können die Eltern den Kaufbetrag anschließend zurückverlangen. Kinder bis zu 6 Jahren sind übrigens überhaupt nicht geschäftsfähig und dürften sich strenggenommen gar nichts kaufen, nicht einmal eine Kugel Eis – die Mutter oder der Vater könnte das Geld dafür zurückverlangen. Schriftliche Verträge über Ratenkäufe und Abonnements sind allerdings auch mit Sieben- bis Siebzehnjährigen nur mit ausdrücklicher Erlaubnis der Eltern zulässig und müssen von diesen unterschrieben werden.

10 Pressemitteilungen der Egmont Media Solutions zu den »Kids Verbraucher Analysen« 2012 und 2013 vom 7.12.2012 und vom 6.8.2013, persönliche Auskünfte Ralf Bauers sowie *Süddeutsche Zeitung* vom 7.8.2013. Die Studie von 2013 repräsentiert insgesamt 7,3 Millionen deutschsprachige Kinder im Alter von 4 bis 13 Jahren. Interviewt wurden 1645 Schulkinder, jeweils zusammen mit Vater oder Mutter, sowie 382 Eltern von Vorschulkindern. Kinder ohne Taschengeld und Geldvermögen auf dem Konto sind jeweils in den Durchschnittsangaben nicht einbezogen. Fast 1,9 Milliarden Euro an regelmäßigen Einkünften bei den gut 5,9 Millionen Sechs- bis Dreizehnjährigen entfallen allein aufs Taschengeld: Im Durchschnitt bekamen jene Schulkinder, die überhaupt Taschengeld erhielten und Angaben machten (95 Pro-

zent der Befragten), 27,56 Euro pro Monat – ein neuer Höchststand im Zeitraum von zwanzig Jahren. Auch 55 Prozent der Vorschulkinder erhalten Taschengeld, und zwar durchschnittlich 10,86 Euro – gegenüber 14,28 Euro im Vorjahr. Andere regelmäßige (!) Einkünfte sind Geldgeschenke an Weihnachten (im Schnitt 80 Euro), Ostern (25 Euro) oder zum Geburtstag (64 Euro); hinzu kommt noch spontan zugestecktes, in der Studie nicht näher beziffertes Geld, etwa bei Verwandtenbesuchen. Nach der »Kids Verbraucher Analyse« 2012 hatten Kinder mit Geldvermögen seinerzeit im Durchschnitt 789 Euro auf Spar- oder Girokonten geparkt.

11 Werner Stangl: »Bedürfnisaufschub. Lexikon für Psychologie und Pädagogik«, 2012: http://lexikon.stangl.eu/2147/beduerfnisaufschub, Zugriff am 22.5.2013. Der in Fachkreisen berühmt gewordene Test geht auf den Persönlichkeitspsychologen Walter Mischel zurück.

12 »The man behind Abercrombie & Fitch«, in: *Salon*, 24.1.2006. Übersetzung durch den Autor. In Reaktion auf Proteste gegen die Unternehmenspolitik und wegen nachlassender Umsätze kündigte der zunehmend umstrittene Mike Jeffries im Mai 2013 an, ab 2014 auch Mode für fülligere Kundinnen anzubieten. (*Süddeutsche Zeitung* vom 13.11.2013). Schon da zeichnete sich ab, dass sein Vertrag im Februar 2014 auslaufen könnte.

Wo soll das nur enden?

1 Hans-Joachim Maaz: *Die narzisstische Gesellschaft. Ein Psychogramm*, München: C.H.Beck 2012, S.143.

2 *Süddeutsche Zeitung* vom 25.3.2013.

3 Wilhelm Schmid: *Mit sich selbst befreundet sein. Von der Lebenskunst im Umgang mit sich selbst*, Frankfurt am Main: Suhrkamp 2007, S.416.

4 Remo Largo: *Kinderjahre. Die Individualität des Kindes als erzieherische Herausforderung*, München: Piper 2012 (23.Aufl.), S.50.

5 Elisabeth Kübler-Ross, David Kessler: *Geborgen im Leben. Wege zu einem erfüllten Dasein*, München: Knaur 2003, S.156.

6 John Bradshaw: *Das Kind in uns. Wie finde ich zu mir selbst*, München: Droemer Knaur 2000, S.159.

7 Maaz: *Die narzisstische Gesellschaft*, S.140.

8 Sabine Unger: *Das schaffst Du nie! Wie Sie Bannbotschaften aus den Kindertagen verjagen*, Stuttgart: Kreuz 2004, S.9.

9 Ebd., S.125.